O Desafio do Islã
e outros Desafios

Coleção Debates
Dirigida por J. Guinsburg

Equipe de Realização – Revisão: Saulo Alencastre; Produção: Ricardo W. Neves, Heda Maria Lopes e Raquel Fernandes Abranches.

roberto romano

O DESAFIO DO ISLÃ
E OUTROS DESAFIOS

 PERSPECTIVA

Direitos reservados à
EDITORA PERSPECTIVA S.A.
Av. Brigadeiro Luís Antônio, 3025
01401-000 – São Paulo – SP – Brasil
Telefax: (0--11) 3885-8388
www.editoraperspectiva.com.br
2004

Para Maria Sylvia, que "aparece como a alva do dia, formosa como a lua, pura como o sol, formidável como um exército com bandeiras".

SUMÁRIO

Prefácio 13

DESAFIOS DO TERROR

1. O Desafio do Islã 31
2. Erasmo e a Guerra 36
3. Silêncio e Censura, Inimigos da Liberdade 57
4. A Razão Terrorista 60
5. Censura e Terrorismo Cultural 80
6. A Guera Segundo Julio de Mesquita 83

DESAFIOS ÉTICOS E RELIGIOSOS

1. Dom Paulo, o Jardineiro de Almas 89
2. Fascismo e Pecados Sexuais 94

3. As Regras Anacrônicas do Celibato Clerical 97
4. Pedofilia, Filosofia, Universidade 99
5. Entrevista a Renato Ferraz, I 111
6. Sobre Seitas Religiosas na Universidade 115
7. O Sol Negro da Noite: Uma Análise do
   Cântico dos Cânticos 121
8. Justiça para Todos? 144
9. A Soberania Nacional 162

DESAFIOS ACADÊMICOS

1. O Ensino Matemático e Científico no Brasil 171
2. Paradoxos da Ciência e da Tecnologia Brasileiras . . . 174
3. Pressupostos da Autonomia Universitária 177
4. Ética e Pesquisa Científica 183
5. O Belo, o Verdadeiro, a Universidade 200
6. Gérard Lebrun, Pensador Dialético 217
7. Spinoza e o Medo 221

DESAFIOS POLÍTICOS

1. Ciência e Tecnologia no Brasil: Questões de
   Estado 245
2. Segredo e Razão de Estado 267
3. Soberania Popular na Comuna de Paris 287
4. Contra o Foro Privilegiado dos Políticos 305
5. Respeito, Senhores do Parlamento! 307
6. Sobre o Uso do Termo *Leviano* em Política 310
7. Em Defesa do Cinismo 314
8. Universitários e Poder 317
9. Ética e Fé Pública 320

10. Máscaras, Anjos e Instituições 324
11. Entrevista a Renato Ferraz, II................. 327
12. Controle Externo do Judiciário 330
13. Tempos e Multidões 333
14. Música, Ética, Política..................... 336

PREFÁCIO

Voltaire assinala em sua correspondência um escrito do imperador chinês remetido aos europeus amigos da razão. O texto foi impresso no *Journal Encyclopédique* em 1761. O assunto gira ao redor do *Projeto de Paz Perpétua*, monumento do Abbé de Saint-Pierre confiado a Jean-Jacques Rousseau. O soberano alegra-se com a proposta de um organismo internacional cujo alvo seria impedir as guerras entre potências. Mas, no entender do imperador, o tamanho do mundo, quando pensado pelos governantes e teóricos europeus, era restrito em demasia: "Ficamos sensivelmente aflitos porque no extrato redigido pelo nosso amado Jean-Jacques, onde se expõe os meios fáceis de conceder à Europa uma paz perpétua, foi esquecido o resto do universo". O rol dos países e governantes reunidos, diz o líder chinês, excluía os alheios ao Ocidente: "foi grande a nossa surpresa imperial quando procuramos em vão o nosso nome na lista". Apesar da queixa, o soberano mantém boa vontade para com o plano do "bonzo Saint-Pierre". Como o documento famoso nada afirma sobre a cidade que sediaria o encontro dos plenipotenciários, "resolvemos erguer uma sem demora. Foi-nos apresentado o plano de um engenheiro, o qual propôs, há alguns anos, abrir um buraco até o centro da Terra, para nele fazer experiências de física; nosso intento era aperfeiçoar a idéia e faremos um furo no globo, de um lado ao outro. E como os filósofos mais eminentes de Paris acreditam que o núcleo do globo é de vidro, o que eles escreveram e jamais escreveriam se não tivessem certeza, nossa cidade do Parlamento do Universo será toda feita de cristal, e receberá continuamente o dia por um lado ou pelo outro; de modo que a conduta dos plenipotenciários será sempre esclarecida".

Finaliza o bom soberano: "para melhor alicerçar a obra da paz perpétua, reuniremos em nossa cidade transparente nosso santo padre o grande Lama, nosso santo padre o grande Daïri, nosso sante padre o Mufti e nosso santo padre o Papa, que entrarão facilmente em acordo mediante as exortações de alguns jesuítas portugueses"[1]. Satírico ou sério, o texto atribuído ao imperador até hoje desvela as fraquezas de boa parte das Luzes. A sua parte mais saborosa, com toda evidência, é a que se refere aos sábios de Paris. O líder supremo de um império fundamentado na ciência só poderia pensar os mestres do Ocidente comparando-os aos seus mandarins. E o conhecimento destes últimos, na China, era assunto grave, exigia respeito pela tradição letrada e científica. No Império, algo não podia ser afirmado num dia e depois esquecido na manhã seguinte. O intelecto tinha enorme valor, mas sua vigência garantia o Estado e a paz social. O equívoco do governante chinês diante dos ilustres parisienses foi mais do que um erro. O riso que assoma aos nossos lábios, quando lemos o seu elogio dos acadêmicos franceses, logo se transforma em melancolia quando recordamos o que os ocidentais, agora não apenas vindos da França, fizeram com o imenso país oriental. Após o roubo das técnicas antigas geradas na China (a pólvora era apenas uma delas), os piedosos europeus retornaram à

---

1. Voltaire, "Carta a Cideville" (26 de março, 1761). O texto atribuído ao imperador chinês pode ser lido na edição fac-similar do livro do Abbé de Saint-Pierre: *Projet pour Rendre la Paix Perpétuelle en Europe*, présenté para Simone Goyard-Fabre, Paris, Editions Garnier, 1981, pp. 579 e ss.

Ásia, levando nos seus navios a morte na boca dos canhões que também destruíram outras culturas, inclusive na América. Dos jesuítas portugueses aos piratas, formou-se uma cadeia de transmissão que ajudou a Europa a dominar, com pilhagens e genocídios, a riqueza natural e humana dos cinco continentes. A política dos intelectos e das técnicas tem muito a dizer na história colonial européia. As Luzes, embora uma parte de seus defensores (Diderot, Condorcet, e outros) denunciasse o atentado ao gênero humano cometido por governos e particulares ocidentais, foram impotentes para disciplinar o desejo e a voragem da "civilizada" Europa. E os acadêmicos franceses, ingleses, holandeses, prestaram ótimos serviços aos "gloriosos" empreendimentos de conquista.

Paris era uma cidade onde a moda e os traços superficiais definiam o comportamento coletivo. Ali, as certezas teóricas eram expostas, sob encomenda do Rei e para seu bom prazer ou para encantar salões nos quais a conversa era brilhante mas, não raro, sem garantias científicas. Uma boa síntese desse clima é fornecida por Catherine Kintzler, ao falar do compositor Jean-Philippe Rameau.

> Em menos de um século, os frutos do espírito cartesiano amadureceram, nasce a *Enciclopédia*. Nesta data, Rameau tem mais de sessenta anos, isto quer dizer que ele passou a maior parte de sua vida na embriguez intelectual imperante. Falar de embriaguez não é excessivo. Logo após a morte de Descartes, uma verdadeira loucura tomou conta da Europa continental. Todo o mundinho esclarecido se agita, os círculos filosóficos e científicos florescem, as senhoras elegantes têm a obrigação de manter, em sua casa, um gabinete de física. Desafios matemáticos são lançados de uma cidade a outra, as pessoas raciocinam sobre a composição da chama de uma vela, a trajetória de uma bola de bilhar, as oportunidades de ganho ou de perda[2].

A ciência estava na moda, como as perucas e demais apetrechos da civilização. E a estrutura política do Estado, com o direito, tem o mesmo destino. "Porque mudaríamos nossa jurisprudência? A Europa usa os nossos cozinheiros, nossos alfaiates, nosso peruqueiros; logo, temos boas leis" (Voltaire,

---

2. Cf. Catherine Kintzler, *Jean-Philippe Rameau. Splendeur et naufrage de l'esthétique du plaisir a l'âge classique*, Paris, Le Sycomore, 1983, pp. 16-17.

verbete "Tortura" do *Dicionnaire philosophique*). Claro, o bom senso é a coisa melhor distribuída no mundo.

Paris era (talvez ainda o seja) o cenário onde milhares de sobrinhos de Rameau dissertavam sobre tudo e todos, sem outras qualificações a não ser o intelecto agudo e a verborragia que lhes possibilitava parasitar as ciências[3]. Os sábios parisienses, borboletas sutis, seguiam céleres atrás dos pensamentos como se eles fossem suas *catins*. E afirmavam coisas extraordinárias, sem maiores fundamentos. Foram eles os *philosophes* satirizados nas *Jóias Indiscretas* por Diderot no hilariante "Sonho de Mongogul, ou viagem à região das hipóteses". E se disseram que o planeta tinha o vidro como substrato, com certeza era para conseguir lugares nas Academias e no governo, espelhos que aumentavam o brilho do Rei Sol. Quanto mais ousada a hipótese e mais cheia de louvores ao monarca, maior número de adeptos e aplausos. Depois, vinham outras hipóteses e seguia a ronda dos mendigos intelectuais, também celebrada no *Sobrinho de Rameau*, a dança do *esprit*. Comparados aos mandarins chineses, cujo estudo era tarefa de responsabilidade coletiva, estatal, os sábios parisienses, na sua maioria, vivem a experiência de serem, eles mesmos, a "tolice de todas as coisas enquanto tolice própria", o mundo enquanto tolice. Cada intelectual da cidade Luz, naquele momento da cultura, sabia "tudo julgar e parolar sobre tudo [...] exprimir de modo espiritual em suas contradições as essências sólidas do efetivo, como as determinações sólidas postas pelo juízo"[4].

Existiria um nexo entre o frívolo mexerico parisiense e da corte, com os bajuladores, e o advento do Terror, na Re-

---

3. É saborosa a fieira de tolices recolhidas, bem no espírito do século XVIII, por Alan Sokal e Jean Bricmont no voltaireano (ou diderotiano) *Imposturas Intelectuais: o Abuso da Ciência Pelos Filósofos Pós-modernos*, Rio de Janeiro, Record, 1999. Cf. O perspicaz artigo de Jacques Bouveresse: Collège de France "Qu'appellent-ils 'penser'? Quelques remarques à propos de 'l'affaire Sokal' et de ses suites". 17.06.1998, Université de Genève Société romande de philosophie, no endereço eletrônico http://perso.wanadoo.fr/listephilo/philosophe.html.

4. Cf. G.W.F. Hegel, *Phänomenologie des Geistes*, FAM, Suhrkamp, 1976 (Werke in zawanzig Bänden, 3), trad. J. Hyppolite, *La Phénomenologie de l'Esprit*, Paris, Aubier, 1941, t. 2. Sobre o tema do intelecto cintilante e as filosofia dos salões, Paolo Quintile escreve, em seu comentário às "Jóias

volução Francesa? Hegel fornece uma série de pistas interessantes para pensarmos tal vínculo. O intelecto desnudo, ponta brilhante que tudo espeta, não descansa e nega as determinações sólidas, sejam elas sociais, políticas, artísticas, econômicas. Dos que atacavam meticulosamente, *sine ira et studio* a honra alheia, nas jaulas douradas de Versalhes (as *Ligações Perigosas* evidenciam este lado da agudez intelectual) aos delatores sob a ditadura jacobina, o procedimento do intelecto é o mesmo, leve e lógico, profundamente "racional". No saber do século XVIII, adianta Hegel, define-se a permanente revolta (*Empörung*) da consciência. Na sua tolice (*Eitelkeit*) todo conteúdo "torna-se um negativo que não pode mais ser entendido positivamente; o objeto positivo é apenas o puro eu próprio e a consciência esfacelada é em si essa pura igualdade consigo mesma". Em semelhante egolatria, espalhada como processo infeccioso na cultura, a revolta se transmuta em revolução, cujo ápice é o terror. A leveza dos intelectos, unida à igualdade abstrata, conduz ao fracasso da empresa revolucionária. Das conversas de salão, espirituosas e negativas, à morte dos suspeitos, como fruto das palavras sem nenhuma seriedade (a delação), há um passo. É fácil emitir juízos e opiniões, formular doutrinas, condenar os adversários à guilhotina. Como diz Hegel, cabeças foram cortadas no Terror com suave eficácia, na morte "mais fria e superficial, sem maior significação do que cortar a cabeça de um repolho ou engolir um pouco d'água". O negativo que se espraia no social, definido pelo Terror, faz do "governo só a facção vitoriosa" que, "pelo fato de ser uma facção está imediata e necessariamente próxima ao declínio"[5].

A impossível "governabilidade revolucionária" revelouse nos primeiros instantes das Luzes e na mania de tudo *raisonner*, tudo julgar, tudo criticar. Essa proposta de inter-

---

Indiscretas" diderotianas que tal conto contem "uma paródia dupla: 1. paródia dos costumes sob Luis XV e 2. paródia das disputas científicas da moda, no meio dos Salões, berço do ceticismo e também do dogmatismo, do qual logo Diderot se libertará": cf. *La pensée critique de Diderot: Matérialisme, science et poésie à l'âge de l'Encyclopédie, 1742-1782*, Paris, Honoré Champion, 2001, pp. 114-115.

5. G. W. F. Hegel, *op. cit.*

pretação é sugestiva. Ela encontra-se num filósofo conservador. Mas Hegel ainda é visto, por muitos, como o pai do liberalismo ou dos vários socialismos de esquerda e direita. Certos comentadores afirmam que a luta entre a URSS e a Alemanha, na Segunda Guerra Mundial, prolongou a querela entre a esquerda e a direita hegelianas do século XIX. Exagero à parte, isto também é algo a ser considerado. Quem destrói argumentos com eficácia mecânica, e não responde pelas conseqüências, está pronto para justificar destruições em massa, racionalizando-as. Esta é a tarefa da ideologia[6].

Na época em que surgiu o escrito do imperador, a China era vista na Europa como um Estado onde a governabilidade fora imposta nas pontas dos pincéis, com os quais escreviam

---

6. "A *Bildung*, a cultura como formação da consciência, representa o momento onde a consciência exprime sua alienação mais extremada e onde ela chega, por esta mesma via, ao ponto de não retorno que a conduzirá ou à nulificação no terror revolucionário, ou a se desvanecer 'como um vapor leve' para escapulir da moralidade abstrata [...] ou então aceitar a dura reconciliação do si e do mundo que representará, na *Fenomenologia*, o saber absoluto", (cf. M. J. Könignson, "Hegel, Adam Smith et Diderot", em J. D'Hondt, (ed.), *Hegel et le siècle des Lumières*, Paris, PUF, 1974, p. 63. Hegel ridicularizou os jovens românticos e sua tolice de imaginarem-se o centro do universo físico e humano. Para eles, família, sociedade civil, Estado, leis, profissões devem ser combatidos "pois aquelas relações substanciais da vida opõem-se cruelmente, com suas barreiras, aos ideais e ao direito infinito do coração. Trata-se, logo, de abrir uma brecha naquela ordem das coisas, transformar o mundo (*die Welt zu verändern*) melhorá-lo [...] mas estas lutas no mundo moderno são apenas o aprendizado, a educação do indivíduo para a realidade comum [...] este aprendizado consiste no fato de que o sujeito toma juízo e funde-se, levando consigo os seus desejos e opiniões, nas relações subsistentes com a sua racionalidade, insere-se no mundo e arruma um lugar adequado [...] arruma uma jovem e um posto de trabalho, casa e se torna um filisteu como os demais: a mulher se ocupa da casa, os filhos não faltam, a esposa que antes era a única, um anjo, comporta-se mais ou menos como todas as demais, o emprego fadiga e causa tédio..." (G. W. F. Hegel: "Das Romanhafte" in *Vorlesungen über die Ästhetik*, (*Werke in zwanzig Bänden*, 14, pp. 218, 219). E desfila o prosaísmo! Como diz Nietzsche: "olhem os joelhos dos hegelianos, esfolados de tanto se curvarem diante da história..." O jovem Karl Marx, considerava ainda, contra seu mestre e com boa dose de sensibilidade romântica, que era preciso "transformar o mundo": *Die Philosophen haben die Welt nur verschieden interpretiert; es kommt aber darauf an, sie zu verändern* (XI Tese contra Feuerbach). Os afilhados do marxismo, quando no poder, preferem deixar o mundo tal como foi produzido pelos poderes demiúrgicos, do mercado ou da força militar. A culpa não é do filósofo.

os mandarins, e não nas extremidades das espadas. Voltaire propagou essa imagem daquele império[7]. A metáfora da cidade transparente e da política idem é um dos grandes lemas iluministas. A Revolução Francesa, com ele, marcou a sua tarefa civilizadora. Após os paradoxos de Rousseau, a sua nostalgia por um tempo no qual "a natureza humana não era melhor, mas os homens encontravam sua segurança na facilidade de se penetrar reciprocamente" (*Discurso Sobre as Ciências e as Artes*), os políticos que dele se reclamavam, como Robespierre, projetaram a democracia como o lugar da plena translucidez. Diz o jacobino no *Discurso sobre a Constituição* (10.05.1793): "A nação tem o direito de conhecer a conduta dos seus mandatários. E, se fosse possível, a Assembléia dos delegados populares deliberaria na presença do povo inteiro. O lugar onde reune-se o corpo legislativo deveria ser um edifício amplo e majestoso, aberto a doze mil espectadores. Assim, sob os olhos de um tão grande número de testemunhas, nem a corrupção, nem a intriga, nem a perfídia ousariam mostrar-se; e seria consultada apenas a vontade geral; seria ouvida apenas a voz da razão e do interesse público".

Se acompanharmos, pelo menos por satisfação perversa as análises hegelianas sobre as Luzes e o Terror, veremos que o sutil alfinete do soberano chinês, no texto citado, cala fundo na consciência política européia. Arrogante ao ponto de silenciar o mundo em favor da Europa, a sapiência iluminista não garantiu, pelo contrário, a paz nos limites de seus Estados. Enquanto a China seguia seu lento ritmo espiritual e sua prática de não permitir que os intelectuais tivessem as ilusões européias da autonomia e da autoconsciência, na Europa as fontes da revolta e das revoluções justificaram e racionalizaram catástrofes bélicas. O fruto amargo das Luzes foi colhido no gover-

---

7. Luis Francisco Miranda, aluno do doutorado em Filosofia da Unicamp, desenvolve sob minha orientação uma tese sobre o pensamento de Voltaire, e discute especialmente a idéia voltaireana de que a China seria um Estado cuja paz interna e obediência legal foi atingida através da cultura letrada e dos saberes éticos, e não tanto pelas armas. Já o escrito do mestrado do mesmo estudante analisa Voltaire sob esta óptica. Cf. Luis Francisco Miranda, *Processo Histórico e Noção de Vida Civilizada em Voltaire*, Unicamp, IFCH, dissertação, mimeo., 2001.

no de Napoleão, quando a polícia tornou a comunidade transparente para a tirania ilustrada, e os exércitos conduziram a igualdade, a liberdade, a fraternidade, quebrando sob seus pés milhares de cadáveres que não quiseram submeter-se ao despotismo francês. O medo espalhou-se (mais uma vez, numa história milenar de pavor) pela Europa e pelo mundo. Mas ele foi gerado no solo francês em primeiro lugar. Tudo o que se pode ler em *O Vermelho e o Negro* sobre as delações e o pânico vividos no cotidiano atingiu depois os continentes submetidos pelos europeus. Na guerra do ópio tornou-se claro o quanto a iluminada Europa dependia, sobretudo economicamente, do hipnótico contra o seu excesso de consciência destroçada, cuja dor não se aplacou mesmo com a morte de chineses e de sua redução ao estatuto de animais (não é lícito esquecer que os dominadores da China colocavam cartazes nas portas dos clubes, onde conversas inteligentes e amenas eram comuns, com o aviso tremendo: "É proibida a entrada de cães e de chineses"). A história do colonialismo na modernidade é uma negação irrespondível aos que hoje, na Europa, posam como defensores dos direitos e procuram dar lições ao mundo sobre o respeito à dignidade humana. A violência para o exterior foi simultânea à que se deslanchou no interior de quase todos os países europeus, contra as minorias. O anti-semitismo não foi menos corrosivo na França das Luzes e do Termidor do que em outras terras "civilizadas".

O ideal iluminista sobre a transparência foi destruído, sobretudo após o 18 Brumário, pela razão de Estado. Esta última, desde os seus primeiros vagidos na Europa, orientou-se pelo segredo e pela recusa de entregar aos cidadãos comuns as informações que lhes permitissem decidir o rumo de suas existências. Se nos inícios da política moderna foi essencial um tipo de *Institutio Arcanae*[8], no século XX, e agora no XXI, a opacidade dela se apoderou, sobretudo nos países que imperam sobre o universo graças à força física e aos saberes científicos e técnicos. Esse controle, entretanto, é apenas um

---

8. Cf. Jean-Pierre Chrétien-Goni, "Institutio arcanae: Théorie de l'institution du secret et fondement de la politique", em Christian Lazzeri, et Dominique Reynié, *Le pouvoir de la raison d'État*, Paris, PUF, 1992, pp. 135 e ss.

fato que não fundamenta o direito. Hoje a ONU, organismo que deveria responder aos sonhos do "bonzo Saint-Pierre" (na longa lista de nomes que denunciam a guerra, de Erasmo de Rotterdam a Leibniz, deste a I. Kant, a Jean Paul Sartre e Bertrand Russell) está enfraquecida ao máximo. Ela não tem força física para vetar beligerâncias e intromissões de potências em países subalternos. Mas a idéia reguladora do direito internacional é o anseio das pessoas de bem, estejam elas nos EUA, na China, em Israel ou no Egito. O escrito do imperador chinês, no plano da transparência, ainda é sonho da humanidade.

E na esquerda internacional? Após os primeiros passos da revolução russa, que também ela prometeu plena transparência nos assuntos públicos, deu-se um formidável Termidor e a razão de Estado se fortaleceu. Às denúncias da máquina burocrática, em *O Estado e a Revolução* de Lênin, seguiu-se a justificativa econômica do terror contra a sociedade soviética. E surgiu *O Homem, o Capital mais Precioso* de Stálin. O radicalismo democrático da aurora revolucionária foi trocado pela violência da KGB e pela imposição estulta dos dogmas econômicos, com base "epistemológica" na teoria do reflexo.

Vivemos sob o signo de um novo Termidor e devemos ler com prudência os sinais dos tempos. O "real" assinala nefastos procedimentos políticos, da corrupção até à guerra e desta ao assassinato do espírito. A crônica política mostra, com muitos indícios sérios, que o ideal cosmopolita chegou à sua maior irrelevância. Com a fraqueza notória da ONU, o nacionalismo agressivo da maior potência da história, os projetos de união européia, os blocos que se anunciam na Ásia, o desejo de normas internacionais de direito torna-se cada dia mais, tristemente, distante. Mas ele permanece como promessa de felicidade e alegria comuns do gênero humano. E isto é algo que pode servir para novos empreendimentos em favor do respeito à dignidade das pessoas, em todas as partes do planeta.

Outro aspecto do imperial texto chinês, o congresso dos líderes religiosos, é ainda mais importante em nossos tempos. Após séculos de laicismo na ordem política, a religião aparece para sancionar o terror, tanto do Estado quanto das seitas que disputam o controle cívico. A Europa inventou o terror, e o terrorismo estatal deixou o solo da França, espalhou-se pela Europa e pelo mundo. Desde o século XX aquela técnica de intimidação tornou-se o auxiliar do fanatismo, tanto o que se abriga no Islã quanto o exibido por muitos apologetas do chamado Ocidente. Espanta ouvir o líder da maior potência internacional clamar por um cristianismo guerreiro e vingativo, oposto aos avanços da ciência (a genética é apenas um dos itens colocados no *Index* da Casa Branca) e cuja arrogância proclama a "superioridade da civilização ocidental".

No mesmo impulso, o Papa escreve aos católicos que a sua Igreja é superior às demais e às outras formas religiosas. Nada deve ser visto como estranho, pois, se eminentes líderes católicos, inclusive no Brasil como o bispo de Porto Alegre D. Dadeus Grims, retornam ao anti-semitismo explícito, com falas que tentam minimizar o genocídio praticado contra os judeus e outros crimes cometidos pelo regime nazi-fascista. Se os "outros" são inferiores, destruí-los não é grave, como ensinou a propaganda de Goebbels. O bispo de Porto Alegre usa o sofisma habitual na propaganda revisionista: na Segunda Guerra, teriam morrido mais católicos do que judeus. Sim, mas os católicos não foram mortos porque assumiram a sua crença. Eles não foram mortos por terem sido considerados inferiores aos outros europeus. Os católicos, em sua maioria, morreram nos campos de batalha, enquanto a maioria dos judeus foi assassinada nos campos de concentração.

Para que se consiga valorizar a face laica e política da ONU, cuja finalidade é impor o respeito mútuo entre os povos, algo próximo à uma assembléia realmente ecumênica deveria ser incentivado no campo das religiões. Nela, valores seriam expostos sem ódio ou ressentimentos. Se as crenças em valores absolutos não trabalharem tendo em vista a tolerância e o diálogo, os valores políticos, essencialmente relativos, perdem o grande solo de sua garantia. Desejo utópico? Na Idade Média, época das trevas segundo as Luzes, nos reinados islâmicos, doutores judeus debatiam livremente com os paladinos do cristianismo e com os intérpretes do Corão. A utopia sempre se alimenta de algum fato ocorrido.

A presente coletânea analisa, com estilos e tempos diferentes, os problemas apresentados acima. Eles desafiam as inteligências e os corações dos indivíduos e dos grupos humanos que se reúnem nos Estados e nas igrejas. Reuni escritos publicados na imprensa e textos dirigidos inicialmente apenas ao público acadêmico. Todos eles insistem na defesa da razão, da ciência e das técnicas, do diálogo entre religiões. Também a democracia é um traço permanente daquelas análises, somada à noção de transparência nos assuntos públicos. Não se tome o título deste livro como um ataque ao Islã. Com ele, pretendo indicar que o islamismo, pela sua própria existência, apresenta-nos problemas éticos e políticos tão graves quanto os decorrentes de nossa cultura ocidental.

O primeiro bloco, "Desafios do Terror", evoca o imenso campo da consciência atual que enfrenta a covardia e a força bruta, a banalização da morte em nome de "grandes causas" religiosas ou políticas. Do primeiro ao último texto desse item, discuto os vários prismas do terrorismo, tanto o religioso quanto o que se abriga no Estado. Indico as conseqüências, para a vida social, tanto do fanatismo sectário quanto da censura que lhe corresponde. O atentado aos corpos prolonga-se no atentado, não raro cometido por autoridades governamentais do Oriente e do Ocidente, ao direito das gentes.

A segunda reunião de textos, "Desafios Éticos e Religiosos", prolonga a primeira, agora com exemplos dramáticos do cristianismo católico. A Igreja de Roma penetrou no século XXI no banco dos réus, no mundo inteiro, devido a acusações de pedofilia contra os seus sacerdotes. Nos escritos desse bloco, procuro arrazoar os *pro* e os *contra* do celibato eclesiástico, a moral pregada e a que se pratica de fato, os escândalos no mundo clerical. Em artigos ou entrevistas, não me subtraio à responsabilidade de expor as várias facetas de um problema que implica valores de numerosas pessoas católicas. Como contraponto daquelas misérias espirituais apresento, logo no início, o elogio à pessoa marcante de Dom Paulo Arns, bispo que defendeu a dignidade humana em nossa terra, num instante em que boa parcela da hierarquia eclesiástica elogiava um regime tirânico.

Para o terceiro instante da reflexão, recolhi os "Desafios Acadêmicos", em textos sobre a prática da pesquisa e do ensino superior em nosso país. Do ensino matemático à ética de

Spinoza, procuro evidenciar a necessária atenção ao setor de ciência e tecnologia, conectado à moral e à política, setor pouco discutido entre nós. Há uma espécie de anti-intelectualismo larvar na cultura brasileira. Ele precisa ser exorcizado em tempo hábil, antes que o Brasil trilhe o caminho da insignificância, num mundo onde de fato cumpriu-se a profecia de Francis Bacon de que *knowledge and power meet in one*. Jamais deixei de indicar as formas sectárias que o mundo universitário expõe no cotidiano, com todos os seus ridículos. Em vários textos anteriores apresentei o fenômeno das bajulações recíprocas, dos plágios e outros recursos acadêmicos. Não é raro ouvir-se, nos corredores e nos seminários teóricos, afirmações sobre o indivíduo x, supostamente "o maior" sociólogo, filósofo e quejandos do mundo. Além da tolice que reside no fato de uma *hybris* monstruosa neste afã de adular que desconsidera o problema da efetiva medida (qual o *metron* usado para conferir a grandeza do indigitado ao qual se agarra o chaleira acadêmico), existe um autoritarismo grupal emburrecedor. É "maior" ou "melhor" o indivíduo que o cenáculo indica como tal. Na verdade, um ou outro ídolo das seitas é a fonte daquele juízo, que na verdade apenas projeta o desejo de poder e de notoriedade do referido chefe de escola. Como diz Spinoza, esse é um defeito comum entre intelectos brilhantes, mas que se imaginam melhores do que na realidade podem ser. Nas seitas, só existem os citados patrões e seus ídolos. *Nul n'aura de l'esprit, s'il n'est aussi sot que nous*. Apesar dessas misérias, percebo o quanto existe de labor científico e humanístico que não se limita à dança dos inumeráveis e micrológicos ditadores espirituais, mas gera saberes estratégicos para a expansão e sobrevivência social.

Por esse motivo, o próximo e último bloco, "Desafios Políticos", se inicia com o problema das ciências e tecnologias nacionais. Desse setor estratégico, retomo a análise das instituições políticas brasileiras, sobretudo do governo e do judiciário. A mais ampla democracia, o controle externo dos poderes, os vínculos entre universidades e administrações públicas, formam o núcleo dos textos reunidos na parte final da coletânea. O leitor notará que pouco recolhi dos artigos que publiquei após a eleição de Luis Inácio da Silva à presidência da República. Semelhante silêncio tem propósito.

Creio que o novo governante inaugura um período administrativo sob o signo da ambigüidade. Seu partido, logo nos primeiros dias, rompeu com o ideário que sustentou vinte anos de militância e de propostas contrárias aos modelos econômicos assumidos pelo país desde o fim do regime castrense. As reformas propostas ao Parlamento, seguem o rumo diretamente oposto ao discurso do partido durante os últimos governos. Várias lideranças do novo ministério afirmam, alto e bom som, que o discurso anterior não era para valer, mas constituía apenas estratégia retórica ou propagandística para chegar ao mando.

Como todos os que observam a política nacional e a sua ética, deixo para analisar em outra ocasião o governo que assume a república. Lembro apenas algo o que, nesta coletânea, foi repisado muitas vezes, quando os dirigentes eram outros e a fala petista era diferente. Se um partido ou pessoa nega os valores que a levaram à vida pública e desconfessa sua fala anterior (no caso em pauta, meses apenas separam o dito do negado) a fé pública sofre abalos prejudiciais à governabilidade. Se é importante manter a confiança do abstrato mercado sem pátria nem alma, importa mais ainda guardar a palavra penhorada à cidadania. Ninguém rompe impunemente o contrato feito com a vontade geral e mantém a obediência às instituições. Os textos selecionados sobre o tema, na última parte da coletânea, discutem esses lados em pormenor. Quando a palavra assumida é quebrada pelo ocupante dos cargos oficiais, o âmbito político encolhe significativamente. Sem publicidade e transparência, nenhuma democracia persiste. Um Estado pode ser republicano e democrático nominalmente, mas desprovido de fé pública e alheio ao respeito pelo trato eleitoral que legitima o exercício da autoridade, ele é apenas máscara, trágica ou cômica, do poder baseado no direito. Nenhum carisma, por mais encanto que possua o seu possuidor, resiste à corrosão da confiança cidadã. Parece quase fatalidade, desde o século XX até hoje, que os governos e parlamentares eleitos pela esquerda, quando se instalam nos palácios, sigam para os seus antípodas ideológicos e assumam políticas sociais conservadoras.

Jean Pierre-Faye, no atualíssimo livro sobre a *Teoria do Relato*, figura tal passagem numa imagética singular. Existiria na linguagem, diz ele, uma circulação da esquerda para a direita, e vice-versa, de termos e conceitos. Vocábulos e idéias, nascidos no campo progressista, andam por uma "ferradura ideológica"[9] e seguem até as hostes reacionárias. Ideologias e suas expressões frásicas tendem a se modificar na superfície e também em vários elementos de seu conteúdo, pela incorporação de palavras e de noções. Isto as torna identificáveis mas ininteligíveis para os cidadãos comuns que nelas acreditavam piamente, e que afinal perdem a confiança em toda palavra política. Como dar crédito a um discurso híbrido, que reúne num só fôlego teses democráticas e oligárquicas, ou francamente contrárias à democracia? O engodo resiste pouco tempo, e logo o discurso, desfigurado, nada mais indica com certeza e limpidez. Some a fé pública. A partir desse ponto, chega o elogio da força física, da intolerância, da perseguição de minorias e do golpe político. Nada que a história mundial e brasileira já não tenham presenciado com horror.

Termino este prefácio com a lembrança da fé pública num eminente democrata moderno, Bento de Spinoza: "Os obrigados por lei a prestar um juramento terão maior cautela com o perjúrio se o juramento que lhes é imposto for feito pela salvação da pátria e da liberdade, ou pela Assembléia Suprema, do que se eles jurarem por Deus. Quem jura por Deus joga seu bem próprio, do qual ele é o único juiz; quem jura pela liberdade e salvação da pátria, joga o bem comum do qual ele não é juiz, e se ele comete perjúrio, declara a si mesmo inimigo da Pátria" (*Tratado Político*). Dirigentes da República juram defender a Constituição e o povo. Se olvidam este compromisso e favorecem interesses menores, sejam eles do mercado, qualquer que seja a sua origem religiosa, política, ideológica, atingem o status pouco recomendável indicado por Spinoza. E isto é trágico, mesmo num país onde a hilaridade parece constituir o único tributo devido à classe dirigente.

---

9. Cf. Jean-Pierre Faye, *Théorie du récit, introduction aux langages totalitaires*, Paris, Hermmann, 1972. Uso a tradução espanhola: *Los Lenguajes Totalitarios*, Madrid, Taurus, 1974.

Last but no least: na pessoa do Professor J. Guinsburg encontrei – além da fina erudição própria aos homens das Luzes – um amigo sábio que desvela sendas ignoradas por mim na cultura, especialmente na judaica. Cada diálogo vivido em seu escritório é uma experiência alentadora de respeito e de entusiasmo pelo espírito.

DESAFIOS DO TERROR

Como responder a um homem que afirma obedecer mais a Deus do que aos homens e que, por conseguinte, está seguro de obedecer o céu se nos cortar o pescoço?

VOLTAIRE, *Dicionário Filosófico*

1. O DESAFIO DO ISLÃ*

Ódio e vingança são péssimos conselheiros na política.

BISMARCK

Tenhamos cautela quando se transforma a carnificina guerreira em espetáculo globalizado, onde os homens aprendem a lição da morte genérica. Depois que experimentamos a violência do fato bélico no Golfo Pérsico, a virtualidade engoliu a realidade, maquiando-a com imagens tecnologicamente produzidas para iludir bilhões de seres humanos. A fria razão técnica, a serviço das mais revoltas paixões, produz mortes em escala luciferina. Nos dias de hoje, a mídia televisiva desempenha o papel de mobilizadora da vingança e do ódio, paixões mais brutas dos indivíduos e das massas. E isto se transformou em "razão de Estado" para o governo Bush.

* Publicado no *Correio Braziliense*, 17.09.2001.

Quem assiste à CNN e possui saber histórico não esquece a técnica, usada por Bismarck, de falsificar fatos e documentos, tendo em vista fins estratégicos. "Falsificar" é a palavra. Não se trata de pura mentira: quando "jornalistas" censuram imagens, dados, história, até mesmo a geografia e a cultura, em particular no que se refere à religião, eles usam o método de propaganda batizado por E. Auerbach como "a técnica do holofote". A retórica propagandística age como se o mundo fosse um palco. O jornalista ilumina alguns cantos do cenário, deixando os demais na sombra. O fato que recebe luz exclusiva pode ser verdadeiro, mas não é toda a verdade. Ora, diz Auerbach, "da verdade faz parte toda a verdade". Procurar o todo leva tempo, o que impossibilita a tarefa de contrabalançar a mídia que age como instrumento de propaganda.

O alvo desta última não é informar, mas remeter mentes e corações para a luta contra o "inimigo". Desse modo, diz Auerbach, agiu a imprensa dominada por Goebbels, com resultados conhecidos. O que fez Bismarck? Em outubro de 1892 ele confessou ter modificado a forma de um telegrama que se destinava a promover o entendimento entre o rei da Prússia e o líder francês. O texto ameno, quase um pedido de paz entre as nações, foi reduzido pelo Chanceler de Ferro em declaração de guerra, com alguns cortes feitos na base do lápis, apenas suprimindo-se frases. Diabólico: o texto que o Chanceler "enfeitou", antes de chegar até o Kaiser, estava em todas as manchetes da imprensa européia. Assim, só restava a guerra aos governantes, base histórica de todos os horrores que sucederam no século XX. Sem a imprensa o truque de Bismarck não seria eficaz. Piorada a situação, é isto o que ocorre no conflito entre os EUA e o mundo que não reconhece a sua hegemonia imperial. Hoje, Bush não precisa usar o lápis para falsificar notícias, nem tem necessidade de holofotes que iluminem apenas parcelas do verdadeiro: a CNN e a mídia fazem isto para ele.

A doutrinação para a guerra não é de inteira responsabilidade da imprensa. Além de Hollywood, o mercado da morte adestra o cérebro de milhões para apoiar a violência. De 1978 a 1983, foram vendidos 1573627 jogos de guerra nos EUA, e mais de dez milhões foram exportados para o exterior, ao mesmo tempo dando lucros aos industriais da morte imaginária e preparando a mente de crianças e de adultos para o "conflito final". Essas vendas lucrativas aumentaram de modo assustador nos últimos anos. Comentando o fenômeno, um especialista em análise social da guerra mostra que nos *war games* desaparecem "o medo, o pavor, a fuga, a deserção, mas também somem o heroísmo e o sacrifício, que nos jogos permanecem incompreensíveis, não situáveis, pois são meras interferências irracionais com as quais não se sabe o que fazer. É significativo, deste ponto de vista, o status que os jogos de guerra reservam aos civis: nenhum" (Pozzi, E.: "Giochi di guerra e tempi di pace", in *La Crítica Sociologica*.) As vítimas de amanhã, e de sempre, são os civis, tanto nos EUA quanto no Iraque, no Afeganistão, em toda parte.

Desde longa data a guerra contra o Islã tem sido o mote das falas cristãs "piedosas". Num texto do século XVI, Erasmo de Rotterdam assinala, no relativo à beligerância contra os turcos: "É de fato ruim para a religião cristã se a sua sobrevivência depender deste gênero de defesa" (*Adágio*: "Só ama a guerra quem a desconhece"). Hoje, o islamismo é o movimento religioso que mais cresce no mundo. Se os cristãos, ou os que parasitam o cristianismo no poder político, militar, econômico, insistirem na guerra santa, os conflitos bélicos serão a única "promessa de futuro".

Após a ruína da URSS, surgiu no mundo um bloco hegemônico, os EUA. Mas ocorre também a emergência de uma federação concorrente, a União dos Estados Europeus. Ambos espreitam a possível frente estatal reunindo a China e países menores, podendo incluir o Japão. Nas lutas econômicas entre esses blocos se define o futuro da política no mundo. Por enquanto, o vácuo gerado pelo fim da URSS assegura aos EUA uma situação privilegiada. Eles mantêm tropas e escritórios de comércio no mundo inteiro. Mas semelhante status é dinâmico e tende a se modificar.

Permeando todos os países, no Ocidente e no Oriente, o islamismo aumenta as suas multidões de fiéis. Os terroristas jogam com este elemento. Eles contam empurrar o poderio bélico dos EUA contra todo o Islã, e não apenas contra organizações criminosas que operam sob a máscara da piedade e do fanatismo. Deste modo, quanto maior a violência imperial norte-americana, maior o ódio que pode ser gerado, contra aquele país, em bilhões de seres humanos.

"A América desempenha hoje o papel que foi da Inglaterra no final do século XVIII: como os ingleses na época, nós, americanos, nos tornamos, sem o desejar, os defensores da civilização contra os inimigos da ordem, da justiça e da liberdade, e das tradições de civilidade. Temos deveres imperiais, o que requer intelectos imperiais para a sua execução". Estas frases de Russell Kirk na conservadora *Burke Newsletter* de 1962 tornaram-se o lema do governo Bush. Desde os anos de 1960, os EUA aumentaram a sua arrogância, mesmo perdendo guerras que custaram vidas preciosas de seu povo. Sua atuação no "mundo livre" ligou-se ao terrorismo de Estado, aos golpes contra as democracias que não aceitaram o seu mando. E isto custou muitas vidas na América do Sul, na África, no Oriente. Em número maior do que as ceifadas na cidade de Nova York em 11 de setembro. A ideologia imperial e guerreira, que neste instante se rearticula em clima de vingança, pode conduzir aquele país à catástrofe, nela envolvendo o mundo.

A saída estratégica, em termos religiosos, para os EUA, encontra-se na capacidade de seus estadistas, os seus "intelectos imperiais", de desarmar a armadilha preparada pelos seus próprios agentes (como a CIA) e pelas forças do terror. Eles já caíram em parte nela, ao apoiarem Bin Laden contra a URSS. Para fugir à tentação xenófoba e maniqueísta de transformar cada islamita em inimigo, os EUA precisam relativizar a sua "missão" de impor ao mundo a crença na sua própria superioridade, unida ao sacrossanto "cristianismo ocidental". Caso contrário, ele terá dentro e fora de seu território multidões de seres humanos que, adeptos do Corão, hoje recusam apoio aos terroristas. Mas se a massa de bombas e a voragem arrogante do Estado norte-americano consumir países árabes, certamente muitos islamitas de agora podem engrossar as tropas dos que, armados de facas e canivetes ou de armas modernas (não raro vendidas pelos próprios EUA), minarão o império, fazendo-o implodir em prazo não muito longo, se pensarmos em termos históricos. Para conseguir a guerra, a mídia e o governo Bush abrem as comportas do ódio e da xenofobia. Estes venenos intoxicam a alma norte-americana. Um povo doente de orgulho e desejo de vingança não enxerga, nas brumas do presente, os seus reais inimigos. Pior se o governo que o representa é movido pelas mesmas paixões. Cegos, já dizia Cristo, conduzem cegos ao abismo. Nada mais.

2. ERASMO E A GUERRA*

Em livro clássico sobre a filosofia política do século XVI, Pierre Mesnard resume os traços mais salientes do programa antibélico defendido por Erasmo. É notável: mudando-se poucos elementos, os seus diagnósticos e remédios permanecem atuais, como também são mantidos os signos da loucura generalizada que se resolve nos embates guerreiros. Primeiro item das teses erasminianas: devem ser desarmados todos os antagonismos nacionais. Logo, torna-se preciso, para alguém dos limites geográficos e lingüísticos, dar aos homens a consciência de uma civilização solidária. Erasmo imaginou o cristianismo como força capaz de efetivar esse mister, desde que reformas fossem assumidas na Igreja. A mudança principal é retirar o poder mundano das mãos sacerdotais, deixando-lhes apenas a autoridade religiosa. Como veremos, o Papa Júlio II é o modelo do que deveria ser modificado na Santa Igreja.

* Publicada na *Revista Premissas* n. 3, do Núcleo de Estudos Estratégicos da Unicamp (NEE), 1990.

O segundo item consiste em estabilizar o estatuto territorial da Europa. Não existirá paz alguma enquanto a carta das nacionalidades e dos Estados não for definida. "Que os príncipes fixem de uma vez por todas os limites de seus Estados. Estabelecidas essas fronteiras, que nenhuma família possa deslocá-las [...] que nenhum tratado possa destruí-las"[1]. Quem leu os noticiários no século XX, com os fatos ocorridos na Iugoslávia, na Grécia, no Líbano, na Polônia e nas repúblicas saídas da URSS, sabe muito bem desse ponto erasminiano.

O terceiro item difere na forma, mas continua intocado até hoje no conteúdo: fixar a ordem das sucessões dos príncipes, de modo a evitar toda contestação entre os candidatos. Os conflitos para o reconhecimento do poder legal e legítimo, ainda em nossos dias em repúblicas européias, africanas, asiáticas, sul-americanas (lembremos a guerra das Malvinas) mostram a importância de regras universais.

O quarto item é retirar dos príncipes o direito de declarar guerra por iniciativa própria. "A guerra, a coisa mais perigosa do mundo, não deve ser efetivada sem o consentimento de toda a nação" ("Querela pacis"). Embora formalmente muitos países tenham regulamentado esse ponto, notamos o quanto os Executivos tentam enganar os parlamentares e todo o país, através da astúcia, para fazê-los acolher uma guerra não declarada oficialmente[2].

O quinto item é a arbitragem internacional. Leibniz, Saint-Pierre, Immanuel Kant, todos esses nomes apenas continuaram os sonhos de Erasmo. A última guerra do Golfo Pérsico mostrou que a ONU, longe de se constituir como resposta

---

1. Erasmo de Rotterdam, "Querela pacis" in E. Telle (ed.), *La complaint de la paix*. Fac simile da Edition Unique, Genève, Droz, 1978. Trata-se do escrito maior de Erasmo sobre a guerra.

2. Este artigo é anterior à guerra do Iraque. Em 2003, esta passagem tornou-se ainda mais verdadeira nos engodos da administração Bush e de Tony Blair para conseguir a adesão da ONU e arrastar seus países para uma guerra longa e dura. Após a invasão, os mesmos governantes admitiram ter usado falsas alegações para atingir os seus alvos. E confessam isto de modo público. Nada que não tenha sido discutido por Erasmo, pelo padre de Saint-Pierre, por Immanuel Kant. A natureza do poder não muda. Poderosos, enuncia Elias Canetti, sobrevivem justamente porque enviam os dirigidos para a morte.

plena a essa exigência, precisa ainda de muitos aperfeiçoamentos para cumprir seu papel[3].

O sexto item é modificar todas as forças em favor da paz. Somos pessoas que vivem após os eventos mais terríveis, tanto no plano político quanto no setor militar. Já ultrapassamos os sombrios prognósticos de Orwell, rumo ao pior. "Paz é Guerra, Guerra é Paz". Língua invertida, ninguém pode nos acusar de ingenuidade. Mas a esperteza é paga ainda agora com moeda cara: sangue e sofrimentos da massa humana[4].

Nas linhas que seguem, condenso os argumentos de Erasmo contra a guerra e indico que seu pacifismo não é absoluto. Se ocorrem conflitos armados, eles devem ser resolvidos. Mas a guerra, para o humanista, não constitui remédio. Ela é falha constitutiva do próprio ser humano, a qual deve ser sanada como a peste, a ignorância, o fanatismo. "A guerra é uma loucura bestialíssima" (Leonardo da Vinci)[5]. Erasmo tudo fez para ajudar na prevenção e tratamento dessa doença. Seguindo seus passos, Alberico Gentili ergueu os primeiros monumentos do assim dito direito internacional, preocupação do humanista de Rotterdam e de seu correspondente, Vitória.

O que mais impressiona nos textos erasmianos é a união de razões humanitárias e denúncias sobre os reais atos dos sujeitos políticos quando desencadeiam guerras. No caso das campanhas contra os turcos, Erasmo estava convencido de que os motivos alegados não eram bem presos ao Evangelho: a cruzada que se anunciava era um pretexto para expulsar os espanhóis de Nápoles, colocando em seu lugar Juliano de Medici, sobrinho do Papa Leão X e casado com a filha do rei de Navarra. Em 3 de março de 1518, escreveu ele a Tomás Morus: "O Papa e os príncipes preparam novas comédias, pretextando guerra aos turcos, o que é horrível. Pobres turcos!"

---

3. Após a invasão do Iraque em 2003, a ONU chegou ao seu ponto mais baixo como organismo de arbitragem internacional. Quando os EUA e a Inglaterra quebraram o veto do Conselho de Segurança, definiram por longos anos um retrocesso jurídico de séculos para o planeta.

4. Pierre Mesnard, *L'essor de la philosophie politique au XVIe siècle*. Paris, Vrin, 1977, pp. 117-118.

5. Citado por Martin Kemp, *Leonardo da Vinci, le mirabili operazioni della guerra e dell'uomo*, Milano, Mondadori, 1981.

A compaixão e o conhecimento da *raison d'Etat* e da Igreja não impedem Erasmo de se decidir favoravelmente à guerra contra os turcos, e isto o colocou em contradição com Lutero. Este, contra o pensamento católico como veremos adiante, tinha negado a tese de que os turcos eram um castigo enviado por Deus para sanar os pecados ocidentais: "Deus, através deles, castiga os nossos pecados". O escrito erasmiano, *Utilissima consultatio de bello Turcis inferendo*[6], reconhece necessidades históricas da guerra, para as quais Erasmo pretende definir alguns limites. Um analista para as quais moderno de Erasmo pretende definir sua tarefa em frases bem humoradas:

> Devemos guerrear os turcos? Existem razões contra e favoráveis. Recordemos, entretanto, que somos cristãos e que os turcos também são homens. Erasmo não gosta de posições absolutas, mas deixa entender claramente sobre qual lado se inclina, não sem deixar uma portinhola atrás das costas, porque, com os poderosos nunca se sabe...[7]

Para se compreender as atitudes de Erasmo, pois, é preciso guardar na memória os dois lados: nem angelismo, nem apologia da guerra. Isto faz com que as descrições, as críticas, as fórmulas que encontramos em seus livros sobre a guerra, sejam atuais.

A Lição de Vegécio: Núcleo do Pensamento Erasmiano Sobre a Guerra

Nas *Instituições Militares*, Vegécio propõe os seguintes pontos: se lermos os Anais dos povos antigos notaremos que os atenienses e os espartanos dominaram a Grécia bem antes de outras gentes, como a da Macedônia. Mas Atenas não se notabilizou apenas pelo manejo das armas. Ela desenvolveu as ciências e as artes[8]. Os espartanos, continua Vegécio, fo-

6. 17 de março de 1530.
7. Sobre todos estes aspectos ver Siro Attilio Nulli, *Erasmo e il Rinascimento*. Torino, Einaudi, 1955, pp. 257-284.
8. Na verdade, "entre os atenienses vigoravam não só as questões bélicas, mas também o cuidado com diversas outras artes". Vegécio, *Instituições Militares*. Na edição Teubner. Veja-se a bibliografia final deste trabalho.

ram os primeiros que escreveram suas observações militares, dando método ao que até então parecia depender só do valor e da fortuna. Assim, eles criaram escolas de táticas, para ensinar à juventude as manobras guerreiras, as diferentes posições de combate.

De semelhantes constatações histórico-culturais, passa Vegécio ao seu próprio povo. Os romanos, diz ele, seguindo o exemplo dos lacedemônios, formaram por experiência um sistema tático, conservando-o por escritos. O fato de escrever e ensinar uma guerra metódica teria trazido progressos aos espartanos na arte das disposições militares. Vegécio cita Xantipa, o qual teria emprestado não coragem, mas sua arte aos cartagineses, vencendo o romano Attilius Regulus, o que acabou com um conflito em um só dia. Além disso, Anibal tomou lições de um lacedemônio, lições funestas aos dirigentes de Roma, embora aquele general fosse inferior, sempre, em número e força, às legiões romanas.

Nesse contexto onde se delineia um elogio à escrita e ao método e as ciências e as artes são respeitadas, surge uma das frases mais famosas e das mais incompreendidas na política e no debate estratégico: "Logo, quem deseja a paz, prepara a guerra". A fórmula breve é banal: "Se queres a paz, prepara a guerra". Para bem captar o sentido do enunciado, é preciso ir adiante nos apontamentos de Vegécio. "Quem deseja a paz, se prepara para a guerra". Certo, "quem aspira à vitória aplica-se à formação dos seus soldados. Quem busca combater com sucesso, combate seguindo regras da arte, não segundo o acaso. Ninguém ousa insultar uma potência da qual se percebe a superioridade nas pugnas"[9].

Como qualquer outra arte a guerra exige destreza, tirocínio, malícia, prudência. Exige razão. Nada mais alheio ao competente comando militar do que a estulta confiança no "poder das idéias", ou na força do dinheiro. Quem deseja a vitória, prepara os soldados com as escolas, letras, cálculo. A sabedo-

---

9. "Quem deseja a vitória cuide muito da formação do soldado; quem deseja vencer, confia na arte, não no acaso. Ninguém ousa provocar quem é superior a si, se ele vai à luta". Vegécio, *Epitoma rei militaris*, Lipsiae, B. G. Teubneri, 1868, livro III.

ria antiga foi retomada no Renascimento também nesse prisma. Basta rever os escritos de Francis Bacon e de Maquiavel.

> É bem mais comum do que verdadeiro afirmar que a pecúnia é o nervo da guerra. Mas qual a sua validade quando faltam os nervos dos braços e o povo é efeminado? Sólon tinha razão quando respondeu a Cresus, o qual lhe mostrava seu ouro: "se alguém vier até você, tendo um ferro melhor, arrancará todo este ouro". Que um príncipe não conte demasiado com suas forças, se não tem um povo belicoso e, se ao contrário, sua gente é guerreira, que ele saiba que só é poderoso se for prudente[10].

Nem guerra gratuita nem pacifismo ideológico. Maquiavel, nota um autor de hoje, não é obnubilado pelo evangelismo tranqüilizador. Muito oposta é a sua atitude. Mas ele também demonstra reservas quanto à soldadesca despreparada. Na *Arte della Guerra* se afirma a necessidade do exército no corpo político. Mas também se acrescenta: é impossível ser um homem de bem quando se é soldado ou capitão. Maquiavel deseja um exército não mercenário, uma força militar composta por cidadãos. Ele retiraria do Conselho do Rei, particularmente de Carlos V: homem como Erasmo, demasiado amante da paz. Mas também retiraria do mesmo Conselho os que só pensam em guerra[11].

> Os reis, se desejam segurança, devem ter sua infantaria composta de homens que, quando é tempo de guerrear, voluntariamente corram para a guerra por seu amor e, quando ocorre a paz, mais voluntariamente ainda voltem para casa.

Num governo seguro, todos guerreiam *per avere pace* e não turvam a paz *per avere guerra*[12].

Cautela com os belicosos que arriscam o sangue alheio e nunca o próprio. Bacon, Maquiavel, Hobbes, todos esses homens sábios, não foram pacifistas fanáticos. Justo por isto,

10. Francis Bacon, "Sobre a Verdadeira Grandeza dos Reinos e dos Estados", in *Essais de Morale. Oeuvres philosophiques, morales et politiques*, E. Delagrave (ed.), Paris, F. Didot, pp. 498-499.

11. E. Telle, *Introduction à la Complainte de la Paix*, Genève, Droz, 1978, pp. 42 e 82.

12. N. Macchiavelli, *Arte della Guerra*, Milano, Feltrinelli, 1961, p. 340.

souberam valorizar a prudência, as artes, a cultura, sobretudo nas questões de guerra e paz. Erasmo foi um amigo da paz, adversário da guerra. Ao aforismo de Vegécio citado acima, ele opõe: "Se queres a paz, prepara a paz". Vejamos quais as razões desta atitude racional e política[13].

Comecemos com a desrazão, abrindo o *Elogio da Loucura*. Guerra é pura estultície e nela nenhuma das partes consegue mais proveito do que prejuízo. Dos que tombam, não se diz uma só palavra. Na luta, não se usam velhos sábios, mas jovens robustos e sãos. É preciso que os soldados possuam muita audácia, pouco cérebro. A menos, diz a Loucura, que se deseje um soldado como Demóstenes o qual, seguindo o exemplo do poeta Arquíloco, quando viu o inimigo, jogou o escudo e fugiu: soldado tão covarde quanto sábio orador.

> Mas a inteligência, dirão, tem muita importância nas guerras! Isto é correto, em geral. Mas, na realidade, é a inteligência de um militar, não a de um filósofo. Por outro lado, uma empresa tão gloriosa é confiada aos parasitas, aos rufiões, salteadores, assassinos, vilões, estúpidos, devedores arruinados e fezes humanas de todo esse gênero; às luzes filosóficas[14].

Desde o retor ateniense, valente nas palavras e covarde na batalha, a crônica da guerra tem muitos exemplos de indivíduos que não se arriscam, mas falam gostosamente de "potência", "nação", "espírito", "Deus" e outras coisas sagradas que nas suas línguas se reduzem a mentiras, para esconder seu desejo – frustrado ou não – de mando e riqueza. Jean-Claude Margolin, conhecedor de Erasmo e do Renascimento, cita Gaston Bouthoul, no famoso livro *La Guerre*:

> Se os homens, as nações e os Estados mostram-se tão reticentes para encorajar o estudo científico das guerras (não existe em parte alguma um Instituto das Guerras, o qual só custaria o preço de um tanque médio ou de um par de aviões de caça), isto não seria devido ao fato de que eles temem ver o desaparecimento de sua festa mais embriagadora, o seu último recurso?[15]

---

13. J. C. Margolin, *Erasme. Guerre et Paix*, Paris, Aubier-Montaigne, 1973, p. 17.

14. Erasmo, *Elogio de la Loucura*, Oliveru Nortes Vall (ed.), Barcelona, Bosch, 1976, cap. XXIII.

15. Gaston Bouthoul, *La Guerre*, Paris, PUF, 1953, citado por J. C. Margolin, *Erasme, op. cit.*, p. 8.

No *Elogio da Loucura*, Erasmo se queixa: os velhos sábios são inúteis para a guerra. As luzes filosóficas nela estão ausentes. Erasmo, diz Margolin, repete o sonho que vai de Aristófanes a Pablo Picasso: o anseio de que o poeta e o filósofo tenham mais peso do que os políticos, os militares, os juristas, "pois aos direitos da paz, proclamados por uns, respondem invariavelmente os direitos da guerra, defendidos por outros (e, por vezes, pelos mesmos indivíduos!) e o próprio Hitler tinha os seus juristas!"[16] Margolin cita um trecho de Raymond Aron muito apropriado: "Quanto a Frederico II sabe-se que ele deixava aos seus juristas a tarefa de justificar, *post festum*, suas conquistas"[17].

Seguindo a ordem cronológica da vida européia, Y. Rémy e R. Dunilmarquebreucq estabeleceram a seqüência dos escritos antibelicistas de Erasmo: em fevereiro de 1504, o *Panegírico de Filipe o Belo*; em 1508, uma edição reduzida do *Dulce bellum inexpertis*, em 1513, publicação anônima do *Julius exclusus*; 1514, *Carta de Erasmo a Antonio de Berghes*; 1515, nova edição do *Bellum* nos *Adagia*. Nos mesmos *Adagia*, o *Scarabeus aquilam quaerit* e *Sileni Alcibiadis*. Em 1516, a *Instituição do Príncipe Cristão*; em 1517 surge, pela primeira vez, a *Querela pacis*. Em 1518, Carta a Paul Voz e reedição do *Enchiridion*; 1522, prefácio à *Paráfrase do Primeiro Evangelho*, a *Confesio Militis*, a *Segunda Apologia a Zuniga*, o prefácio ao *Comentário de Arnóbio sobre os Salmos*. Em 1523, nova edição do *Bellum*, prefácio à *Paráfrase do Evangelho de João*, prefácio à *Paráfrase do Evangelho de Marcos*; em 1524, *Colóquio do Soldado e do Cartuxo*, *Paráfrase aos Atos dos Apóstolos*; 1526, nova edição do *Bellum*; 1527, *Carta a Segismundo I*, rei da Polônia; 1529, *Colóquio de Karonte; Consultatio de bello turcis inferendo*.

De 1504 até 1530, portanto, a atividade pública de Erasmo contou com textos criticando a guerra e defendendo a paz. Tese sempre martelada nesses escritos: os governantes devem ser educados para que possam vencer suas próprias paixões. Donde o estilo altaneiro e desassombrado de Erasmo quando

---

16. J. C. Margolin, *op. cit.*, p. 24.
17. Raymond Aron, *Les Guerres en Chaine*, Paris, Gallimard, 1951.

escreve aos reis, papas e semelhantes: o dever de todos é bem cuidar da *respublica*, e proteger a paz. Na época de Lutero e da intolerância de ambos os lados, católico e protestante, Erasmo repete: "Cristão, quero o bem de todos os cristãos".

Erasmo denuncia sobretudo a mecanização guerreira, com os canhões. Margolin relata a história do vendedor de armas (depois dos acadêmicos irresponsáveis e dos políticos celerados, os piores flagelos dos povos são os comerciantes da morte alheia) que fornecia canhões para quem pagasse mais. "Henrique VIII, informou um dia o embaixador veneziano na Inglaterra ao Doge, compra canhões o bastante para conquistar os Infernos". O negociante mais forte de canhões, na época, era um sujeito chamado Poppenruyter. Henrique VIII dele adquiriu, em 1510, 48 canhões para armar 44 navios, somando 49 toneladas ao todo. Mas o mesmo indivíduo fornecia para os amigos e inimigos da Inglaterra. Em 1512, ele deu o nome de "Doze Apóstolos" a doze canhões avançados tecnologicamente: "cada apóstolo atira nove quilos de ferro e nove quilos de pólvora e pode ser acionado trinta vezes por dia". Este elogio foi escrito pelo próprio mercador, no seu panfleto propagandístico[18].

Leonardo da Vinci é um dos que se horrorizaram com os canhões, pelos quais, entretanto, estava fascinado.

> Em alguns de seus projetos de máquinas militares mais espetacularmente ameaçadoras [...] é explícita a capacidade das armas para subjugar seus criadores, transformando o homem em escravo impotente de suas invenções. O célebre desenho de uma fundição de canhões [...] mostra o frenesi e o fogo com que seus progenitores liliputianos agem face ao monstruoso e obsceno canhão, para criá-lo. [...] A brutal destrutividade humana face aos seus iguais e à natureza é uma temática recorrente nas composições literárias de Leonardo[19].

Essa última lembrança nos leva até um ponto delicado da luta erasmiana contra a guerra. Cidade celeste e Igreja pareciam termos equivalentes. Só que, se acreditarmos no testemunho

---

18. J. C. Margolin, *op. cit.*, p. 18. O mesmo autor remete, para melhores informações sobre esses pontos, a duas obras de Pope, Dudley: *Histoire universelle des armées* e *Les armes à feu*, Paris, Laffont, 1966.

19. M. Kemp, *Leonardo da Vinci, le mirabile, op. cit.*, pp. 161-162.

de nossos próprios olhos, pensa Erasmo, tudo ficou de cabeça para baixo e o Inferno colocou-se no lugar do Paraíso. De fato, em 15 de novembro de 1506 o humanista viu o papa Júlio II, armado até os dentes, de couraça, no comando de infantes e canhões durante a invasão de Bolonha.

> Hoje eu vi, com meus olhos em Bolonha. Júlio, pontífice romano, segundo deste nome, celebrar esplendorosos triunfos, em tudo e por tudo comparáveis aos de Pompeu e de César: mas o que fazem os triunfos de Pompeu e de César junto à autoridade de Pedro?

Em outro lugar: "Tu és Júlio, como Júlio te convém agir[20].

O bom papa tomou a espada para conseguir poder e dinheiro. Bentivoglio e Bolonha só queriam reter uma parte da receita fiscal da urbe, enquanto o papa queria tudo para si. Resultado: após a conquista, relata Erasmo, "vi com meus olhos camponeses que estavam na miséria extrema, e cujo patrimônio era uma dupla de bois [...] obrigados a pagar um ducado por boi"[21].

Dessa triste prostituição das coisas e homens que deveriam ser santos, Erasmo retira matéria pra vários libelos. Deles, o mais virulento é o que surgiu, anônimo, em 1513: *Júlio, a quem se recusou a Entrada do Céu*. Algumas frases dão idéia do diálogo satírico, bem ao modo lucianesco. O papa chega ao Paraíso e Pedro não lhe abre as portas. Após alguns palavrões, Júlio explica o significado de suas iniciais: P.M. "Elas querem dizer, suponho, fala o apóstolo Pedro, Peste Máxima". "Não", retruca Júlio, "é Pontifex Maximus" e ameaça Pedro de excomunhão enquanto este lhe pergunta: "qual o significado desta escolha sem precedentes, tão pouco pontifical? Conduzes cerca de vinte mil homens e nessa massa eu não percebo um só como rosto cristão. Vejo uma nojenta mistura de gente que só transpira bordel, vinho puro e pólvora de canhão [...] Diga: que monstruosidade é esta, a de vestir orna-

---

20. Erasmo, *Collected Works of Erasmus: The Correspondence*, trad. R. A. B. Myrrors e D. F. S. Thompson, Toronto, University of Toronto Press, 2v. Carta 205, p. 128.
21. Erasmo, "A mortuo tributum exigere", in *Adagia*, a cura di Silvana Seidel Menchi, Torino, Eunaudi, 1980, p. 29.

mentos sacerdotais por fora e, por dentro, armas ensangüentadas?". O diálogo todo anuncia a Lenda do Grande Inquisidor, mas com forte espírito satírico. Pedro, como o Cristo de Dostoiévski, ainda pensa, segundo o papa secularizado, nos esquemas de uma Igreja primitiva e pobre, seguramente "ultrapassada". Finaliza o diálogo a palavra de Pedro que aconselha o "Santo" Padre: "Tens um bando de homens ativos, tens infinitamente dinheiro, és pessoalmente um bom construtor. Deves, pois, construir um novo Paraíso, mas bem fortificado, para que os demônios não possam assaltá-lo"[22].

Erasmo não possui uma visão angélica do mundo. A guerra é constitutiva do ser humano, ela determina, nos escritos do humanista, uma antropologia bastante pessimista. No *Enchiridion* é dito com todas as letras: os homens são monstros. De um lado, eles se aproximam do céu. De outro, descem ao nível das feras. As duas partes "não podem viver separadas sem as maiores torturas, nem viver juntas sem uma guerra contínua". O ente humano, desde o início, vive em estado de "guerra civil". "Podemos comparar, sem nenhum absurdo, o coração humano a uma república dividida: como ela se constitui de diversas formas de homens, com sentimentos discordantes, é inevitável que ela seja estraçalhada pelas rebeliões e partidos, se a totalidade do poder não pertence a um só, cujas ordens visam à salvação da república"[23].

Explicação dessa metáfora extraída de Platão: "no homem, é a razão que deve funcionar como rei". Isto supõe uma disciplina, um estudo, uma prudência enormes. Caso oposto, é a laia mais baixa, as paixões, é a massa quem domina a república do corpo e da alma. Enquanto esta disciplina não for obedecida, a guerra *dentro* do homem se encaminha para *fora* dele, na família, na vizinhança, nas cidades, nos Estados[24].

---

22. *Erasme, oeuvres choisies*, ed. por Jacques Chomarat, Paris, Librairie Générale Française, 1991, pp. 817-829.
23. "Le poignard du soldat chrétien", in *Erasme, oeuvres choisies*, ed. cit., p. 67.
24. Maria Sylvia Carvalho Franco, em extenso trabalho ainda não publicado sobre o Renascimento, analisa com minúcia as doutrinas de Erasmo

O cristianismo, segundo Erasmo, é uma disciplina da alma, o que torna obrigatório o respeito mútuo dos sujeitos finitos. Mas os tempos eram pouco favoráveis às falas evangélicas, como vimos com o exemplo de Júlio II. Por outro lado, os protestantes também armavam exércitos, queimavam dissidentes, afastavam-se dos ensinos cristãos. Replica Erasmo: "É justo, fala-se, responder à força com a força. Pouco me importa saber o que as leis imperiais permitem, espantam-se, isto sim, é que tais máximas tenham entrado para os costumes dos cristãos"[25].

Como evitar a guerra e outras catástrofes políticas, se os dirigentes são despreparados? "Não confiamos o leme de um navio a um homem que não seja competente neste domínio, quando o risco só envolve quatro passageiros e algumas mercadorias; e a república, na qual tantos milhares de homens correm grande risco, nós a confiamos a qualquer um. Para se tornar cocheiro, aprende-se tal ofício, ele é exercido, treinado; mas para se tornar governante, acreditamos que basta ter nascido. Entretanto, se exercer o mando é uma tarefa bela, lembremos que ela é também a mais difícil de todas"[26].

No mesmo adágio diz Erasmo: "A grandeza de um príncipe não consiste em aumentar os limites de seu território ou desalojar seus vizinhos com armas, mas em qualquer território que tenha recebido, fazê-lo florescer pela justiça, a frugalidade e todas as outras artes da paz". O mais importante, finaliza, é que "ele recuse por todos os meios a guerra porque, se de tal ato nasce um mal e de tal outro um outro, de sua parte, espalha ao mesmo tempo um exército inteiro de males"[27].

"A prudência de seu príncipe, quando ela vem tarde, custa muito caro à república. Sobretudo se é guerreando que ele aprende a evitar a guerra, e se ele só entrega ministérios a homens honestos e íntegros depois que a república se arrui-

---

sobre a política. O presente estudo não tem as características das análises profundas efetivadas pela pesquisadora. Nele, procuro centrar apenas o problema da Guerra, segundo Erasmo, no campo cristão.

25. Erasmo, "Palhaço ou Rei, se Nasce", in *Adagia*, ed. cit., p. 15.
26. *Idem, ibidem*.
27. Erasmo, "A mortuo tributum exigere", in *Adagia*, ed. cit.

nou por obra dos perversos". Palhaços ou atores, os governantes empreendem guerras para melhor sugar seus próprios concidadãos:

> qual a magistratura, qual o cargo, qual a prefeitura que não se obtém pagando muitas pessoas? Enfim, como tudo isso não consegue encher o tonel furado, ou seja, a caixa dos príncipes, eles se desculpam com uma guerra, entendendo-se secretamente, sendo o infeliz povo sugado até a moela, como se a função do príncipe nada mais fosse do que um gigantesco negócio comercial[28].

Se Erasmo rejeitou a guerra e invectivou seus promotores irresponsáveis, ele também foi flagelo dos aduladores dos reis, outra praga de toda república. Os lisonjeadores "chamam de traidor e inimigo do príncipe quem exige que nada seja permitido a este último acima das leis e contra a justiça". Aliás, são os áulicos que levam os governantes às "guerras e desordens insensatas". Eles chamam "domínio" a função do príncipe, "quando o verdadeiro papel deste último é o de administrar o Bem Comum [...] Eles chamam guerra justa a colusão dos príncipes entre si para esgotar e oprimir a república; eles nomeiam paz a sua conspiração que visa o mesmo alvo"[29].

O mando civil guerreiro e contrário à *respublica* é monstruoso. Pior é o religioso, nas mesmas condições:

> se é bom detestar um inimigo da Igreja, pergunto: poderia existir pior inimigo dela do que um pontífice ímpio? Quando se faz uma pequena redução nos domínios ou fortuna dos padres, ouve-se gritar em todo canto que a Igreja está sendo oprimida. Mas quando se mobiliza todo o universo para a guerra, quando por causa da vida publicamente escandalosa dos padres tantos milhares de almas são arrastados para a perda, ninguém chora pela Igreja[30].

Logo se nota: além dos bispos, cardeais, abades poderosos e com exércitos sob si, Erasmo visa o poder temporal da Igreja, na figura exemplar de Júlio II.

"O que pode ser comum à mitra e ao capacete; à túnica sagrada e à couraça marcial, às benção e aos canhões, ao pastor

---

28. "Palhaço", in *Adagia*, ed. *cit.*
29. Erasmo, "Silenes de Alcibíades", in *Adagia*, *cit.*, p. 89.
30. *Idem*, p. 115.

clemente e aos bandidos armados, ao sacerdócio e à guerra?".
À Igreja cabe, segundo Erasmo, autoridade e não poder. Caso oposto,

> um abade saberia colocar um exército em ordem de batalha, mas não saberia ser um guia que conduz à vida religiosa. Um bispo é abundantemente equipado para se empenhar num conflito com armas e canhões, mas para instruir, exortar, consolar, ele emudece. Ele é armado com balas e arcabuzes, mas está totalmente desarmado quando se trata da Santa Bíblia[31].

Erasmo parece conformar-se com a guerra como *ultima ratio*: "que a guerra seja colocada [...] dentre os males necessários, desde que ela seja legítima. Mas não é necessário que procuremos este direito nos preceitos evangélicos". Imediatamente, o pensador denuncia os pretexto da "guerra santa" contra os turcos: "hoje, escreve ele, os que atacam os turcos para degolá-los e despojá-los, preferem deles se apoderar mortos e não vivos. Na verdade, é o dinheiro dos turcos que nós buscamos, e não os próprios turcos"[32].

Esse último ponto trouxe muitos aborrecimentos para Erasmo e tornou seu nome execrado por católicos e protestantes. Enquanto ele desvelava o jogo dos energúmenos que lutavam pela "civilização cristã", teólogos santificavam as piores atrocidades contra os "pagãos" e "infiéis". O teólogo mais influente e favorável à guerra "justa" em geral, e contra os turcos em particular, foi Roberto Bellarmino. No famoso *De controversiis christianae fidei* (1602) ele se dirige contra Erasmo, nomeando-o explicitamente ao defender a correção da guerra. Tomemos os pontos do item denominado *Licere christianis aliquando bella gerere*. Meditemos sobre o número sétimo: "é lícito à república defender, através de vários suplícios, os seus cidadãos contra inimigos externos". Lutero havia enunciado que os turcos eram, como outrora Átila, "flagelos de Deus". Bellarmino pode até concordar, mas quer prevenir o mal: "é mais útil à Igreja a tribulação e perseguições,

---

31. J. Chomarat, ed. cit.
32. Roberto Bellarmino, *De controversis christianae fidei adversus huius temporis haereticos*. Epítome. *Apud* Robertum Foüet. Parisiis, MDCII. Para o assunto em pauta, cf. sobretudo o livro III, pp. 147 e ss.

do que a vitória e a tranqüilidade". No mesmo livro, o cardeal coloca as condições para que uma guerra seja "justa".

A primeira é a autoridade legítima, sem nenhuma outra que lhe seja superior. A segunda é que a causa seja justa. A terceira é que a "intenção" seja boa, por exemplo conseguir a paz para a república. A quarta é que não se prejudique os inocentes[33]. Não por acaso, Bellarmino nomeia Erasmo como alvo: para este, todas as condições acima assumem o caráter de meras desculpas, tanto mais nefandas quanto mais opostas ao ensino do Evangelho. "Eu não suporto que se dê o Cristo como autor de doutrina deste gênero (belicistas)"[34].

Desde que ocorra uma guerra, o "príncipe deve derramar a menor quantidade possível de sangue, terminando-a rapidamente". Nos assuntos humanos, diz Erasmo, "há muitos males necessários que suportamos porque afastam males piores, mas não que eles não sejam aprovados, como se pertencessem ao ensino evangélico". Erasmo não aconselha, assim, um pacifismo absoluto. Nega apenas que Jesus tenha pregado a guerra ou a tenha tolerado. Atitude prudente diante das realidades mundanas e do Além.

Cautela com os soldados: tal raça de homens prejudica o povo de três modos diversos: a violência, a calúnia, as rapinas.

Freqüentemente eles voltam contra seus próprios concidadãos as armas que o príncipe lhes deu para defender a tranqüilidade pública contra os inimigos externos, e os que deveriam cuidar da salvação pública apenas satisfazem seus rancores pessoais. Assim, eles pilham, incendeiam, expulsam, violam as mulheres, quebram portas, expulsam e ferem os hóspedes. Como assim agem, impunes, acreditam que tudo lhes é permitido. Depois, denunciam mentirosamente, aos seus soberanos ou chefes, inocentes afim de confiscar sua fortuna, salário da calúnia[35].

Insistamos: Erasmo não exclui a possibilidade da guerra. Mas esta possui leis.

33. "Comentário sobre o Evangelho de Lucas, 22, 36", *Erasme oeuvres choisies*, ed. cit., pp. 487-499.
34. "A Guerra é Agradável para Quem não a Experimentou", in *Adagia*, ed. cit., p. 196.
35. "Comentário sobre o Evangelho de Lucas 3, 14", *Erasme oeuvres choisies*, ed. cit., pp. 483-485.

Ela não é totalmente condenável quando empreendida por uma justa causa, isto é, para a defesa da tranqüilidade pública, sendo inevitável quando declarada por soberanos piedosos, com o consentimento dos que são atingidos, quando conduzida segundo ritos regulares e por métodos justos e moderado, com a menor efusão de sangue [...] quando acaba tão logo seja possível[36].

Vegécio novamente

Iniciei minhas considerações com Vegécio. Utilizando o mesmo autor, Erasmo começa um dos mais lúcidos retratos da guerra, jamais escritos antes ou depois dele na literatura ocidental. Refiro-me ao adágio "A guerra é agradável, para quem não a experimentou". Diz Vegécio[37]: "Não confies no desejo do recruta de chegar à batalha: esta atrai apenas quem não a viveu". Este é um outro aspecto do enunciado: "se queres a paz, prepara a guerra". O general que entra numa luta só confiando na coragem do jejuno, já perdeu tudo de antemão. É preciso soldados experientes, cujo preparo seja ao mesmo tempo prático e teórico.

"Se existe no mundo algo que convém enfrentar com hesitação [...] é a guerra. Mas hoje entra-se em guerra aqui, ali, em todo lugar, com a mais extrema ligeireza, pelas razões mais fúteis; e a conduta da guerra é caracterizada pela suma crueldade e barbárie". Guerra: obra do Inferno produzida pelas Fúrias: "mesmo os gramáticos intuíram a natureza da guerra. Alguns deles sustentam que ela se chama *bellum* por antítese, porque nada tem de bom ou belo; a guerra é *bellum* no mesmo sentido em que as Fúrias são 'Eumênides' "[38].

Ao longo de todo o adágio, Erasmo desvela os males trazidos pela guerra, as doenças físicas e anímicas, o direito e segurança perdidos, o estraçalhamento de corpos e de corações. Sempre com referência à tolice ou malícia dos atores da guerra. Tolice dos jovens iludidos, esperteza dos velhacos, idosos e solertes que ocupam lugares de mando e decisão.

36. Erasmo, *Adagia*, ed. cit.
37. Vegécio, *Epitoma*, ed. cit.
38. Erasmo joga com a antítese "bellum" (belo) e "feio". Assim como as Fúrias não são nada bem-vindas e nenhuma traz nada feliz (Eumênides).

A guerra é doce para os enganados pela retórica manipulada por sofistas. Não apenas Erasmo, mas todo o Renascimento sabe perfeitamente o nexo entre guerra e persuasão. Na *Retórica* de Aristóteles já se definem os principais assuntos sobre os quais deliberam os homens: "os lucros, a guerra e a paz, a proteção do território, a importação e a exportação, as leis". Se a guerra é objeto de retórica, é preciso cautela com os sofistas que podem manipulá-la. Enquanto os malandros falam muito e convencem as massas, jogando-as para a guerra, um soldado é mudo. Ele mata. O teatro de Shakespeare discute a tensão trazida pela verborragia dos poltrões, que só falam de guerra, e os atos dos soldados, que espalham horror e morte[39].

O mutismo do soldado é comparável ao sono hipnótico, devido ao medo. "Na verdade", diz um estudioso da guerra moderna e antiga, Victor Davis Hanson, "talvez seja para fazer com que este hipnótico desaparecesse que os exércitos criaram o Paian, ou grito de guerra, o qual, aos olhos do dramaturgo e veterano da infantaria chamado Ésquilo, dava 'confiança aos nossos e neles dissipava todo pavor do inimigo' ". O político, o padre, o professor universitário, todos falam da guerra. Mas o soldado deve atravessá-la. Seu silêncio é mortal. Um analista da guerra moderna, S. L. A. Marshall, lembra os conselhos dados aos infantes durante a Segunda Guerra Mundial: "quando vocês estiverem se preparando para o combate, vocês devem aprender a falar. Vocês devem aprender que a palavra ajudará a salvaguardar sua posição. Vocês devem estar despertos, para que possam fazer os demais conhecedores do que acontece com vocês"[40].

Silêncio, medo, morte. Ainda durante a Segunda Guerra Mundial, diziam os treinadores aos recrutas: "Vocês terão medo, seguramente terão medo. Antes de entrar na batalha, vocês ficarão apavorados pensando que poderão ser mortos.

---

39. Para todos esses pontos, ver M. Jones-Davies, "The Word of War: vers une rhétorique de la guerre", vários autores, *Shakespeare et la Guerre*, Paris, Les Belles Lettres, 1990, pp. 11-23.

40. V. D. Hanson, *Le modèle occidental de la guerre*, Paris, Les Belles Lettres, 1990.

Doerá? Vocês saberão o que fazer? Depois disso, vocês se habituarão com o espetáculo e com as sensações do campo de batalha. As coisas serão diferentes para vocês"[41]. É muito fácil pregar a política da grande potência, fazer a apologia do poder forte. Difícil é tomar as armas nas mãos, pagando por isto com o corpo, o sangue, o desespero e a vergonha.

> Estudos do pós-guerra consagrados à psicologia no combate constataram que 90% das pessoas interrogadas reconheciam ter medo antes da batalha. Isto ia das "violentas batidas do coração", na maior parte, à sensação de que o coração iria desfalecer e, às vezes, à "perda de controle dos intestinos" e à "urina nas calças".

Os mesmos fatos davam-se com o hoplita grego. "Além do silêncio e do tremor, os homens nas fileiras, como seus homólogos na infantaria moderna, eram obrigados à urina involuntária ou pior, à defecação involuntária em seu medo do choque que se aproximava"[42].

Os velhacos e políticos falam de "pátria", "Deus", "direito", para justificar a guerra. Mentira. Tanto os gregos quanto os bons generais modernos sabem que os soldados, como o prova a pesquisa sobre o *american soldier*, batem-se pela sua vida e pela de seus companheiros. É o que lembra um comandante, William Manchester: "os homens, hoje eu sei, não combatem por uma bandeira, um país, pelo corpo dos fuzileiros, pela glória ou qualquer outra abstração. Eles combatem um pelo outro"[43]. Nos campos gregos e romanos de batalha, após o choque entre as partes, formavam-se camadas duplas ou triplas de cadáveres "porque cada um dos campos era levado pelas lanças do adversário, tentando freneticamente provocar uma espécie de dinâmica para frente"[44].

A guerra pois, como afirma Píndaro citado por Erasmo, é "doce para os inexperientes". Aos calejados ela traz a memória "de um fétido suor proveniente dos milhares de homens

---

41. S. A. Stouffer, *et alii*: *The American Soldier: Combat and his Aftermath*, Princeton, T. II, 1949, p. 201; Hanson, *op. cit.*, p. 141.
42. Hanson, *op. cit.*
43. *Idem*, p. 161.
44. *Idem*, p. 204.

sofrendo sob o sol, o perfume do sangue e das entranhas escapando dos ferimentos recém-abertos e, por vezes, um cheiro de excrementos vindo dos medrosos ou dos que tinham acabado de morrer"[45]. Todo este horror passa pelas linhas escritas por Erasmo no adágio "A guerra é agradável para quem não a experimentou".

Hoje, na Europa e no Oriente Médio ressurgem os vagidos das guerras gerais. Renascem o nacionalismo primitivo e a religião fanática. O terror de Estado e o arbítrio do terror conduzido pelos grupos se unem, sempre em nome da "justiça". Interesses econômicos são escondidos sob a capa mentirosa do "direito internacional". A força continua como *ultima ratio*. São raras as vozes que se levantam contra a loucura generalizada. A mídia esconde o horror inteiro da guerra, reduzindo-a ao estatuto de puro jogo lógico. Na tela da CNN ninguém sente o cheiro de sangue, dos excrementos, das lágrimas. Nesta hora, cabe retornar à palavra escrita e bem escrita. A de Erasmo é uma das mais puras e duras que se conhece. Sempre que os sofistas da cátedra ou dos palanques (mesmo os do púlpito) falarem em "salvar" abstrações, importa conferir com Erasmo: enquanto existir guerra, não podemos nos orgulhar da humanidade: "nós, ao contrário das feras, buscamos a ruína de nossos iguais com armas opostas à natureza, produzidas por uma arte diabólica" (*Dulce bellum*...) Herdeiros de Lúcifer, nosso Estado e nossa vida social sempre serão um pandemônio. A guerra é uma das formas que usamos, como Júlio II, papa, afim de assaltar o Paraíso. Com ela, só nos resta a Fúria, Bellona, nossa única padroeira. O resto é morte e silêncio.

Bibliografia

De Erasmo:

Erasmi Desiderii Roterodami opera omnia. Joannis Clerici, Ludguni, Batavorum, 1703-1706.

45. *Ibidem*.

Collected Works of Erasmus. Toronto, University of Toronto Press, 1974-1977. Trad. R. A. B. Myrrors e D. F. S. Thomson.

Guerre et Paix. Claude Margolin (ed.), Paris, Aubier-Montaigne, 1973.

Erasme, oeuvre choisies. Jacques Chomarat (ed.), Paris, Librairie Générale Française, 1991.

Erasmo de Rotterdam, Adagia. Silvana Seidel Menchi (ed. bilíngüe), Torino, Einaudi, 1980.

Elogio de la Loucura. Oliveri Nortes Vall (ed.), Barcelona, Bosch, 1976.

Sobre Erasmo:

TELLE, Emile V. *Introduction à La Compluinte de la Pazx*. Genève, Droz, 1978.

TRACY, James D. *The politics of Erasmus. A Pacifist Intellectual and his Political Milieu*. London-Toronto, University of Toronto Press, Buffalo, 1978.

Outros:

BAYLEY, C. C. *War and Society in Renaissance Florence*. Toronto, University of Toronto Press, 1961.

MARGOLIN, J. C. (ed.). *Colloquia Erasmiana Turonensia*. Toronto, University of Toronto Press, 1972.

CHEBOD, F. *Machiavelli and the Renaissance*. N.Y., Harper, 1 Fix.

FERNANDEZ, Y. A. "Erasmus on the Just War". *Journal of the History of Ideas*, n. 34, pp. 209-226, 1973.

Sobre Guerra e Humanidades:

HANSON, V. D. *Le modèle Occidental de la Guerre*. Collection "Histoire". Paris, Les Belles Lettres, 1990.

VÁRIOS AUTORES. *Shakespeare et la guerre*. Paris, Les Belles Lettres, 1990.

DE SOLAGES, Mgr. Bruno. "La Genèse et l'orientation de la théologie de la guerre juste". *Bulletin de Littérature Ecclésiastique*, Institut Catholique de Toulouse, n. 41, 1940, pp. 61-80, 121-138, 153-175.

SCHWOEBEL, R. H. "Coexistence, convertion and the Crusade against the Turks". *Studies in the Renaissance*, n. 12, 1965, pp. 164-187.

Sobre a Guerra:

GARLAIN, I. *La guerre dans l'Antiquité*. Paris, F. Nathan, 1972.
⎯⎯⎯. *Guerre et Economie en Grèce ancienne*. Paris, La Découverte. 1989.
MARINOVITCH. L. P. *Le mercenariat grec au IV siècle avant notre ère et la crise de la 'polis'*. Pans, Les Belles Lettres, 1988.
PRITCHETT, W. K. *The Greek State at War.* Berkeley, University of California Press, 1974.
KEEGAN, J. *La deuxième Guerre Mondiale*. Paris, Perrin, 1990.
SHIRER, W. L. *Les années du Cauchemar, 1934-1945. Mémoires d'une vie plongée dans son temps*. Paris, Plon, 1985.
KELLET, A. *Combat motivation: The Beharior of Soldiers in Battle.* Boston, 1982.
STOUFFER, S. A. *et allii*. *The American Soldier: Combat and his Aftermath*, t. II, Princoton, 1949.

Autores Usados em Referência a Erasmo:

VEGETI RENATI, Flavii. *Epitoma rei militaris*. Lipsiae, B. G. Teubner, 1869. liber III.
NIRARD, De M. *Collection des Auteurs Latins*. Paris, Le Chavalier, 1849, pp. 688-689.
DUBOCHET, J. J. *Les institutions militaires*. Paris, 1849.
BELLARMINI, Roberto. Disputationum Roberto Bellarmini. Societate Jesu S. R. E. Cardinalis, *De controversis christianae fidei, adversus huius temporis haereticos*. Epítome do Fr. I. Baptistae Desbois, Ordinis minimorum, tomus primus, Parisiis, Robertum Fouet (ed.) 1602.

3. SILÊNCIO E CENSURA, INIMIGOS DA LIBERDADE*

Com o fragor das batalhas em Bagdá, assistimos a uma outra luta, agora na América do Norte. Refiro-me à campanha oficial daquele país contra a imprensa livre. Vejamos o exemplo de Peter Arnett, profissional que teve ilusões de dizer o que pensava sobre os erros estratégicos americanos.

Demitido, lemos as desculpas melancólicas que ele mesmo apresentou ao complexo político e militar que orienta sua terra. Com esse fato, um limite espiritual foi superado. Os jornalistas autênticos que operam nos EUA sabem que o liberalismo foi suspenso. Calar ou exercer a propaganda governamental é opção permitida à imprensa. Algumas resistências à censura foram esboçadas e a tentativa de Arnett é prova disso. Mas a profissão jornalística recebeu um ferimento grave.

---

* Publicado na *Folha de S. Paulo*, 08.07.2003.

Janio de Freitas, na *Folha*, em 01.04.03, apresentou um inquisitório contra o silêncio de pessoas e instituições na guerra do Iraque. O mutismo define as tiranias. A primeira coisa que buscam os autocratas é a cumplicidade das vítimas. Elias Canetti lembra o Imperador Domiciano, cujo desejo era aterrorizar os líderes de Roma. Ele os convidou para uma refeição e, nela, os alimentos servidos eram idênticos aos ofertados pelas almas dos mortos. Enquanto os "convivas" guardaram um silêncio de pavor, Domiciano recordou falecimentos e massacres. Alternam-se, nos convidados, o medo diante da morte e a esperança de sobrevida. Os líderes deixaram-se dominar no pêndulo daquelas emoções.

Comentário de Canetti: "O terror incessante no qual Domiciano manteve seus hóspedes fez com que eles emudecessem. Somente ele falava, e falava de mortes e massacres". Mas, na vida pública, o silêncio é menos traumático do que a fala obrigatória das vítimas. Na Santa Inquisição, silentes quando "apenas" os cristãos novos eram torturados e postos em fogueiras, os mudos da época sentiam chamas ardentes se aproximarem de seu corpo. Quando pegos nas mesmas armadilhas sobre as quais se calaram, foram coagidos a confessar muitas faltas, na maioria inexistentes. A Igreja tem essa mancha no seu pretérito.

Também nos modernos movimentos políticos deu-se a passagem do silêncio às palavras enunciadas para confirmar os poderosos. Caso típico são os julgamentos de Moscou sob Stálin. Os fiéis ao programa revolucionário silenciaram quando os dirigentes distorceram teses e ordenaram perseguições aos inimigos do partido. Os militantes calaram porque o mesmo partido era a sua vida. Eles e a máquina política seriam uma só carne. Os emudecidos nos primeiros tempos tirânicos tornaram-se réus, confessaram faltas inexistentes, destruíram sua personalidade em favor do líder. Espantosa e triste comunhão entre os "culpados" de Moscou e os seus algozes: Claude Lefort analisa o fenômeno em livro não traduzido para a nossa língua, *Un Homme en Trop*.

Mas não apenas a URSS impôs o silêncio e a fala forçada. Na França, na Inglaterra, nos EUA, ocorreram estupros de almas, confissões e pedidos de perdão por supostos "erros" cometidos. Na Argélia, os franceses sabiam que seu governo torturava os árabes. Poucos tiveram a coragem de Sartre para denunciar a "superior civilização" francesa. Muitos acadêmicos e jornalistas assumiram um tom contrito, desculpando-se não diante dos torturados, mas dos torturadores. Eles tentaram apagar até a simples notícia das atrocidades. No macarthismo, espetáculo similar surgiu diante do mundo.

Essas práticas pavimentaram as políticas do Ocidente, onde a regra é o silêncio, o medo, o aviltamento da consciência. As exceções brilham. O caso de Peter Arnett é notável. Ele ousou dizer coisas escondidas a milhões de americanos. Despedido, as suas desculpas foram lamentáveis. Mudando nomes e lugares, temos nesse caso a realidade dos processos moscovitas. Neles, o réu tinha no partido a sua razão de ser, e devia confessar traições imaginárias para garantir o "seu" Estado. Arnett e a América deveriam ser um bloco. Quebrado o monolito, restou ao jornalista a humilhação de indicar o seu pensamento como servo da censura, o que é proibido pela Constituição americana.

Na URSS de ontem e nos EUA de agora, a imprensa sofreu e sofre com as tenazes da razão de Estado. Arnett testemunha a violência contra a liberdade de pensamento. Depois desse fato, e das atrocidades cometidas pelos governos, com o silêncio acovardado dos acadêmicos e da mídia, é certo dizer com Bertrand Russell: "Um exame sem parcialidades da conduta internacional de hoje permite concluir que os parâmetros de comportamento mantidos pelo nazismo e fascismo tornaram-se geralmente aceitos" (*The Doctrine of Extermination*).

Isso permite, nas guerras de agora, a violência contra civis em escala infernal. A liberdade de imprensa, mais do que nunca na história, deve ser conquistada e garantida. Enquanto restar uma palavra impressa que não resulte da censura, o silêncio cúmplice ainda não será a norma absoluta. E haverá uma possibilidade de convívio entre os humanos.

4. A RAZÃO TERRORISTA*

É estratégico refletir sobre a democracia e os destinos do Estado de direito. A experiência dos embates entre os planos imperiais norte-americanos e o mundo traz uma ameaça incomum às liberdades civis geradas pelas Revoluções Americana e Francesa do século XVIII. O terror estatal mostra-se no horizonte do mundo inteiro, anunciando dias cinzas para a humanidade. Embora seja esmagadora a agenda que marca o avanço da força irrestrita e atenua os direitos, torna-se preciso também, e sem concessões, discutir o terrorismo que ainda não chegou ao poder de Estado. Como opera a racionalidade terrorista? Seria possível analisar seu funcionamento com ajuda de nossa própria razão, quando verificamos o quanto esta age de forma perfeitamente lógica e com eficácia apavorante nas demonstrações terroristas? Em I. Kant, importa muito, na inspeção racional, o genitivo: trata-se, para ele, da crítica da razão

* Publicado na *Revista Mosaico* da Fundação João Pinheiro de Belo Horizonte, n. 1, vol. I, jan. 2002.

pura. Ou seja, é a própria razão o sujeito e o objeto da crítica. No caso terrorista, é preciso ter consciência de que se enfrenta uma certa razão, a partir de uma outra. Não há recobrimento perfeito do sujeito e do objeto, através do genitivo: ou aderimos à razão terrorista, de Estado ou dos grupos que se candidatam ao domínio estatal, ou a rejeitamos, também em nome da razão, mas dotada de outro estatuto. Ou existe uma razão democrática, ou apenas o terrorismo é real e racional. Esta é uma aposta, espécie de *projectio per hiatum irrationalem* dos que almejam a sociedade humana em regime democrático, aposta na recuperação da vontade voltada ao ser, a qual se afasta da morte e da insânia guerreira. A razão e a vontade dirigidas ao bem coletivo, sem tutores, é o ideal das Luzes, hoje caluniado por todos os que desejam a tirania em escala cósmica. É ao redor desse ponto que as páginas seguintes irão girar.

Os fatos de 11 de setembro de 2001 e as "retaliações" (*a priori*, definidas desde longa data) do governo norte-americano e de seus aliados, espantam as mentes lúcidas, inclusive as acostumadas às piores máscaras do ser humano. Blaise Pascal diz que Montaigne denuncia a razão fazendo-a duvidar se, de fato, ela seria racional. Com freqüência, indica o autor dos *Pensamentos*, a razão se precipita e desce ao plano da natureza feroz. Por outro lado, a loucura possui certa forma que consiste no excesso da racionalidade: a paranóia, o sentimento de onipotência que não consegue, no tempo e no espaço finitos, encontrar barreiras. Os materiais sobre a paranóia ajudam a refletir no campo ideal que subjaz à prática terrorista. É necessária uma análise assim porque os que agem nas sombras em nossos dias não brotam do nada. Eles retomam tradições modernas e não apenas orientais, nascidas no mundo "cristão e ocidental". O desejo de expor maravilhas e portentos está na origem de nossa cultura e da imprensa. O inusitado, a "notícia", as "nouvelletés" dizia a Renascença, deram o golpe inicial à curiosidade coletiva que impulsionou o crescimento da imprensa[1]. Não é uma surpresa, pois, que a mídia, como

---

1. Cf. Alberto Natale, *Il sensazionale e il prodigioso nella letteratura di consumo: Secoli XVII e XVIII*, Bologna, Universitá degli Studi, 1986.

enuncia Alberto Dines[2], tenha sido o alvo dos terroristas. O fato político se amplia com desmesura quando exibe-se como "sensacional". Olhos curiosos, ensinava o velho Plutarco (*De curiositate*), se rejubilam com o malefício e nele colocam toda complacência. Este traço ético horrendo mostra cumplicidade luciferina com a perversão possível de todo ser humano e caracteriza a banalização do mal que a filosofia contemporânea tenta combater nos intelectos e nos corações. Uma luta difícil e inglória. A imprensa não raro é refém e cúmplice dos terroristas[3]. Façamos um pequeno intervalo sobre a mídia.

No quinto exercício espiritual, previsto para a primeira semana de retiro, Santo Inácio de Loyola (1492-1556) diz o seguinte:

> com os olhos da imaginação, veja-se o comprimento, a largura e a profundeza do inferno... (ouçam-se) os choros, os urros, os gritos, as blasfêmias... (cheire-se) a fumaça, o enxofre, e as coisas em estado de putrefação... (experimente-se com o paladar) as lágrimas, a tristeza, o verme da consciência... (toque-se) as lavas de fogo que envolvem as almas e que as queimam.

Tais frases, citadas por G. Hocke, fazem-nos refletir. Quem leu o romance de Joyce, o *Retrato do Artista Quando Jovem*, recorda o pavor do estudante com os cálculos para saber quantas almas cabem no fogo eterno. Aquelas visões foram realizadas, em tempo próximo ao do romance, nos campos nazistas, onde o inferno abriu a garganta e devorou milhões de seres humanos. Na porta daqueles espaços, a ordem moralista: "O trabalho liberta". Elias Canetti, conhecedor do submundo totalitário, disse certa feita que a invenção mais tremenda dos homens é a do inferno. Depois que ele foi produzido na imaginação, todos os tormentos seriam previsíveis. Santo Inácio manda que os cinco sentidos sejam exercitados, possibilitan-

---

2. Em vários artigos no *Observatório da Imprensa*, desde a data dos atentados ao WTC e ao Pentágono.

3. Em mais de um sentido no plano econômico, político, ideológico. A grande manobra da mídia capitalista é utilizar o terrorismo como fonte de notícias que vendem os seus produtos aos bilhões de humanos, aumentando a sua possibilidade de cobrança de anunciantes e dos governos, ao mesmo tempo em que aumentando o potencial terrorista produz consenso ao redor dos "perigos" que rondam o mundo do mercado e da "liberdade".

do o Pandemônio na consciência. Não bastam os olhos, são requisitados o gosto, o tato, o olfato. Todo o corpo transforma-se em fábrica diabólica. Estamos longe, em termos de tecnologia, de alcançar a perfeição de um aparelho que sintetize os cinco sentidos. Mas a mídia se esforça para trazer, apenas com a vista e as orelhas, o inferno à nossa casa, ao nosso corpo, aos nossos corações e mentes. Ainda não inventaram uma TV com sabores, gosto, cheiro. Mas Santo Inácio poderia propor esta forma de imprensa como auxiliar na tarefa de produzir o inferno. O cheiro e o gosto, se eles chegassem ao público, seriam o da podridão, essencial nos excrementos da alma. A produção do lucro e o controle das almas ao modo dos EUA. Além disto, serve o terrorismo para encarnar o "outro", o monstro que deve ser derrotado, após ter sumido do cenário um outro personagem, o comunista. A mídia produz este outro, narrando a história do "Bem" contra o "Mal". Enfim, a mídia transforma o terrorismo em "showrnalismo", na feliz expressão de José Arbex Jr.[4].

O terrorismo de hoje teve predecessores em sistemas próximos aos costumeiros na política tradicional. Nele, encontramos uma fórmula provisória e a justificativa filosófica da ação através da forma imediata: a propaganda política verbal ou através de imagens não basta. É preciso exibir "fatos", como a morte dos "tiranos". Esse modo de pensar não brota

---

4. Cf. *Showrnalismo, a Notícia como Espetáculo*. São Paulo, Casa Amarela, 2001. Para outras perspectivas, cf. E. K. Kelvin e Odasuo A. *Media Coverage of Terrorism: Methods of Diffusion,* London, Sage, 1991 e P. Gilbert, "The Oxygen of Publicity: Terrorism and Reporting Restrictions", in A. Chadwick Belsey. *Ethical Issues in Journalism and the Media*, London, Routledge, 1992. O controle das consciências faz do poderoso instrumento de comunicação social um fim em si mesmo, cena dantesca permanente. É neste contexto que os acordos dos proprietários dos grandes meios de comunicação nos EUA, após os eventos de 11 de setembro, com o governo norte-americano, mostram mesmo que o "serviço" de informar foi distorcido ao máximo. Os senhores da imprensa julgam-se no direito de reduzir seus "noticiários" em condutores da opinião pública, junto com os militares. Eles fabricam a unanimidade que expulsa as análises, o debate, as comparações e preparam almas para o inferno. A mídia se transforma, com a perda intencional das liberdades públicas, em terrorista. Se ela encontra-se em situação crítica, isto não deve isentar a comunidade acadêmica e outros setores sociais responsáveis de pensar a lógica do terror, a sua insânia extremamente racional.

de um dia para o outro. Os que defendem o assassinato de governantes, suposta ou realmente despóticos, têm a mesma idade do Estado moderno. Nos séculos XVI e XVII foi usual o apelo ao atentado direto contra a vida dos dirigentes. Pregavam semelhante via os "monarcômacos", matadores de monarcas. Na Revolução Inglesa surgiram muitos panfletos distinguindo o assassinato do justiçamento do tirano. Com a morte de Henrique IV, um feito de Ravaillac cometido em 14 de maio de 1610, etapa relevante foi definida na gênese do terrorismo. A *história das mentalidades* busca entender os monarcômacos, estudando atitudes políticas protestantes ou católicas. Roland Mousnier[5] escreveu sobre o tema e inspecionou as fontes judaicas da cultura ocidental, no Antigo Testamento, fontes que exibem exemplos de judeus assassinos de governantes. Mousnier segue para a Grécia e Roma com Julio Cesar, morto pelos virtuosos republicanos, como Brutus.

É tarefa difícil avaliar se a consciência cristã, romana ou reformada, pode ser "causa" dos atos suicidas empreendidos pelos matadores de reis. Esta dificuldade apenas se amplia, hoje, com o problema dos nexos entre islamismo, ou catolicismo, e atividade terrorista. É preciso prudência para não se avançar vínculos "evidentes" mas sem força explicativa quando se examina os elementos históricos. É preciso perceber que também os puritanos protestantes, e não apenas os católicos ou islamitas, possuem um contributo para a história do justiçamento sumário. O puritano panfleto *Killing No Murder Briefly Discoursed in Three Questions* escrito em 1657 por Ed. Sexby contra O. Cromwell, reeditado em 1689 com o nome de W. Allen, ajudou a preparar as desculpas "justas" para os atentados contra os dirigentes estatais[6]. No século XIX e nos começos do século XX, o alvo dos atentados terroristas, seguindo o exemplo dos

---

5. *L'assassinat d'Henri IV, 14 mai 1610*, Paris, Gallimard, 1992 (3ª ed.).

6. Cf. C. H. Firth, "Killing No Murder", in *English Historical Review*, vol. 17, 1902, pp. 308-311. Cf também O. Lutaud, *Des Révolutions d'Angleterre à la Révolution Française: Le Tyrannicide & Killing no Murder* (*Cromwell, Athalie, Bonaparte*). La Haye, Martinus Nijhoff, 1973. E também do mesmo autor: *Les Deux Révolutions d'Angleterre* (*Documents politiques, sociaux, religieux*), Paris, Aubier-Montaigne, 1978.

monarcômacos, eram os dirigentes políticos. Muitos eventos neste sentido ocorreram na Áustria, na Alemanha, na França, na Espanha, na Itália. Até mesmo nos Estados Unidos tornou-se famoso Johann Most, propugnador da propaganda pelo terrorismo[7]. Norberto Elias tem um capítulo fundamental sobre o assunto, com título sugestivo: "Lúcifer sobre as Ruínas do Mundo"[8]. Na Rússia, o núcleo de propostas terroristas foi o partido Narodnaya Volya (A Vontade do Povo) criado em 1879. Nesse ano, Khalturin dinamitou o refeitório do czar. Em 1882, morreu o imperador num atentado à bomba. É eloqüente, sobretudo em nossos dias, o programa do Narodnaya Volya, o qual assim se define:

a atividade terrorista consiste em destruir as pessoas mais perigosas do governo, defendendo o partido contra a espionagem, punindo os que realizam casos notáveis de violência e arbítrio no governo e na administração, deseja diminuir o prestígio do poder governamental, demonstrar a possibilidade de luta contra o governo, elevando desse modo o espírito do povo e sua confiança no sucesso da causa, e finalmente, pretende dar forma e direção às forças prontas e treinadas para a luta[9].

A palavra "terrorismo" foi cunhada no século XVIII durante e após a Revolução Francesa. O termo define a política jacobina, parte mais radical da burguesia revolucionária, na tentativa de expulsar do quadro político os seus adversários realistas e girondinos. A palavra "terror", desde essa época, une-se à idéia de "virtude". Os jacobinos seguem as proposições democráticas de Jean-Jacques Rousseau, cuja obsessão é retomar na vida moderna as "virtudes" dos antigos gregos e romanos. A sociedade, pelos efeitos das artes e das técnicas, bem como das riquezas e do luxo que elas trazem, estaria imersa na corrupção. Para arrancá-la desse estado, torna-se crucial ensinar ao povo, de modo público, a antiga austeridade de Esparta ou de Roma. Se o povo não sente propensão para

---

7. Cf. M. Newton, *Terrorism in the United States and Europe, 1800-1959: An Annotated Bibliography*, 1988.

8. *Os Alemães, a Luta pelo Poder e a Evolução do Habitus nos Séculos XIX e XX*, Rio de Janeiro, Zahar, 1998.

9. Programa do Comitê Executivo, 1879. Cf. *Encyclopaedia of the Social Sciences*. Os membros do Narodnaya Volya afirmam que os métodos por

seguir as lições de virtude, bem, dizia Rousseau, "é preciso obrigá-lo a ser livre". No caso dos jacobinos, tal pedagogia se traduz no Terror[10]. O Terror foi exagerado pelos inimigos dos jacobinos, sobretudo após o golpe contra-revolucionário do Termidor. Os termidorianos, em poucos dias, mataram mais adversários, de modo ilegal, do que os jacobinos em todo o governo de Robespierre[11]. Deve-se recordar, também, como indica Alain Badiou, que os termidorianos saíram todos das hostes jacobinas, constituindo a parte corrupta daquela tendência. Eles mantiveram o procedimento terrorista de Estado, ampliando-o desmesuradamente, mas jogaram fora a máscara da virtude, deixando a hipocrisia a que se submeteram durante a mobilização das massas fanatizadas pelos seus parceiros de facção. O domínio napoleônico tornou o terror um estilo de administrar pelo medo, colocando a sociedade nas mãos da polícia, da censura, da propaganda. Isto, naturalmente, com auxílio dos "bons patriotas", os que espionavam em casa ou nos lugares públicos, de modo gratuito, para os governantes. O medo que se introduziu na vida francesa e na Europa pode ser aquilatado em exemplos brilhantes de prosa literária como o sinistro *Le Rouge et le Noir*. Erich Auerbach (*Mimesis*) analisa de modo percuciente, nesse romance, o medo

---

ele propugnados não constituem o fim, mas um meio para que o partido chegue ao poder. As massas russas, entretanto, a serem levantadas pelos "fatos", como a morte dos dirigentes, não se moveram do lugar.

10. Cf. L. Dispot, *La Machine à Terreur*, Grasset, 1978. Este livro, apesar de alguns traços mais duros de retórica, é uma fonte estratégica para a reflexão sobre o terrorismo, tanto o de Estado quanto o dos grupos e movimentos políticos que pretendem dominar o social concorrendo com os governos. É sumamente recomendável a leitura deste livro tendo-se ao lado as histórias da Revolução Francesa e das Luzes. Uma análise de Rousseau e de sua descendência também importa muito. A tese de Dispot é simples na aparência: "nós queremos o menor Estado possível. O terrorismo é uma doença de Estado (como há uma razão de Estado), não uma doença psicológica, nem um caráter nacional. Logo, menos Estado, menos terrorismo" (p. 266). Não se confunda esta tese democrática com o neoliberalismo, um terrorismo econômico que, neste início do século XXI, mostra-se uma arma decisiva na mão de certos Estados, como os EUA, contra os que deles dependem.

11. Análise importante a de Alain Badiou em coletânea dirigida por C. Kinstler, *La République et la Terreur*, Paris, Kymé, 1995.

que as delações anônimas, os procedimentos dos espiões a serviço do Corso, a violência espiritual que o Termidor legou a Napoleão e que este usou para produzir a formidável máquina de moer carne nas guerras e a burocratização do espírito francês. Madame de Staël relata, com fidedignidade, todos esses aspectos[12]. O período terrorista, nos dias da Revolução ainda em marcha, uniu para sempre a idéia do pavor empregado contra os adversários "do povo" e a "virtude" dos carrascos. Terrorismo e virtude tornam-se faces da imposição política pela ameaça da morte. O cosmético da virtude ajuda o terrorismo na sua propagação rápida. Afinal, o terrorista não é bandido: ele teria uma "causa nobre e justa", a virtude a ser recuperada no mundo corrupto. A primeira vez que se usa o termo "terrorismo" para exprimir uma doutrina da história, e da política que dela resulta, é no escrito polêmico de I. Kant, o pai da razão moral. Em 1798, escrevia o filósofo que o mundo, visto através das lentes terroristas, sempre surge como se estivesse à beira da catástrofe absoluta. Quando tudo chega ao pior (esse dia é sempre o de hoje para o terrorista) "o piedoso visionário já sonha com o retorno de todas as coisas e com o mundo renovado quando o presente foi consumido pelo fogo" (*O Conflito das Faculdades*, "Sobre a Concepção Terrorista da História da Humanidade"). A última palavra é relevante: o mundo se renova pelo fogo que purifica os ares, os mares, a terra e os homens. A "virtude" volta a reinar após o calor ígneo destruir o ambiente "perverso": que se faça a justiça e pereça o mundo. Indica Laurent Dispot: todo o imaginário do terror no século XVIII liga-se à termodinâmica. Se o universo esfria, o mesmo ocorre nas vontades humanas. A frase de Saint-Just, no fim do processo revolucionário francês, é sintomática: "A Revolução gelou!". No juízo terrorista são engendrados os partidos, engenhos mecânicos para reverter o congelamento natural e societário. Tais máquinas partidárias produzem o terror como fogo. Este incendia as mentes e os corações dos revolucionários autênticos, depois se espalha pela vida política. Tal imaginário é mais vasto do que normalmente

---

12. Cf. De Staël, *Considérations sur la Révolution Française: Présenté et Annoté par Jacques Godechot*, Paris, Tallandier, 1983.

se suspeita[13]. O terrorista monopoliza a virtude. Embora crítico do terror, o próprio I. Kant espalhou certa moral inflexível, impiedosa, intimidatória. Exige o imperativo categórico kantiano que as pessoas sejam fim, nunca um meio. Isto afasta a Razão Prática dos atos e pensamentos terroristas. Mas sua apologia ilimitada do dever ajuda a espalhar, com poderoso auxílio de Rousseau, o fanatismo moral e os atos "virtuosos" dos terroristas. Este nexo entre os dois campos aparentemente contrários, o terror e o dever-ser kantiano, foi percebido pelo atilado H. Heine.

> Se Kant, este grande demolidor no domínio do pensamento, ultrapassou Robespierre em terrorismo, ele, entretanto, tem com o francês algumas semelhanças [...] Assim, encontramos nos dois homens esta probidade inexorável, cortante, incômoda, sem poesia, totalmente trivial; ambos possuem o talento de desconfiar, que um traduz com o nome de crítica, e o volta contra as idéias, enquanto o outro o emprega contra os homens, e o chama virtude republicana. Aliás, ambos revelam ser, no mais alto grau, o tipo do proprietário de armazém [...] a natureza os tinha destinado a pesar café e açúcar; mas a fatalidade desejou que eles usassem outra balança e jogou nas mãos de um, o rei, na do outro, Deus [...] E eles pesaram com exatidão![14].

A prudência filosófica procura mostrar, desde seus primeiros tempos, o perigo da exclusividade de um dom humano sobre os demais, especialmente quando se trata de moral ou política. No *De anima*, Aristóteles diz que os sentidos ficam inativos, ou se destroem, quando são ultrapassados limites e medidas. A vista não enxerga se a luz é insuficiente e, no inverso, ela pode enceguecer por um excesso de luz. No domínio da ética, a virtude é algo a ser medido. Virtude em demasia, ou razão em excesso passam ao seu contrário.

Em Platão, a perda das medidas deve ser corrigida através de modelos de virtude que precisam ser imitados pelos indivíduos. Estabelecer medidas é a tarefa mais árdua dos que

---

13. Cf. G. Johnson, *Fire in the Mind: Science, Faith, and the Search for Order*, New York, Knopf, 1995 e J. H. Billington, *Fire in the Minds of Men: Origins of the Revolutionary Faith*, New York, Basic Books, 1980.

14. Cf. J. D'Hondt: "Kant est-il le Robespierre de la Philosophie?", in J. Ferrari (ed.), *L'Année 1973, Kant sur la Politique et la Religion*.

têm por missão guardar o Estado[15]. O bicho homem, segundo o coro teatral de Antígona, é a maravilha do mundo. Ele pode se conter em limites ou fugir para o ilimitado e, neste caso, com a mesma palavra que serviu para desenhar o ente humano enquanto benéfico (*Deinos*), o poeta indica que foi ultrapassada a barreira do terror e isto se chama *hybris*. Um analista daqueles versos de Sófocles enuncia coisas que hoje cabem, perfeitamente, ao terrorismo:

é pela *hybris*, este movimento impetuoso, que o homem se arranca da situação que lhe foi dada, com força e veemência que o fazem sair do curso comum da vida. Mas neste gesto ele só chega a sair da vida comum perdendo todos os pontos de comparação que poderiam lhe permitir ordenar a própria vida, como se ele entrasse num espaço novo sem mapa nem bússola e, para dizer tudo, capaz do melhor e do pior. Capaz do melhor porque é carregado pelo impulso do espírito. Capaz do pior quando se deixa fascinar pelo exercício de sua própria violência[16].

O terrorista amplia à desmesura o imperativo categórico kantiano, invertendo-o. As pessoas, no seu entender, são apenas meios para o grande Fim, o desvelamento da Virtude. O signo do terrorista é a máscara da Justiça colada no seu rosto. O mundo inteiro se compõe de vis tiranos e inocentes vítimas. Estas últimas submetem-se. Logo, é preciso salvar a verdade e o bem que, por definição, permanecem apenas na consciência do Justiceiro, o terrorista. O terrorismo é remédio de choque para a abulia moral das massas. Na edificação das realidades novas é preciso destruir o mundo de agora, falsa aparência que engana as multidões mas que o Virtuoso desvela. O terrorismo projeta a linha justa e já exerce um mando político. Para ele, vale a descrição de Elias Canetti sobre o paranóico que se instala no poder sem limites. A razão, se aplicada sem cautelas lógicas à política e à sociedade não é racional. Exemplo de poderoso paranóico encontramos em Schreber, juiz com um intelecto dos mais agudos, cujo livro é fonte para a análise

---

15. Cf. Couloubaritsis, L. Couloubaritsis, "L'Un comme mesure de toutes choses", in J-C. Beaune (org.), *La Mesure, instruments et philosophies*, Paris, Champ Vallon, 1994, pp. 197 e ss.

16. Cf. F. Chirpaz, "L'Hubris selon Eschyle et Sophocle", in J-C. Beaune (org.), *op. cit.*, pp. 220 e ss.

do poder em nossos tempos. Refiro-me às *Memórias de um Doente de Nervos* e às observações a seu respeito em *Massa e Poder* de Elias Canetti. Schreber foi paranóico e a sua doença liga-se ao poder. Para ele, os homens não existem enquanto indivíduos autônomos, mas se diluem em multidões de entes ameaçadores. A impressão que temos ao ler o juiz alemão, diz Canetti, é que "Deus está em guarda, como uma aranha, no centro da teia política". Schreber seria "Um doente mental que passou seus dias vegetando numa clínica e pode, pelos conhecimentos que proporciona, ser muito mais significativo do que Hitler ou Napoleão, e iluminar a humanidade a respeito de sua maldição e de seus senhores".

Dentre os desejos de Schreber está o de invulnerabilidade frente à massa dos mortais, além da volúpia de sobreviver à custa dos subordinados, a mais forte inclinação dos poderosos. Deus é o máximo poder. Schreber termina sua delirante narrativa com um "fato". Enquanto juiz e poderoso, escreve, "tudo o que ocorre refere-se a mim. Eu me converti para Deus no homem absoluto ou no único homem, em torno do qual tudo gira, ao qual deve ser relacionado tudo o que ocorre e o qual, a partir do seu próprio ponto de vista, também deve referir todas as coisas a si mesmo". O paranóico sempre se percebe cercado pois "seu inimigo principal jamais se contentará com atacá-lo sozinho. Sempre procurará atiçar contra ele uma malta odiosa, soltando-a no momento exato. Os membros da malta a princípio se mantêm ocultos, podem estar por toda parte". Para o poderoso, todos conspiram contra ele. Seus inimigos são uma totalidade homogênea. Indivíduos, para os poderosos da história, se diluem em massas compactas. O poderoso desmascara os supostos indivíduos, reduzindo-os ao Inimigo. Só ele, inocente, pode sentenciar milhões à morte. Um exemplo relevante do terrorismo praticado pelos detentores do poder (cujo paradigma é *Ricardo III*, na peça de Shakespeare)[17] é citado em *Massa e Poder*: trata-se do imperador Domiciano. Segundo Canetti, aquele dirigente é o típico paranóico terrorista. O governante, certa noite, desejando atemori-

---

17. Cf. O magnífico comentário de Jan Kott, em *Shakespeare notre contemporain*, Paris, Payot, 1978.

zar senadores e cavaleiros romanos, os convidou para um jantar. Decorou todo o ambiente de cor preta, da parede ao chão. Os leitos eram pretos, tendo ao lado lápides funerárias com o nome de cada um dos convivas. Uma dança horripilante foi executada por rapazes sem roupa e pintados de preto. Os alimentos servidos eram idênticos aos que eram ofertados pelas almas dos mortos. Enquanto os presentes guardavam um silêncio de pavor, Domiciano parolava sobre mortes e massacres. A cena, descrita por Cassius Dios, é tremenda, porque todos os detalhes intimidatórios foram utilizados na ocasião, alternando medo diante da morte prometida pelo governante e a esperança de fugir, pela sua graça, do aniquilamento final. Nesta alternância entre espera e desespero (algo muito bem analisado por Spinoza no século XVII) os senadores deixaram-se dominar de modo completo. Comentário de Canetti: "o terror incessante no qual ele manteve seus hóspedes fez com que eles emudecessem. Somente ele falava e falava de mortes e massacres". Temos aí uma estrutura que sustenta a propaganda do governo terrorista, a censura por ele empregada, o medo espalhado entre os possíveis integrantes da oposição, tudo isto repete-se nos dias de hoje, potenciado ao máximo no cinema e na mídia. O governo terrorista só consegue impor-se tendo um parceiro no ato de espalhar medo: ou diretamente a morte, ou o seu embaixador, o terrorista que ainda não chegou ao controle do Estado.

O paranóico no poder usa as palavras como um punho contra os seus inimigos. Quando luta para chegar ao mando, mimetiza nos seus atos e falas as formas repressivas do Estado moderno, sem a democracia. O terrorista é perfeição de paranóia. Em primeiro lugar, só ele é justo e apenas a sua causa possui verdade e deve ser acatada. Paranóia é sentença que, na língua helênica, significa "para além do pensamento, da razão". Um paranóico não é desprovido de razão, mas a possui em excesso, captando cada ato humano ou divino sob a lógica mais coerente, a que desconhece obstáculos naturais ou de moralidade. Nas suas deduções vai-se das premissas aos resultados, sem passar pelo mundo enquanto resistência. Para ele, não existem outras explicações, outras vontades, outros afetos ou desejos, e também outros pavores, que os seus.

Desde o século XVI o Estado moderno acumulou nas suas mãos três monopólios essenciais: o da força física, com o poder de polícia e de armar exércitos, o da norma jurídica, pois só ele edita leis válidas para todo e qualquer cidadão, o da taxação do excedente econômico, pois só ele pode arrancar bens em forma de impostos das atividades desenvolvidas nos mercados. A democracia, pelo menos desde o século XVIII, nas revoluções americana e francesa, contrabalança aqueles monopólios com direitos civis, políticos, sociais distribuídos por toda a vida pública. Um traço marcante da experiência democrática é a transparência dos procedimentos administrativos, o que exige ampla visibilidade nos negócios públicos. O segredo no Estado moderno caracteriza, indica Elias Canetti, a forma política ditatorial. Conforme a lição de Norberto Bobbio,

pode-se definir a democracia dos modos mais diversos. Mas não existe definição na qual possa faltar o elemento que caracteriza a visibilidade ou a transparência do poder. Governo democrático é o que desenvolve a sua atividade própria em público, sob os olhos de todos. E deve desenvolver a sua atividade sob os olhos de todos porque todo cidadão tem o direito de ser posto à altura de formar para si mesmo uma opinião sobre as decisões tomadas em seu nome. De outro modo, por qual razão deveria ser chamado periodicamente às urnas, e sob quais bases poderia exprimir o próprio voto de condenação ou aprovação?

Governo que usa o segredo nas políticas públicas, conclui Bobbio citando Canetti, "não transforma a democracia, mas a perverte. Não fere mais ou menos um ou outro órgão vital da vida democrática, mas a assassina"[18]. Em nosso tempo não podemos esquecer o paradoxo: os países onde mais se luta em prol da livre informação e do pleno acesso aos textos e feitos governamentais são terras onde se percebe um acentuado segredo no trato das coisas públicas, seguido de intensa manipulação dos particulares, através da mídia. No mesmo passo, a espionagem, desde a política até à militar, passando pela industrial, torna a sociedade transparente para os gover-

18. N. Bobbio, "Il Potere in Maschera", in *L'utopia Capovolta*, pp. 61-64.

nos e industriais, enquanto os dois setores permanecem envolvidos em brumas, longe dos olhos públicos. Enquanto, após os atentados do dia 11 de setembro, o governo dos EUA providenciavam, através de intensa propaganda, junto ao Congresso a atenuação inédita dos direitos civis, ele aumentava o segredo onde a censura pura e simples se impunha. Foi preciso, por exemplo, que a televisão de um país árabe quebrasse a censura e a autocensura imposta pela CNN e outras redes na divulgação das notícias. É sintomático o diálogo entre o dirigente daquele país e o presidente Bush, que dele exigia a mesma censura praticada nos EUA: "Somos um governo parlamentar, e neste tipo de governo a liberdade de imprensa é garantida". O terrorista e o poderoso refletem mutuamente os seus instrumentos e liturgia de mando repressivo. Os três monopólios do Estado moderno para se exercitarem em democracia supõem o controle cidadão, múltiplas vontades e pensamentos reunidos de modo transparente e universal. Os três monopólios são exercidos pelo terrorista e por seu grupo banindo-se todos os demais entes humanos e qualquer debate ou transparência. O terrorista, sem receber votos, faz-se de poder Legislativo e decreta leis que devem ser atendidas por toda e qualquer pessoa, mesmo que esta as desconheça. O terrorista, sem eleição, faz-se poder Executivo de modo ditatorial e arranca bens e recursos vários de qualquer indivíduo ou grupo. O terrorista, sem mando legítimo, faz-se Judiciário e só ele julga com justiça plena o mundo e seus habitantes. Ele também exerce o poder de polícia, de espionagem, chegando a ser, ele também, o carrasco que "verte sangue sem culpa", atributo dos mais antigos governos. Entre terroristas, a pena de morte é norma, e contra ela não existe apelo nem recurso. Enfim, a opinião pública é manipulada pelo terrorista, sem que seja permitida a réplica e o direito de resposta. Ou o mundo aceita a verdade, que por definição é a dele, ou está imerso na mentira. Os Estados oficialmente constituídos, mesmo levando-se em conta as salvaguardas democráticas, tendem a ultrapassar as cancelas que protegem as múltiplas éticas dos setores estabelecidos em seu interior, passando perigosamente da forma democrática à exclusiva *raison d'État*, chegando rápido ao terrorismo de Estado. A China, que no atual momento "apóia" a cruzada antiterror dos EUA, é um poder policial terrorista que persegue fins próprios na cena internacional, fazendo exatamente o jogo de seus interesses de Estado. Do apoio ao golpe de Pinochet aos massacres da Paz Celestial, a China segue seu ritmo de potência em ascensão. Os meios todos são bons neste caminho. Voltemos ao plano mais amplo, deixando a China em quieta tranqüilidade para assinar virtuosas declarações contra o terror.

O Estado, não apenas o terrorista, procura atribuir-se o direito de impor normas éticas aos trabalhos dos cientistas, artistas e demais atividades, através da censura e de outros recursos. Mas não apenas o Estado pode querer intervir nas éticas dos grupos particulares. Movimentos religiosos lutam pela hegemonia ética contra os grupos que não acatam sua autoridade. O fundamentalismo cristão ou qualquer outro fundamentalismo religioso desconhece hábitos e signos dos grupos científicos, artísticos etc., tentando impor-lhes, de cima e do exterior, regras alheias ao seu costume. A opinião pública é o campo de batalha para quem imagina influir na vida coletiva. Como harmonizar os pressupostos do Estado e dos movimentos de massa, religiosos ou ideológicos, e a ética dos grupos de pesquisa, crítica, arte e demais grupos? Apesar de todas as críticas que podem ser dirigidas ao estudo de Adorno[19] e seus companheiros, a opinião pública americana (se a mesma pesquisa fosse realizada em outras terras o resultado seria aproximado) tende a reforçar o plano autoritário dos padrões sociais e políticos. Nenhuma surpresa se hoje a esmagadora maioria apóia as restrições aos direitos civis nos EUA e no mundo em nome da segurança nacional. Se Adorno chegou a resultados estarrecedores sobre a consciência do "homem comum" na sua propensão ao modo autoritário de viver, os frutos de uma pesquisa semelhante nos agrupamentos terroristas seriam uma descrença na realidade do pensa-

---

19. Th. Adorno, *The Authoritarian Personality*, New York, Harper and Row, 1950. "With Else Frankel-Brunswick, Daniel J. Levinson, R. Nevitt Sanford. Apesar das críticas à possível falta de acuidade e rigor desta pesquisa, ela é um marco para quem deseja investigar a opinião pública e os padrões axiológicos que podem fazê-la seguir rumo a um autoritarismo que pouco tem menos do que fascista.

mento livre naqueles setores que empolgam, sim, grande número da opinião pública. A resposta eficaz contra esses desvios individuais e coletivos é a democracia e o Estado de direito. Democracia, porque nela nenhum grupo possui a qualidade de representar de modo único o coletivo. Todas as atitudes éticas recebem equivalência no plano do pensamento, e isto é o princípio da eqüidade. O Estado de direito, porque nele a democracia se rege por leis adotadas pelo mesmo Estado, na sua face legislativa, as quais podem ser interpretadas e corrigidas pelo Judiciário. O executivo tem os dois outros poderes como limites da sua ação. Desse modo, os grupos do social podem ser ouvidos no Parlamento ou nas Cortes de Justiça.

Democracia sem Estado de direito é despotismo da maioria ou de um ou outro setor social. O Estado de direito tem como *conditio sine qua non* a democracia. O terrorista, sendo um micro Estado ambulante, amplia o domínio do espaço que circunscreve as formações políticas habituais. Elas, mesmo as imperialistas, possuem fronteiras. Não é o caso do poderoso que batalha pelo terror. Se a dissimulação e o segredo são armas ditatoriais e destroem qualquer veleidade democrática de um país, ela é o *modus operandi* do terrorista. Nota-se uma diferença a mais entre a mídia no âmbito do Estado democrático e a atitude terrorista: na imprensa, mesmo a que apóia os governos de plantão, a propaganda dos administradores, cedo ou tarde, é relativizada pelas notícias, análises e debates de jornalistas, políticos, acadêmicos. O terrorista desconhece o debate ou qualquer análise onde apareçam vários sentimentos. A imprensa é para ele apenas um meio de propaganda, visando aterrorizar os cidadãos deste ou daquele país e se possível dar medo aos habitantes do mundo. Quando praticantes do terror, como os nazistas, assumem o poder de Estado, desaparece de vez qualquer liberdade pública e de imprensa, passando a vigorar a propaganda sem limites. É importante notar o quanto os setores mais hostis à democracia nos Estados de direito aproveitam os ataques terroristas para impor regras e censuras aos indivíduos e às coletividades, como ocorre neste instante nos EUA e na Europa. Pode-se afirmar, sem muito erro, que a única razão a brotar dos embates entre autoritários aboletados no poder oficial e os terroristas é a *raison d'État*. Os primeiros tentam reduzir o Estado às suas idiossincrasias conservadoras e reacionárias, os segundos, enquanto ajudam os autoritários a realizar aqueles objetivos, se preparam para assumir o mando sem os inconvenientes da vigilância e da transparência democrática. Dotado em excesso da *raison d'État* tudo no terrorista é cálculo que visa efeitos definidos. Notemos como foi perfeita em termos técnicos, sobretudo no uso do tempo, a ação de 11 de setembro: nada deixou de ser previsto. Os terroristas produzem, *sine ira et studio*, racionalmente, a morte coletiva. Nenhum defensor dos direitos humanos pode sentir simpatias por aqueles deuses, pois eles julgam-se acima do humano, imaginando-se os únicos repositórios da Justiça, a quem tudo e todos devem obedecer. Se existe poder totalitário, este é o do terrorista. Paranóicos que almejam o poder alegam lutar contra paranóicos que já estão no exercício do mando. Ambos se entendem e se reconhecem pelos sinais da intolerância, do cálculo covarde, do desprezo pela diversidade de opiniões e de sentimentos. Terroristas? Ora eles são "desarraigados que perderam toda a conexão interior com uma ordem social humana regulada [...], cheios de ódio a toda e qualquer autoridade, sua inquietação e impaciência só podem ser mitigadas pelo permanente tormento e preocupação com a desintegração de qualquer coisa que exista no momento". Quem fala assim? Adolf Hitler, no discurso onde comenta a noite de 30 de junho de 1934, quando a ralé terrorista que ajudara o nacional-socialismo a chegar ao mando foi assassinada, como diz N. Elias, "pela própria gente de Hitler, na noite das longas facas". Os terroristas possuem uma língua comum, seus vocábulos sempre são punhais. Michael Kohlhaas é a imagem literária do terror. Este personagem do romance homônimo de Heinrich von Kleist era um homem justo, tão justo que ao sofrer uma injustiça, com seu bando espalhou o modo justo de viver: assassinou inocentes, feriu valores que ele mesmo dizia prezar, transformou-se em flagelo. Quando descobriu a bestialidade de seus atos, aceitou a morte, depois que o príncipe devolveu-lhe os bens que perdera por ação de um aristocrata injusto. O romance é profético, pois anuncia todos os romances, peças teatrais, filmes que endeusaram os "bandidos justos" do século XIX e XX. Mas se apurarmos os olhos, encontraremos predecessores de Kohlhaas, como Coriolano, o impoluto e corajoso, que percebendo os compatriotas avessos à sua visão da justiça, aliou-se, vil traidor, aos piores inimigos de Roma. Os versos de Shakespeare emprestam beleza à esta tragédia digna de Lúcifer. O sublime anjo da luz, nos alvores do mundo, desejou ser mais do que perfeito. Como resultado de sua revolta e de sua justiça, nós experimentamos no sangue e nas lágrimas os atos brilhantes e letíferos dos seus filhos diletos, os terroristas. O mundo dos justiceiros mais perfeitos do que a divindade é sublime. Também eles, seguindo seu mestre, realizam o que Milton canta no *Paraíso Perdido*. Há um autor oposto à democracia, Edmund Burke, dos mais atilados na identificação dos sentimentos humanos de poder. Ele recorda estes versos de Milton, exemplo de experiência sublime, somando a seguinte nota: "Não conheço nada sublime que não seja modificação de potência. Este ramo procede naturalmente... do terror, fonte comum de todo sublime". A luz absoluta, medita Hegel na *Lógica*, é igual à escuridão. Separados, um e outro impedem a vista. A inteligência desprovida do sentimento nega a si mesma. Justiça humana total é blasfêmia e apenas gera dor ou morte. Os terroristas vivem no eterno Pandemônio[20]. Este é o paradigma do terrorismo: no estrondo das bombas e no brilho das facas ele busca impor nas sociedades a sua ordem racional. Louca.

Nota Bibliográfica

O texto acima possui uma estrutura e um alvo peculiares. Ele não busca analisar os prismas propriamente históricos do terrorismo. Escrito após razoável leitura sobre o fenômeno, sua base de sustentação vai além da bibliografia imediatamente referida no interior do texto. Segue, abaixo, um apa-

20. Cf. Roberto Romano, "O Sublime e o Prosaico: Revolução Contra-reforma", in *O Cadeirão de Medéia*, São Paulo, Perspectiva, 2001, pp. 265 e ss.

nhado bibliográfico mais amplo, embora ainda longe de ser exaustivo e plenamente atualizado.

ALEXANDER, Yonah. *International Terrorism: Political and Legal Documents*. Dordrecht, Nijhoff, 1992. ALEXANDER, Yonah e PLUCHINSKY, Dennis A. *European Terrorism: Today and Tomorrow*. Washington, Brassey's, 1992. BILLINGTON, J. H. *Fire in the Minds of Men: Origins of the Revolutionary Faith*. New York, Basic Books, 1980.

BONANATE, Luigi (org.). *Dimensioni del Terrorismo Politico: Aspetti Interni e Internazionali Politici e Giurudici*. Milano, Franco Angeli, 1984.

_____. *Terrorismo Internazionale*. Firenze, Giunti, 1994.

CHOMSKY, N. *The Culture of Terrorism*. South End Press, 1988.

EKE, Kenoye Kelvin e ALALI, Odasuo A. *Media Coverage of Terrorism: Methods of Diffusion*. London, Sage, 1991.

ENZENSBERGER, Hans Magnus. *Politica e Terrore: Le Antiche e Orelazioni tra L'omicidio e L'attivitá politica*. Roma, Savelli, 1978.

FERRAROTTI, Franco. *Alle Radici della Violenza*. Milano, Rizzoli, 1979.

FREY, Raymond Gillespie e MORRIS, Christopher W. *Violence, terrorism, and justice*. Cambridge, Cambridge University Press, 1991.

GILBERT, Paul. *The Oxygen of Publicity: Terrorism and Reporting Restrictions*. In BELSEY, A. CHADWICK, R. *Ethical Issues in Journalism and the Media*. London, Routledge, 1992.

HERRERA, José Díaz in DURÁN, Isabel. *Los Secretos del Poder*. Madrid, Temas de Hoy, 1994.

LAQUEUR, Walter. *Storia del terrorismo*, Milano, Rizzoli, 1978.

_____. *The Age of Terrorism*. Boston, Little, Brown and Company, 1987.

MASSARI, Roberto. *Marxismo e Critica del Terrorismo: Un'analisi Storica delle Posizioni Critiche del Marxismo Teorico e Militante nei Confronti dei Fenomeni Terroristici*. Roma, New Compton, 1979.

NEWTON, Michael e NEWTON, Judy Ann. *Terrorism in the United States and Europe, 1800-1959: An Annotated Bibliography*. New York, Garland, 1988.

OLDANI, Alberto; MIGLIORINO, Luigi e BONANATE, Luigi. *La Violenza Politica nel Mondo Contemporaneo: Bibliografia Internazionale sul Terrorismo, i Movimenti di Ribellione, la Guerriglia Urbana, le Guerre di Liberazione, le Lotte Antimperialistiche. Le Mappe del Terrorismo nel Mondo Contemporaneo*. Milano, Franco Angeli, 1979.

SERVIER, Jean. *Le terrorisme*. Paris, PUF, 1979.

THACKRAH, John Richard. *Encyclopaedia of Terrorism and Political Violence*. London, 1987.

VERCHER, Antonio. *Terrorism in Europe: an International Comparative Legal Analysis*. Oxford, Clarendon, 1992.

WILKINS, B. T. *Terrorism and Collective Responsibility*. London, Routledge, 1992.

WILKINSON, Paul. *Political Terrorism and Crime*. London, McMillan, 1974.

——— . *Terrorism and the Liberal State*. London, McMillan, 1977.

5. CENSURA E TERRORISMO CULTURAL*

"Meu primo: você pode tremer e mudar de cor, reprimir sua respiração no meio de uma palavra, recomeçar parando ainda, como se estivesse perdido e louco de terror?" (Shakespeare, *Ricardo III*). O rei tirânico, nesta passagem da peça, ironiza o símile antigo da política enquanto espetáculo teatral. Nela, os dominados exibem apenas terror, intimidados pelo Príncipe. Dentre as coisas nauseantes do universo regido por Ricardo III salienta-se a perda completa da palavra autônoma. Todos se calam diante dele e são cúmplices da própria desgraça e da ruína coletiva. Este ambiente pestífero fornece as cores das teorias políticas que justificam a censura e a repressão da escrita e do pensamento. Contra ele se insurgiram os estadistas e filósofos que definiram a democracia e a liberdade.

Para os defensores da repressão, como Hobbes, as pessoas privadas dependem do arbítrio exercido pelo soberano,

* Publicado na *Folha de S. Paulo*, 20.10.2001.

o único que pode censurar a vida pública. Spinoza nega isto e afirma que o Estado não supõe a perda dos direitos individuais. Ele identifica soberania e povo, soma de indivíduos livres, o que resulta em limites para os governantes. Estes não teriam direitos acima e além dos cidadãos comuns. O pensador não aceita atenuar a liberdade de escrita. Convidado para a Universidade de Heidelberg, ele recusou porque foi-lhe dito, em carta oficial, que o Eleitor Palatibo lhe daria "ampla liberdade de filosofar, desde que não criticasse a religião estabelecida". A sua réplica serve para todo universitário honesto: "desconheço os limites do meu pensamento e não posso garantir que nunca irei incomodar a religião estabelecida".

Numa época de choque religioso, como a nossa, a lição spinozana mostra-se estratégica. A propaganda oficial norte-americana alardeia que o terrorismo é "islâmico". Na verdade, dois fundamentalismos hoje se enfrentam: um se reclama do Corão e outro parasita os Evangelhos. Entre as crenças, balança o pensamento de quem deve dedicar-se à pesquisa e não aos slogans das seitas, dentro ou fora do poder estatal.

Se é grave a censura que controla a imprensa mundial, a começar pela americana, pior é o silêncio dos universitários diante do estupro à liberdade de pensamento arrancada com a chantagem do terrorismo, pela direita dos EUA. Spinoza afirma no *Tratado Teológico-Político*, que a censura favorece bandidos e prejudica honestos. O estado sob censura é o campo do medo e da tristeza, segundo o filósofo. Qualquer regime político, quando se confiscam liberdades, deixa de ser democrático. Lembremos a frase de um pai da nação norte-americana: "Quem joga fora a liberdade essencial para obter uma pequena segurança não merece nem liberdade nem segurança" (Benjamin Franklin, em 1759).

É crime de genocídio, hoje, aceitar em silêncio a censura e a auto-censura que a maior parte da mídia aceita, reduzindo seu papel a mera propagandista. Todas as desculpas para o assassinato da informação pública pressagiam desgraças e servilismo inauditos. De certo modo, todos repetimos a experiência descrita por Shakespeare em *Ricardo III*, todos parecemos loucos e peridos pelo terror. A censura na mídia a está matando enquanto forma de pensamento e de pesquisa. A universidade caminha a passos rápidos para aceitar limites à pesquisa e ao debate. Some o direito de busca, de erro, de exame. Entramos no século XXI sob um dos maiores ataques à razão, feito por terroristas de Estado ou de seitas "religiosas". Após o golpe de Estado de 1964, feito sob patrocínio dos EUA em nossa terra, ressurgiram a censura, as prisões, a tortura e as violências que desgraçaram o país na ditadura Vargas. Os mesmos personagens, como Filinto Müller (que arrancava confissões aplicando ferros em brasa na pele dos adversários) definiram seu mando soberano. Tudo em nome da "segurança". Muitos jornalistas e universitários ficaram silentes diante da barbárie "cristã e ocidental". Algumas vozes tiveram coragem e ergueram a voz para protestar. Entre elas, a de Carlos Heitor Cony e a de Tristão de Ataide, o católico Alceu Amoroso Lima. Este cunhou a palavra certa para os atos dos militares no poder: "terrorismo cultural". Ele era um homem lúcido e honesto, ou melhor, um homem.

6. A GUERRA SEGUNDO JULIO DE MESQUITA*

"Hoje precisamos lançar um apelo: que venha o homem capaz de produzir um belo medo em nossa existência" (Heidegger, 1929). Esta frase, publicada na seqüência da Primeira Guerra, revela um imaginário terrorista. É por tal motivo que Norbert Elias dedicou *Os Alemães* ao vínculo do terror com o nacionalismo germânico. O terrorista vive do medo e o espalha. Heidegger saúda o pânico enquanto belo, numa estetização do mal que integra as pregações nazistas. A cantilena sobre a "superioridade" alemã, do plano racial à cultura, despertou a morte, enterrada nas lembranças da guerra, e ampliou seu reino em matanças inauditas. Heidegger leu Empédocles. Ele percebeu o horror quando apelou para o medo gerado por um homem providencial. O filósofo esqueceu "apenas" as denúncias contra a guerra feitas pelo pré-socrático: "Não cessareis a carnificina odiosa? Não vedes em que loucuras descuidadas vos estais a consumir uns aos outros?". E, hoje, G. W. Bush

* Publicado na *Folha de S. Paulo*, 30.11.2002.

ainda delira com a "superioridade" americana e se julga no direito de jogar bombas e gente armada no planeta. Ele e os terroristas definem a "razão" de Estado com frases feitas.

É nesse contexto que surge, em nova edição, o livro de Julio Mesquita (1862-1927). A obra contém os boletins semanais sobre a Primeira Guerra escritos pelo jornalista e publicados, entre 1914 e 1918, em *O Estado de S. Paulo*, jornal do qual foi *publisher*. Ao longo das 920 páginas, divididas em quatro volumes e recheadas por fotos, Mesquita expõe os fatos guerreiros com objetividade e prudência e escreve frases justas sobre a barbárie dos combatentes.

Nas linhas finais, diz:

> Somos homens, e o célebre verso latino, uma vez lido, nunca mais nos saiu da memória: não queremos ser estranhos às coisas humanas, principalmente às que, com tanta evidência, põem em jogo os altos destinos da humanidade. Somos brasileiros. Vimos a nossa terra quase nas garras de uma casta de assalto e de rapina [...]. O pangermanismo por terra, somos, sem ameaças, um povo independente. Resta que o saibamos ser no concurso internacional, incruento e civilizador que se vai abrir.

Cada frase do trecho citado está cheia de correto sentido lógico e histórico. Menos a última. O concurso internacional se mostrou tudo, menos civilizador ou incruento. Depois dos milhões de cadáveres da Primeira Guerra, milhões de cadáveres surgiram na Segunda. E logo ali, na esquina dos tempos, vislumbramos, no século XXI, outros milhões. Mesquita mostra, no livro, ser um jornalista erudito em filosofia e literatura. Ele não se descuidou das informações teóricas sobre a guerra e sobre a história, recorrendo aos dados sobre o comércio, as ciências e as técnicas.

Amigo dos franceses, apreciou com isenção os alemães, mesmo nos instantes em que eles desfilavam arrogância. Também soube julgar os ingleses, desde suas táticas de guerra até o comércio colonial. Dos russos, soube captar as mais escondidas dobras da alma. Ele não se enganou com os norte-americanos e captou a importância que teriam a partir dali.

Jornalista, Mesquita não superestima a imprensa. Ele define seus artigos como partes de um "despretensioso boletim, em que se não dão soluções, nem se ditam sentenças, mas somente se procuram explicações plausíveis". O "plausível" se atinge com dados, pesquisa, saber. E ao leitor fica a autonomia para julgar. O jornalista, diz Mesquita, afasta a "pura invencionice da legião dos noveleiros, de imaginação inesgotável" e dissolve os "tremendos disparates" lançados pelos governos.

A leitura de *A Guerra* traz lições para todos, e serve como desagradável descida aos infernos guerreiros. Quem não perdeu a consciência e se acautela diante das imagens da CNN percebe a relevância do presente resgate de um grande texto jornalístico. Enquanto no Brasil se acumulam os processos judiciários para calar a imprensa, recordemos a dignidade do jornalismo. Este livro cumpre de modo perfeito essa função.

DESAFIOS ÉTICOS E RELIGIOSOS

Quando um padre fala: "adorem a Deus, sejam justos, indulgentes, compassivos", ele é um médico. Quando ele diz: "acreditem, em mim, ou vocês serão queimados", é um assassino.

Voltaire, *Dicionário Filosófico*

1. DOM PAULO, O JARDINEIRO DE ALMAS*

Paulo,

Ecce exiit, qui seminat, semirare. Não seria preciso a lembrança de Vieira para dizer o quanto é vital a missão de quem semeia o verbo. Pedras, espinhos, pássaros, toda a natureza e todos os espíritos podem destruir o véu diáfano da palavra, pleno de sabedoria. A infertilidade, não raro, encontra-se fora do semeador e se localiza no ambiente, nos ouvidos que deveriam acolher a mensagem. Mas a palavra, sal da terra, também perde o sabor. Então a culpa é de quem semeia. A sentença vem na frase cristã sobre os homens que nem a peixe nem a carne se parecem, mas ficam alheios às dores e alegrias dos homens. Quem não salga, é pisado, cedo ou tarde, pelos tempos ou espaços, físicos ou sociais. *Conculcatum est!* Para que serve um sal insípido? Para nada.

* Discurso dedicado a dom Paulo Evaristo Arns, na entrega do Título de *Doutor Honoris Causa* pela Unicamp.

Na Universidade e na Igreja, Paulo, existem semeadores. Eles podem perder os homens e se perder. Felizes os que não colocam sobre as costas dos mortais cargas que não poderiam nem sonhar em conduzir! Tanto na cultura cristã quanto no pensamento grego temos a clara idéia do mundo espiritual como semeadura, com fertilidade ou pobreza de frutos. Plutarco afirma, em algum lugar, que o ensino platônico é como água: prenhe de vida se cai nas mentes dos ouvintes. As palavras filosóficas, se tombam em terreno favorável, florescem e dão frutos. No caso oposto, os signos de sabedoria, em contacto com a mente álgida do receptor, transformam-se em chuva de gelo e dão morte momentânea ao verbo sapiente. Quando o terreno muda, adubado pela vida ou pela educação, as palavras congeladas podem se dissolver, liberam o conhecimento nelas escondido. Platão compara os indivíduos a frutos agrícolas. Uns podem alimentar a vida coletiva, e sua existência melhora o padrão humano em geral. Outros, grãos duros, encruam, não mergulham no alimento comum servido à *polis*. Eles não entram no circuito pleno das duas palavras essenciais ao ideário platônico e à Grécia no seu todo: *paideia kai trophes*. Quantos grãos encruados existem, Paulo, na Igreja e na Universidade! Quanta semente infértil, quanto gelo!

Sabemos, desde o teu predecessor de mesmo nome, Paulo, o grande significado da metáfora corporal. Esta também nos envia aos vários saberes, gregos, judaicos, latinos. A realidade plena do *Corpus mysticum* nos ultrapassa. Mas sabemos que, no interior da comunidade, todos pertencemos ao mesmo sangue, à mesma carne, ao mesmo hálito divino. Sabemos, mas poucos têm a virtude suficiente para viver esta comunhão, num banquete partilhado pelos nossos semelhantes, sobretudo aos que se recusam até as migalhas.

Paulo, és pastor e doutor. Sabes, por teoria e vida, o quanto o mestre da *República*, ele novamente, prezava o cão enquanto imagem da sabedoria. Rabelais conta, pela voz de um personagem que, segundo Platão, o cachorro – e não tanto o homem – é o animal filosófico por excelência, porque não se contenta com a superfície das coisas e busca a substância alimentícia escondida no interior do osso. E o cão, ainda no ensino platônico, deveria ser o ícone do governante justo: bom e manso para os da casa, feroz para com os inimigos. Em todo o teu período pastoral, à frente de uma das mais violentas dioceses do Brasil, tua alma uniu-se aos da casa, os pobres, os perseguidos. Ela foi um anteparo contra os lobos. Em tempos de FMI, é bom recordar teu exemplo, porque raramente encontramos estas marcas caninas em nossos magistrados civis. Basta recordar a atitude dos nossos ministros, por ocasião do recente plebiscito sobre a dívida externa brasileira, liderado pela CNBB e pela sociedade política nacional.

O dirigente, pastor de homens, deve incentivar nos dirigidos o amor dos seus iguais, através da *philia*. Uma cidade inimiga de si mesma, diz o grego, de modo próximo ao dos Evangelhos, não subsiste. Nas *Leis*, encontramos a frase bela e terrível sobre a boa cidade, na qual é proibida a caça aos homens e onde as dores e alegrias dos indivíduos são as dores e alegrias do todo, e vice-versa. No grande corpo da *polis* é preciso que os membros se rejubilem e chorem, em ritmo igual. Se a maioria chora, e a minoria ri, algo errado, doente, encontra-se no corpo.

Mas, para que todos percebam o alcance do viver em comum, é preciso que lhes seja ensinada a sapiência. E aí recomeça o cântico da educação dos homens através dos tempos. Para que o saber frutifique, alguém precisa sair, e semear... com todos os riscos que isso implique, como as tempestades, os envaidecimentos humanos, as calúnias, os choques, o medo, as esperanças contrariadas. Ninguém semeia tendo certeza da colheita. Cabe a Deus e à sua Providência definirem este ponto. Ou cabe à natureza. Jean Pierre Vernant, um sábio estudioso do conhecimento grego, diz que é bom notar as diferenças da imaginação do mando, no Ocidente e no Oriente.

Enquanto nos apegamos à figura do pastor, dinâmica por excelência, a China idealiza o dirigente como jardineiro que assiste ao crescimento das plantas, sem intervir indiscretamente e sem retirar o movimento dos liderados. Raros homens que exercem o mando unem as virtudes do pastor e as do jardineiro. Teu governo, na diocese de São Paulo, jungiu estes dois valores. Corajoso, como só podem ser os homens de fé e cheios de retidão, teu comando empurrou os tíbios para a defesa da vida humana, sobretudo na época mais negra de nossa história, tempo do poder castrense, apoiado no terror e na tortura, na morte e no desaparecimento dos que não aceitavam o fim da sociedade civil. Mas, além da tua liderança como pastor intrépido, ressaltou diante do mundo e do Brasil a tua paciência de jardineiro das almas.

Teu ensino, Paulo, frutificou quando foi semeado nos sermões, nas praças públicas, nos atos contra as atrocidades, nos cárceres, nas favelas, nas mansões dos ricos, nos palácios dos poderosos. Tua fala sempre mostrou-se igual e sempre diversa, conforme é imperativo do lavrador evangélico, grego com os gregos, romano com os romanos. Não foram esquecidos, em tua vigília pastoral, os irmãos reformados, os irmãos judeus, os seguidores do Corão e os sem-crença. Todos são unânimes ao agradecer a presença do teu báculo amigo. Nenhum brasileiro esquecerá tuas palavras impregnadas de cólera divina, na cerimônia fúnebre onde choramos Wladimir Herzog; as frases que recuperaram a dignidade plena da Igreja e do povo brasileiro, no crepúsculo de uma sinistra ditadura. Este lado é a face mais sublime de nosso hóspede. Ele merece nosso aplauso também por razões especulativas, acadêmicas.

Quando Paulo Evaristo Arns começou a semear, preparou boas sementes. O humilde franciscano rumou para a Sorbonne, onde aprendeu os mistérios dos livros e do Livro, alimentando-se dos frutos produzidos por Jerônimo e todos os que ajudaram a edificar um jardim espiritual de vastidões infinitas. Paulo mereceu o título de doutor, com um trabalho acadêmico que ilumina aspectos importantes da nossa civilização. Após mergulhar nas fontes do Verbo, ele retornou ao Brasil, onde exerceu a cura d'almas, sempre proclamando a palavra, humana e divina, com prudência e coragem. Praticou os mandamentos do Cristo ao visitar os doentes, atender os presos, lutar pela família e pela dignidade da pessoa humana.

Neste ato, Paulo, não cabem muitas palavras. O silêncio respeitoso diante de tua figura ímpar vale mais do que longos discursos. Bem-vindo entre nós, que tentamos cultivar o *logos*, tu que és um dos mais belos exemplos da semeadura do Verbo encarnado. A Unicamp te homenageia com a sua jóia mais rara, o seu título mais essencial, mais precioso. Ela tem certeza de que tu o mereces e que ela merece a tua presença. Esta alegria é a nossa festa de hoje. Nas antigas cerimônias de entronização papal, após o ofício divino, o mestre de cerimônias entregava ao novo pontífice uma bolsa com moedas de ouro, *pro missa bene cantata*. Não temos espécies materiais, mas este título é áureo no espírito, e nós te entregamos o título de *Doutor Honoris Causa* pela Unicamp *pro vita bene cantata*. Deus te proteja e nos salve*.

---

* Este discurso deveria ter sido publicado pela Unicamp. Mas a previsível imprevisibilidade universitária impediu a sua publicação.

2. FASCISMO E PECADOS SEXUAIS*

A Igreja enfrenta uma situação nova no mundo todo, sobretudo nos Estados Unidos. A notícia não reside nos atentados cometidos por alguns padres contra crianças e mulheres. Essa prática, desde a noite dos tempos, subsiste na instituição religiosa. Para constatar isso, basta abrir livros idôneos de história. O novo é a consciência jurídica dos religiosos que recusam a tutela civil da hierarquia. Os processos apresentados à justiça mostram que amadureceu a consciência política dos fiéis. Esta via, a do Estado de Direito, é a mais eficaz para resolver malefícios humanos. Enganar os leigos tornou-se, desse modo, tarefa muito difícil. Contrabalançando o lado triste dos abusos, essa perspectiva traz esperanças de rumos inauditos, não apenas na Igreja, mas no Estado, que possui instituições democráticas.

Quando um povo imenso, solto pelo mundo, como o católico, assume os seus direitos e sua maioridade (bendito Kant!), é impossível fazê-lo retornar ao guante de padres ou de líde-

* Publicado na *Folha de S. Paulo*, 02.05.2002.

res seculares. O nó da questão sexual que abala a comunidade religiosa encontra-se, em grande parte, no papel político que ela reserva às mulheres. Quando elas forem mais valorizadas, inclusive no plano sacerdotal, o desequilíbrio afetivo será atenuado entre o clero. Mas os erros nunca serão abolidos.

A pedofilia é um aspecto do horror humano. Existem inumeráveis faces do mal. A catolicidade jamais aceitou o maniqueísmo. Desde Santo Agostinho até os nossos dias, a experiência religiosa mais profunda percebe e tematiza a luta entre bem e mal nos indivíduos, sejam eles padres, militares, políticos, comerciantes, cientistas, juízes, velhos ou moços. Segundo a ortodoxia, o mal é um mistério sem localização limitada, e seu reino é o mundo inteiro. Ninguém o monopoliza, como ninguém pode exibir a posse exclusiva do bem.

Os ensinamentos antropológicos que a Igreja encerra nos seus meandros doutrinários, a sua aguda percepção da beleza e dos horrores escondidos nas dobras das almas fornecem numerosos exemplos de necessária prudência quando se trata de enfrentar a questão do mal.

A notícia de hoje, no plano dos costumes, é o abuso da inocência infantil. No setor político, temos a ressurreição fascista. Quando a Igreja foge da luta em prol do bem comum democrático, como sucede sob João Paulo II, sobram, como fonte de interesse da mídia por ela, as suas teratologias sexuais. É possível ir mais fundo: a indiferença dos hierarcas quanto aos males políticos é sinal de que eles colaboram para o desarmamento dos povos diante dos regimes de força. Quanto mais o problema do mal se reduz às subjetividades, no ensino religioso, mais o campo está livre às formas objetivas da pornografia fascista.

Seria urgente que padres, bispos, leigos católicos, amigos e inimigos da Igreja lessem Georges Bernanos, autor que trata dos dois assuntos, pecados da carne e fascismo. Bernanos veio ao Brasil para fugir da catástrofe totalitária, gerada com as bênçãos de setores eclesiásticos. Aqui, Bernanos redigiu textos densos e violentos. Tratou, sobretudo, dos padres e das freiras. Seu romance mais negro, *Monsieur Ouine* (1946), mostra que o mal se transmite de modo sutil e imperceptível. O desespero domina, como num imenso campo de concentração, a alma dos que vivem na sociedade "normal". Naquele romance, a presença e a ausência divinas jogam o leitor na mais dura bestialidade, travestida de espírito.

O escritor, que realizou em cada um de seus livros a descida aos infernos (termo de Jean Starobinski), publicou em 1926 o tremendo *Sob o Sol de Satã*. O sinal de Lúcifer marca o desgraçado século XX. Em 1928, veio *A Impostura*. Em 1931, quando boa parte dos católicos flertou com os fascismos, surgiu *O Grande Medo dos Bem-Pensantes*. Na hora em que o nazismo inaugurava sua fábrica de horrores, Bernanos publicou *o Diário de um Padre do Interior* (1936). O romance *Caminho da Cruz das Almas* (1948), no dizer de um analista, "quebra todas as juntas do leitor".

O renascimento fascista na Europa, com Le Pen e seus amigos, mostra a importância, não só para a vida eclesiástica, mas para a política em geral, dos escritos de Bernanos. O fascismo não vem ao mundo como um raio em dia calmo. Ele brota da mistura de tédio e lama, luz e opacidade que define cada um dos mortais, sobretudo os bem-pensantes. No ápice das obras daquele grande profeta e romancista, encontra-se a peça teatral que deveria ser encenada em nossos dias: *O Diálogo das Carmelitas*. A morte domina todos os homens, sobretudo os que deveriam estar mais próximos do sagrado. O desespero os impele a agarrar lambões de vida, sujando toda e qualquer inocência, em matéria de sexo ou de política. Os danados, massas ou lideranças, padres ou fiéis, aderem às promessas do mal, quando alardeadas pela propaganda do fascismo como a única saída para os "bons".

Nos escritos de Bernanos, não existe lugar para divisões metafísicas entre bons e maus. Nenhum açúcar estraga o sabor ácido da vida humana. Padres e freiras pecam e os inocentes podem praticar os piores malefícios. O perdão e a morte se complementam, em especial na banalidade cotidiana. Para os que imaginam "resolver" o problema dos padres pedófilos com o casamento, ou pensam equacionar problemas de psicologia social através de medidas policiais, a leitura de Bernanos alerta e recomenda muita prudência. O mal se espalha e se espelha em tudo e em todos. É preciso combater as suas infinitas formas, mas urge, sobretudo, fugir de seu avatar mais perigoso e sutil: a hipocrisia fascista.

3. AS REGRAS ANACRÔNICAS DO CELIBATO CLERICAL*

É preciso cautela diante dos nomes e atos dos seres humanos, mesmo quando revestidos pelas batinas, togas, avental médico, fardas. O escândalo eclesiástico de hoje chama-se "sexo". Nenhuma novidade na Igreja. Durante a Renascença, a corte pontifícia cometeu desvios mais graves. Pedofilia? Tema antigo na instituição. Novos são os processos judiciais de numerosas famílias contra os sacerdotes. Isso indica uma outra atitude face aos direitos e deveres de cidadania dos católicos no mundo civil. Os leigos não mais aceitam o estatuto de menores, dirigidos por cega obediência pelos hierarcas.

As denúncias dos feitos sexuais dos padres surgem com as exigências das mulheres que desejam o sacerdócio e maior presença na vida eclesial. Quando elas atingirem os seus alvos, boa parte dos problemas éticos da Igreja será atenuada. A palavra "escândalo" vem do grego *skadzein*, que significa

* Publicado no *Correio Braziliense*, 24.09.2002.

"mancar, tropeçar". Com regras anacrônicas, a Igreja tropeça pelo mundo, fazendo mancar os padres nas suas relações com as mulheres e as crianças, levando-os à execração pública. Palavras de Cristo: "quem fizer tropeçar a um desses pequeninos que acreditam em mim, melhor lhe fora que se lhe pendurasse ao pescoço uma grande pedra de moinho e fosse afogado no fundo do mar. Ai do mundo por causa dos escândalos; porque é inevitável que venham escândalos, mas ai do homem pelo qual vem o escândalo" (*Mateus*, 18, 6-7).

No decreto *Presbyterorum ordinis*, o Concílio Vaticano 2 diz que o celibato não integra a natureza do sacerdócio. Na Igreja primitiva, afirmam os conciliares, como hoje nas confissões orientais, "existem igualmente os presbíteros casados, de altíssimo mérito" (cap. 3, 1195). Mas logo vem a idéia de que o celibato "se ajusta de mil modos ao sacerdócio". Termo eloqüente, mas ambíguo: se algo "se ajusta" é porque não possui a natureza da coisa a que se une, é-lhe exterior. O sacerdócio católico não tem a mesma natureza da vida religiosa. Castidade, pobreza, obediência integram a vida religiosa. Nela, os indivíduos movem-se, desde os primeiros tempos cristãos, na ordem do testemunho sobre o mundo (finito, pecador, instável) e sobre o Reino de Deus que está para vir. A escatologia justifica o celibato dos monges, frades etc. (Cf. Constituição *Lumen gentium*, cap. 6, 119-120).

Não é o caso dos padres, que devem reger a sua vida cotidiana entre os fiéis, dando-lhes exemplo de que é possível viver santamente no século. Eles devem mostrar que o matrimônio, entre outras práticas humanas, santifica. Com o fim do celibato para o clero secular, os problemas presos à sexualidade podem ser atenuados.

Mas cautela: o casamento não é "solução" para os escândalos dos padres, dos juízes, dos médicos, dos militares e de todos os setores sociais. São muitos os pedófilos, sádicos, masoquistas e quejandos casados e alheios à Igreja. Problemas de ordem sexual devem ser encarados com sapiência (conhecimentos e técnicas de ordem psicológica, social, política, judicial) e prudência, para não estigmatizar alguns com o selo da infâmia, deixando que escapem, incólumes, os hipócritas, presentes em todos os recantos da sociedade, mesmo se forem casados.

4. PEDOFILIA, FILOSOFIA, UNIVERSIDADE

Um dilema grave de nossos dias, em termos axiológicos, encontra-se na prevenção e no combate à pedofilia. Para além dos escândalos, muito bem aproveitados pela mídia para gerar lucro, existe o sofrimento das vítimas e a necessidade de se modificar os comportamentos enraizados, "habituais", entre adultos que ignoram freios. Semelhantes formas de agir se transformaram em atuações éticas hediondas. Nas breves notas seguintes não pretendo conduzir o problema rumo à solução. Mas imagino que recordar alguns tipos de equacionamento propostos no passado pode esclarecer bastante o problema, quando é preciso definir políticas de Estado em termos "educativos". No texto que segue, ficarei no campo filosófico, sem me arriscar em setores como a criminalística, a psiquiatria ou a visão sociológica.

Para que serve a filosofia, nesses campos terríveis da alma humana? Para quem não possui visão do processo espiritual no seu todo, sem vista sinótica do mundo físico e anímico, a busca filosófica é apenas luxo do intelecto. Se eles assim pensam, é porque percebem neste campo uma forma literária, nada mais. E têm razão, de certo modo. Giorgio Colli, o grande editor, com Mazzino Montinari, das obras revistas de Nietzsche, num livrinho luminoso intitulado *O Nascimento da Filosofia* (traduzido pela Editora da Unicamp) mostra ter sido aquela atividade racional gerada pela estrutura ética dos gregos. Estes sempre mostraram apreço e volúpia pelos enigmas e gostavam de testar novos desafios, apresentando-os uns aos outros, como se a adivinhação fosse esporte nacional. Relatos sobre esse ponto indicam indivíduos que chegaram a morrer de vergonha por não conseguir deslindar o nós das charadas. Surgiram daí boa parte das tragédias e das comédias, envolvidas pelos mitos. É desse modo que surgiu a pergunta dirigida a Édipo pela esfinge, pergunta que colaborou para a produção das mais pungentes peças teatrais de nossa cultura e, após milênios, suscitou interpretações de nossa alma, como as trazidas por Freud.

O costume de apresentar enigmas foi ampliado, na era dos sofistas e mestres-escolas, na retórica ensinada como treino para a cidadania. Crítico da arte de persuadir os incautos, Platão denunciou com virulência o péssimo uso dos mitos e dos discursos. Todos conhecem o *Górgias*, diálogo em que o retor é execrado na figura do cozinheiro, enquanto o filósofo recebe para si a imagem do médico. Crianças ouvem a fala daqueles personagens (para Platão o povo sempre é criança). Um deles promete delícias sem disciplina enquanto o outro, o médico, anuncia regimes, ascese, trabalho. Se o retor/mestre-cuca e o filósofo/médico postulam um cargo público, arrazoa Sócrates, o primeiro sempre será o eleito. A retórica, refinamento do costume (ético...) de colocar o outro em dificuldades lógicas insuportáveis (o esporte do enigma) e ganhar fama com vitórias que desmoralizam o adversário, encontra-se na mesma corrupção dos hábitos produzida pelo regime democrático. Este último é o campo predileto dos demagogos que adulam o povo e geram tiranias.

Para vencer o desejo dos enigmas e dos sabores ácidos trazidos pela tragédia e para impor novos costumes à massa corrompida, Platão sugere, na *República*, o célebre banimento do poeta e do sofista, na companhia do retor. Mas o filósofo nunca conseguiu o seu intento. Para dobrar o entusiasmo grego em relação aos sofistas, os poetas, os retores, seria necessário inventar um gênero de atividade intelectual que não fosse passível de corrupção, demagogia etc. E o bom Platão, esta é a tese de Giorgio Colli, inventou a filosofia como gênero literário, sem os defeitos dos anteriores.

Os atenienses eram sólidos em seus gostos. Eles, para tristeza de Platão, jamais abandonaram a poesia, os mitos, o teatro, em proveito da amizade pelo saber (*philo-sophia*...). E veio ao grande autor dos diálogos a idéia genial, que ele já empregara na *República*, de usar a doutrina homeopática nos assuntos do espírito. O mal só pode ser combatido por um remédio que dele se extrai[1]. Para vencer a mentira, um dos maiores empecilhos da vida política, vinculada ao enigma, à poesia, à retórica, Platão imagina que o monopólio do ato mentiroso deve ser entregue aos dirigentes do Estado. Desde então, a idéia de que o governante possui o privilégio de conhecer coisas proibidas ao vulgo, e mentir, integra os fundamentos da chamada razão de Estado. Para que exista o monopólio da mentira, é preciso que exista o segredo, outro ingrediente de todas as filosofias antidemocráticas do Ocidente. Até o século XVIII, esses pontos eram debatidos com fervor pelos governantes e teóricos. Frederico II, da Prússia, chegou a propor um prêmio para os acadêmicos de seu reino, ao redor da pergunta se era útil ou não enganar o povo.

No plano da pederastia, o tema tem sido analisado por etnólogos, antropólogos e filósofos de hoje para definir o que se passou de fato na cultura grega. Uma linha exegética indica o caráter iniciático e arcaico das práticas ligadas aos costumes recobertos pelo termo. Assim, os ritos de passagem para a vida adulta, o caráter social da iniciação pedagógica, levam à tese de que já em Creta existia o hábito de um jovem ter o seu diretor na vida social. A possibilidade, para um adolescente, de não encontrar um homem maduro e com posses nu-

---

[1]. Até o século XVIII, pelo menos, esta noção da homeopatia no tratamento das questões éticas e políticas esteve em grande evidência. Cf. Jean Starobinski, *Le remède dans le mal, critique et légitimation de l'âge des Lumières*, Paris, Gallimard, 1989.

merosas o bastante para presenteá-lo, poderia frustrar a passagem do menino aos demais estágios sociais[2]. Segundo Félix Buffière[3], "o amor dos meninos nos antigos gregos é um fato cultural e social que não tem medida comum com a homosexualidade de hoje". E o autor cita Nietzsche: "as relações eróticas dos homens com os adolescentes foram levadas a um ponto tal que nossa inteligência não pode compreender a condição necessária, única, de toda educação viril. Nunca, provavelmente, os jovens receberam tanta solicitude, afeto, e cuidados absolutos para seu maior bem..." (*Humano, Demasiado Humano*). Mesmo com esses elogios, não é possível deixar de lado o fato de que o convívio dos homens adultos com adolescentes seguia para os nexos carnais, vividos pelos jovens como constrangimento. É preciso dizer, entretanto, que existe um abismo entre o modo grego de tratar os procedimentos eróticos e pedagógicos, iniciáticos, e o que modernamente foi definido como pedofilia. Como veremos adiante, mesmo os amores com adolescentes, por mais que estivessem integrados nos costumes guerreiros e aristocráticos, como os estudos acadêmicos indicam, não deixaram de ser condenados como flagelos por Platão e demais pensadores gregos.

Mesmo as maneiras de entender, em termos próximos a nós, a pedofilia (distinta da pederastia, o amor de jovens e não de crianças), mudou em nosso tempo. Temos a prova disto no próprio livro citado de Felix Buffière. Este autor, ao tentar definir a pedofilia como distinta da pederastia, afirma que a segunda forma entende-se dos que são atraídos pelas crianças impúberes, ou no limiar da puberdade. Os pederastas buscam os jovens que entraram na puberdade (*efebófilos*). Vejamos a descrição do pedófilo por Buffière, feita em 1980: aquela pessoa seria

em geral um homem tímido, inibido, que solicita a criança com "uma doçura patética" (Buffière cita, neste passo, D. J. West, no clássico texto intitulado

---

2. Cf. Bernard Sergent, *L'homosexualité dans la mythologie grecque*, "*Préface*" de Georges Dumézil, Paris, Payot, 1984. Do mesmo autor, cf. *L'homosexualité initiatique dans l'Europe ancienne*, Paris, Payot, 1986.

3. Cf. *Éros adolescent, la péderastie dans la Grèce antique*, Paris, Les Belles Lettres, 1980.

Homosexuality)[4]. O acostumado a tais práticas, com freqüência, é um parente, um amigo da família, às vezes um educador das crianças. As coisas, em geral, não seguem além da contemplação ou dos carinhos mútuos. Em pensionatos, ocorre que uma classe inteira esteja a par das privacidades do professor. Após terem-se prestado aos seus jogos sexuais, as vítimas riem em conjunto e caçoam deles. Com freqüência a dramatização do assunto pelos que rodeiam os personagens, como a família, as buscas e peritagens da polícia perturbam mais as crianças que os próprios fatos: pois a criança, ao redor da puberdade, sobretudo se o meio social ou a ausência de cultura abafa os tabus sexuais, acolhe com certa ligeireza de espírito as solicitações dos adultos. [...] Os homens atraídos fortemente pelas crianças não púberes, os verdadeiros pedófilos, são raros e diferem profundamente dos homossexuais comuns. O pedófilo não é violento. Um estudo sistemático feito em cem casos não revela nenhum exemplo de sevícias sérias[5].

Prossegue o autor:

À diferença dos homossexuais que ostentam a sua qualidade e contestam os costumes, os verdadeiros pedófilos jogam-se em segredo em experiências decepcionantes e carregadas de culpa. Eles mal confessam a si mesmos os seus motivos verdadeiros, e se esforçam por conservar uma atitude respeitável. Descobertos, condenados, tentam obter um emprego em outra parte, colocando-se ainda em contacto com crianças e, não raro, são bem sucedidos, graças à sua aparência séria, irrepreensível. [...] Os pedófilos são em geral infelizes, pois o objeto que os atrai é severamente proibido pela lei. Às vezes, constrangido por um voto de celibato, eles colocam nas crianças uma afetividade desempregada e que eles não puderam "sublimar", imaginando inconscientemente que tais relações são mais inocentes e mais discretas do que o comércio com mulheres[6].

Mesmo que o quadro acima, pintado por Buffière, fosse exato por volta de 1980, ele modificou-se profundamente com a Internet. Por inadequação lingüística, na rede mundial os traços do abuso de crianças deixaram de ser tão anódinos ou inofensivos como o autor pretendia. Lembro as análises de

---

4. London, 1960. Tradução francesa, *Homosexualité*, Bruxelas, Dessart, 1972.
5. Nota de Buffière no pé de página: "os assassinatos de crianças como resultados de violência sexuais são, com freqüência, produzidas por heterossexuais perigosos, com equilíbrio instável, entre os quais à porcentagem de homens casados é importante: eles, com freqüência, fracassaram em suas vidas familiar e social."Leia-se, nesta coletânea artigo intitulado "Pecados Sexuais e Fascismo".
6. Buffière, pp. 11-13.

Theodor Adorno sobre os nexos entre Kant e Sade[7]. No mundo "esclarecido" da técnica sem freios, exatamente o da Internet entre muitos, "os indivíduos que devem satisfazer por si mesmos as suas necessidades desenvolvem o seu ego como instância de previsão, de síntese panorâmica, de cálculo". Tudo, no comércio de sexo com crianças de poucos meses de idade, nos sítios da Internet, é planejado economicamente, com racionalidade máxima. Lembrava Adorno: "Sade erigiu um monumento primeiro ao seu sentido de planificação". Nesta ordem econômica, na qual os valores foram banidos foi gerado um totalitarismo inaudito. Nele, as crianças são apenas coisas. O esporte, afirma ainda Adorno, foi a grande intuição sádica de planejamento, cálculo, redução dos corpos e almas a meios para o lucro. O comércio de seres infantis, com a Internet, atingiu a sua maioridade.

As análises de Buffière ainda guardam alguma atualidade, como no caso de sacerdotes que abusam de crianças. Mas aqueles padres, apesar de sua prática extremamente covarde, não fotografam estupros de meninos e meninas (mesmo quando se trata de filhos dos fotógrafos e negociantes), nem vendem as imagens em troca de lucro. O pedófilo ao modo descrito acolhe situações como as de Andersen, o escritor de contos infantis que, seguindo o exemplo de tantos outros europeus do Norte, rumavam para o anonimato da Itália para viver suas experiências[8]. Seria preciso bem descrever os dois mundos culturais, o da Grécia antiga e o nosso, e colocar como intermediário o universo da "privacidade" burguesa, que marca os dilemas do pedófilo tal como descrito por Buffière. Mas não é possível deixar de insistir sobre a mudança violenta, em termos qualitativos e quantitativos, da chamada pedofilia atual, da Grécia antiga para a era da Internet, o que nos exige a urgente necessidade de pensar a sua abrangência e a sua prevenção. Vejamos como a antiga pederastia foi ideada e como Platão imaginou a sua censura e castigo.

---

7. "Juliette, ou Razão e Moral", in *La dialectique de la Raison*, Paris, Gallimard, 1974, pp. 92 e ss.

8. Cf. Hans Mayer, *Os Marginalizados*, Rio de Janeiro, Guanabara Koogan, 1987. Mayer realiza uma minuciosa análise do caso de Andersen e de outros escritores bafejados pela respeitabilidade.

Para arrancar os males com fundamento erótico da cidade, o filósofo, no livro das *Leis*, usa ainda a homeopatia para pensar o malefício, nos limites da poesia e do teatro. No livro oitavo do diálogo, ele se preocupa em impedir a pederastia e mesmo o amor heterossexual ilegítimo (esta missão cabe hoje às Igrejas, sejam elas fundamentalistas ou ortodoxas). Platão era um pensador autoritário, mas lúcido ao extremo. Ele sabia o quanto os desejos presentes naquelas formas de comportamento (éticas...) são fortes e soube avaliar a fraqueza das barreiras racionais nos indivíduos e grupos que delas são tomados. Assim, na busca de constranger ao máximo os faltosos, ele assimila o trato com crianças ao incesto. Cito Yvon Brès, um comentarista importante desse passo: "se cada homem pudesse experimentar diante de todo menino e menina o mesmo sentimento de retenção que o marca no relacionamento com o seu filho, seu irmão, sua filha, ou irmã, a lei moral se beneficiaria com a força inerente à esta 'lei não escrita' (*Leis*, 8, 838ab) que se opõe ao incesto".

E como seria possível gravar esse comportamento no mais profundo da alma cidadã? Platão jamais acreditou que a escrita das leis fosse eficaz para modificar os costumes e a ética de um povo. Por esse motivo, ele chegou a mencionar que

> nenhum homem sério, ocupado com questões sérias, arriscar-se-á a deixá-las cair no falatório público, escrevendo-as, e as expondo aos maltratos e às dúvidas. Por isto, quando se vê algo escrito por alguém sério, seja uma lei por um legislador, seja este ou aquele assunto, deve-se investigar o caráter deste escrito e perceber que não se trata do que é mais sério. Suponhamos que ele acredite serem essas coisas realmente sérias, e por tal motivo ele as depositou em escritos, então é certo que os deuses, não os mortais, lhe arruinaram o juízo (*Carta VII*, 341-344).

O homem sério não se prende à letra da lei, nem à letra do saber. Esses elementos são mais um obstáculo ao conhecimento e à prática. Se o indivíduo não tem "familiaridade com a coisa", ele pode reunir muitos livros na cabeça, mas nada disso produz a luz do saber. Como é possível, então, conseguir a mudança? Pela educação coletiva.

Nas *Leis*, Platão busca um meio para "tingir" os costumes dos cidadãos, a partir da idéia sobre a "tinturaria das almas" já ideada antes por ele (*República*, 420d a 430a). Na busca de fazer com que todos sejam tomados de pavor face ao incesto e à pedofilia, mas também do homossexualismo e das relações não consagradas pelo casamento, no caso dos heterossexuais, Platão revaloriza no teatro, tecido pela poesia e pelos enigmas, todos os elementos banidos na *República*. Sempre que a cidadania visse encenada a tragédia de Édipo, ela visualizaria a sua abominação ao enxergar o suicídio do herói quando este descobre a sua imensa falta[9]. O teatro, nas *Leis*, funciona como poderoso meio de persuasão, ativado pelas emoções da massa, com força extraordinária e fundamentalmente erótica. Pergunta-se Yvon Brès: "Platão não teria pressentido essa potência erótica e persuasiva do grupo enquanto tal e não contou com ela como um meio de exercer uma persuasão eficaz sem constrangimento brutal?". E insiste, aparentemente dando razão às leituras, como a Ernst Cassirer e Karl Popper sobre o totalitarismo platônico: não existiria nas *Leis* uma "exaltação do grupo enquanto tal, ou pelo menos um recurso inquietante a esta força 'erótica' do coletivo?" (Recomenda-se a releitura do livro inteiro de Brès, *La psychologie de Platon*, Paris, PUF, 1973).

Como é possível modificar comportamentos éticos enraizados na massa humana? Pensemos na violência contra as crianças e mulheres cometidas por machos treinados para a covardia no lar. Lembremos os assassinos soltos porque, no caso brasileiro, agiram "em legítima defesa da honra" quando mataram suas mulheres. E o que dizer da caça aos homossexuais, gerada pelo ódio e preconceito que produzem tanto morticínio?

Como pensar a pedofilia, desligando-a do complexo familiar onde as mulheres ainda são batidas, humilhadas, destruídas? As idéias sobre o direito da mulher são recentes na história do pensamento. Elas têm a idade da Revolução Francesa e dos direitos humanos. Na consciência coletiva ainda permanece a doutrina tradicional, masculinizante. Esta última é reforçada por instituições dirigidas por homens, como a

---

9. Para uma discussão oposta à psicanálise, cf. o excelente texto de Bernard Knox, *Édipo em Tebas*, São Paulo, Perspectiva, 2003.

Igreja Católica. Sempre que um atentado ao embrião (o aborto) ou aos filhos adquire a notoriedade pública, as mulheres que protagonizam aqueles dramas são vistas como seres monstruosos que devem pagar com sofrimentos dignos do inferno o atentado à vida e à propriedade sobre as fontes vitais, algo essencialmente masculino.

É preciso tomar atitudes punitivas contra os abusos sexuais. Mas também precisamos perceber que o excesso das penas não traz modificações eficazes na prevenção dos males. Hoje, mulheres acusadas de assassinato são conduzidas com homens infelizes (a eles se atribui a qualidade de seres monstruosos) para corredores da morte, onde a incerteza corrói cada instante. A morte é adiada e ressurge a cada pedido negado de clemência. O inferno é encenado com todos os ritos de um sacrifício humano oficial. O poder político, grande ídolo implacável, é invocado com precisão matemática, como se fosse a máquina sublime da nulificação absoluta. Setores da vida social, que ainda possuem sentimentos e honra, lutam para abolir a pena de morte. Mas a grande massa, dirigida por demagogos e hipnotizada pela mídia, conduz para o altar macabro um ser humano, outro ser humano, outro ser humano...

O aspecto mais sinistro da pena capital reside na repetição mecânica e automática. A cada dia, hora, instante, um ser humano é conduzido à câmara onde recebe o fim. O indivíduo, no corredor limpo e polido que leva ao sacrifício, repete na alma e no corpo os espasmos da esperança e do terror. E a cada novo dia, a imprensa traz manchetes anunciando a retomada dos trabalhos nos matadouros públicos. O sofrimento repetido hipnotiza a massa e banaliza o horror. A pena de morte se transformou em algo burocrático, admitido e sancionado. Ela, nos dias de hoje, transformou-se em lugar comum, e "todo lugar comum é uma espécie de reza que funciona pelo mecanismo da repetição e de sugestão, veiculando na vida social o mesmo poder de hipnose que o das preces na vida religiosa. A pressão sociocultural impõe a repetição. A repetição excita e suscita a superstição" (Shoshana Felman, *A Loucura e o Objeto Literário*).

Trata-se bem de superstição, no caso de tantas mulheres, ao longo dos tempos. E de vingança, sede ancestral de sangue propiciatório. Superstição, porque os defensores da pena capital não pensam a totalidade do fato criminoso. Superstição, porque eles se baseiam em preconceitos, não em ciência ou na moral prudente. No Brasil, a pena de morte contra as mulheres é efetivada em matadouros clandestinos, onde elas seguem para fazer abortos e são literalmente assassinadas sem assistência. Atingem as casas dos milhares e milhares os números de mulheres que morrem, todo ano no Brasil, desse modo. Tudo para que uma forma ética continue a reinar sem piedade nem lucidez. O uso da força física, pelo Estado através da polícia, qual é a sua eficácia? Os movimentos totalitários, além de abusarem da força para "moralizar os costumes", suscitaram a mais intensa propaganda, via teatro, cinema, para persuadir as massas da justeza das novas éticas que desejaram implantar. Goebbels foi excelente tintureiro de almas.

No caso da pedofilia, encontramos dificuldades aproximadas. Não é possível tolerar crimes contra inocentes. Mas como definir um novo comportamento para os criminosos se os dados mostram que as crianças são molestadas, em parte significativa, nas próprias casas, por parentes? Seria preciso persuadir os grupos a viver novas formas de nexo familiar, baseadas no respeito e na atenção às fragilidades de todos. Esse alvo tem sido a busca da filosofia moral, desde antes do platonismo. Mas são falhas as tentativas de atenuar o rigor físico, em favor da captação da obediência interna aos valores e às normas do Bem Comum.

Tais problemas não são alheios à universidade, pelo contrário. Preocupa, entretanto, notar que eles são abandonados aos "especialistas", sobretudo no campo da psicologia, sem que o coletivo universitário a eles se dedique. Esse silêncio dos *campi* espalha-se sobre a dor de crianças, de mulheres, de seres que merecem o qualificativo kantiano de fins absolutos e jamais de meios para satisfazer a libido, o que se faz hoje na Internet, como desdobramento da violência familiar.

O problema é amplo e envolve toda uma atitude fundamental (poder-se-ia dizer, uma visão de mundo) face à cultura do capitalismo em sua idade financeira. No mesmo passo que sofremos com a pedofilia industrializada, ao modo sádico diria Adorno, populações inteiras, como no caso da China, servem como mão de obra escrava. Em nosso país, o fenômeno existe, e ele não configura um suposto modo "escravista", mas cabe perfeitamente no interior da noção histórica e econômica de capitalismo. Os saberes universitários se transformam de imediato em mercadorias e estas são carregadas por indivíduos que se vendem por preço vil ou considerável. Diante da monstruosidade de hoje, todas as teratologias passadas parecem inocentes sonhos de criança[10]. Certa feita o jovem Karl Marx escreveu coisas sobre o dinheiro e o capitalismo e não teve palavras para descrever a violência do mercado que arrancou o ânimo de todos os seus partícipes. Mais tarde, o mesmo filósofo enunciou que sua grande obra talvez deveria ser um romance terrível sobre o nosso destino. Ele escreveu o "romance" e seu nome é *O Capital*. Ali, se descreve como o vampiro do lucro nutre-se das carnes e do sangue humanos.

Mesmo naquela obra de maturidade, Marx precisou da poesia mais pungente para descrever a nossa situação no mundo, sob o capitalismo. O quase adolescente Marx usou Shakespeare para descrever o modo de funcionamento do dinheiro que tudo perverte:

> O thou sweet king-killer, and dear divorce/Twixt natural son and sire! thou bright defiler/Of Hymen's purest bed! thou valiant Mars!/Thou ever young, fresh, loved and delicate wooer,/Whose blush doth thaw the consecrated snow/That lies on Dian's lap! thou visible god,/That solder'st close impossibilities,/And makest them kiss! that speak'st with/ every tongue,/ To every purpose! O thou touch of hearts!/Think, thy slave man rebels, and by thy virtue/Set them into confounding odds, that beasts/May have the world in empire! (*Timão de Atenas*, Ato 4, cena 3).

Uma das marcas do ouro é fazer do que é "black white, foul fair,/Wrong right, base noble, old young, coward valiant". Estas inversões e perversões definem a vida ética sob o capitalismo, sobretudo quando, neste, domina a finança pura. No caso do comércio de crianças para usufruto de supostos "ami-

---

10. Desenvolvo, para o CNPq, uma pesquisa sobre o pensamento de Denis Diderot. Os elementos que recolhi, nos últimos passos da investigação, giram ao redor da monstruosidade no século XIX e em nossos dias. Cf. Roberto Romano, *Moral e Ciência: A Monstruosidade no Século XVIII*, São Paulo, Senac, 2003.

gos da infância" (pedófilos...), o certo e o errado se trocam. E também o que se mostra como "foul" e o que é "fair". Sabemos de onde vem esta lembrança: "Fair is foul, and foul is fair:/Hover through the fog and filthy air". Esta é a fala das bruxas no intróito de *Macbeth*, a tragédia pestilenta de um mundo onde, como indica Jan Kott, o pesadelo não tem fim[11].

A chamada "pedofilia" tem poucos nexos com a sua homônima grega, e com a sua predecessora dos séculos XIX e XX. Na era da Internet ela é um moedor de carne tenra, tendo em vista o lucro. É possível analisá-la como um comportamento problemático, talvez passível de cura. Mas estamos diante dela com a mesma angústia de Platão: mover a força da massa para pressionar os que se aproveitam economicamente de seu comércio pode destampar um caldeirão de malefícios insuspeitados. O espanto que experimentamos diante daquela racional monstruosidade, recorda bem o discurso do personagem principal do filme *O Vampiro de Dusseldorf*. Como numa teodicéia pervertida, trata-se de encarar o mal no mundo moderno. Esta é uma tarefa com a qual a universidade sequer atina.

---

11. Cf. *Shakespeare notre contemporain*, Paris, Payot, 1978.

5. ENTREVISTA A RENATO FERRAZ, I*

Igreja tende a se encolher

RENATO FERRAZ – *Depois de 21 anos de João Paulo II, a Igreja necessariamente terá que dar uma guinada. Quais desafios terá que enfrentar para se manter viva?*

ROMANO – O principal desafio reside na urbanização que atinge, hoje, o seu ponto mais radical. Na cultura urbana reina a quase simultaneidade comunicativa. Ela mostra-se portadora de uma racionalidade imanente (ou seja, os sujeitos humanos tendem a confiar seu destino a outros sujeitos humanos, sem o recurso às divindades exteriores ao tempo e ao espaço), com um potencial de satisfação das carências (desde as mais grosseiramente materiais, até as que brotam do mais elevado espírito), o que torna irreversível o chamado processo de secularização do mundo social e político. As grandes massas podem

* Publicado no *Correio Braziliense*, 20.05.2001.

se alimentar de cultura superior (literatura, artes, filosofia) na internet, ou de cultura grosseira, na TV, no cinema, a nutrição da sua alma está assegurada. A Igreja, como grande depósito da cultura espiritual e grande dispensadora de nutrientes espirituais da humanidade ocidental, tende a se encolher ao máximo. Como modificar este quadro, que vem se radicalizando desde a urbanização ocorrida no final da Idade Média, e que se fortaleceu muito após a Renascença e a era das Luzes, é um quebra-cabeças que não depende apenas dela, Igreja, mas da vida internacional, com todos os seus percalços. Falando em miúdos: apesar de todas as aparências, as grandes multidões tornam-se, por força de sua vida urbana e da cultura moderna, cada vez mais arredias à mensagem religiosa. Ainda persiste o antigo problema eclesiástico: o anúncio do Evangelho num mundo agnóstico, ateu, ou apenas indiferente.

É possível dar hierarquia a esses desafios? Os econômicos são mais prioritários que os moral-religiosos, por exemplo?

Os desafios se emaranham, dificultando muito sua hierarquização. Quando digo que a vida urbana (com tudo o que isto implica, do econômico ao político) torna-se arredia à Igreja, não é possível esquecer que ela entra em contato ao mesmo tempo com problemas de ordem pessoal e institucional. Ela se relaciona com os crentes em suas existências particulares, e com os mesmos crentes recolhidos no Estado ou na sociedade civil. Ora, a perda da confiança no sobrenatural corresponde à busca de soluções naturais para a vida. Operários, empresários, agricultores ou intelectuais formam totalidades que dificilmente pautam suas atitudes e pensamentos pela doutrina social da Igreja. O laço entre os ensinos pastorais e a prática no mundo ficou muito mais frouxo, na era da globalização, do que nos tempos passados (incluindo-se aí a Renascença e o século XVIII). Se de um lado as grandes massas, quando podem, se alimentam culturalmente em fontes alheias ou hostis à Igreja, também é inegável o fato de que, devido à própria essência do mercado e da produção no mundo de hoje, os grandes avanços econômicos, técnicos e culturais, coexistem com bilhões de seres humanos que se nutrem de quase nada, tanto no corpo quanto no intelecto. Se os integrados na vida econômica moderna tendem a se afastar da Igreja, os miseráveis do mundo mostram-se como um fardo que é demasiado grande para ser conduzido por ela. Daí, o seu apelo aos poderes políticos seculares.

Em relação aos temas econômico-sociais, qual deve ser a posição da cúpula dessa nova Igreja? Espectadora, crítica? Ou atriz principal, como foi com João Paulo II?

A Igreja a ser administrada pelo novo papa deverá agir para apresentar um conjunto de soluções doutrinárias para o mundo econômico, político, cultural. Duvidosa é a eficiência destas sistematizações. Mas sem uma posição ativa, será afastada inexoravelmente, em prazo não muito longínquo, de todo debate sobre os principais temas mundiais. Tudo vai depender da correlação de forças no interior da Igreja, entre os dirigentes e as bases leigas. João Paulo II emasculou os leigos, os infantilizou e reservou-lhes um papel de rebanho totalmente dirigido e sem iniciativa própria, nos campos econômicos, científicos, políticos, nacionais e internacionais. O clericalismo deste pontificado mostra hoje as suas falhas, com o desarmamento dos leigos, grande força de propagação da Igreja no fim do século XIX e até o meio do século XX. João Paulo II é um grande político e soube reforçar o seu poder pessoal às custas do carisma da própria instituição. Um grande homem, como João XXIII, mostrou todo o seu carisma pessoal, colocando-o em proveito da instituição. São diferenças importantes.

Que influência teve esse papado nesse quadro de desigualdade social?

O modelo eclesial de João Paulo II privilegiou a transcendência em detrimento da luta pela justiça terrestre (ele manteve excelentes relações com poderes terrestres tirânicos) ajudando a sacralizar a desigualdade entre indivíduos, povos, Estados. Sua atitude pastoral foi diametralmente oposta à assumida por João XXIII e por Paulo VI. Quando lemos a encíclica *Populorum Progresio* e a aproximamos da *realpolitik* exercida por João Paulo II, percebemos as diferenças. A atitude descomprometida deste pontífice diante da luta dos povos dominados do planeta, a sua conivência com os grandes centros imperais, trouxeram muito desgaste e descrédito até mesmo para a diplomacia vaticana, outrora muito respeitada.

Em relação aos temas morais (ou meramente religiosos): ainda é possível a Igreja pregar o fim de coisas "modernas", como sexo antes do casamento, aborto, homossexualismo? Como evoluir sem ferir a tradição?

Aqui, a única resposta é que trata-se de um núcleo pétreo da doutrina e da práxis eclesiástica. Infelizmente, é preciso convir: em vez de abandonar a condenação do aborto, do homossexualismo, e de outros enunciados morais, a Igreja sempre se voltará para a sua manutenção, mesmo que isto lhe custe a perda de muitos adeptos. Alguns setores, ou indivíduos, na instituição, mantêm e irão manter uma atitude mais flexível e compreensiva diante desses sofrimentos humanos. Mas a hierarquia religiosa jamais cederá um milímetro na defesa do rigor ortodoxo.

João Paulo II destruiu as idéias do Concílio Vaticano II?

Ele agiu como ditador espiritual, retirando do episcopado qualquer veleidade de ação pastoral minimamente autônoma. O espírito de colegialidade se reduziu a espírito de comando quase militar. Os bispos foram obrigados a acatar o chefe, como se todos eles fossem jesuítas, que têm na sua regra a exigência de obedecer aos superiores "como se fossem cadáveres". Esta superconcentração do poder mostra agora o seu lado negativo, e isto irá piorar a situação eclesiástica. Nenhuma instituição que retire o poder de iniciativa e a autonomia (seja ela relativa) dos seus quadros intermediários, mantém flexibilidade estratégica. Os bispos estão se acostumando a só agir sob o comando direto do papa, o que lhe subtrai a força de expansão e o denodo missionário. Esta carência será muito grave no próximo pontificado.

6. SOBRE SEITAS RELIGIOSAS NA UNIVERSIDADE*

Quem trabalha nas universidades tem consciência de que semelhantes instituições pertencem ao Estado democrático de direito e que elas devem obedecer as normas de convívio estabelecidas na Constituição política. No Estado de direito a vida das pessoas é regulada por leis e não pelo arbítrio deste ou daquele dirigente político, deste ou daquele setor social ou partido. O alvo da universidade é o bem, a verdade, a beleza em todos os seus aspectos. Com as ciências, as artes, os serviços sociais, ela cumpre o papel de ajudar o povo brasileiro na busca de uma vida digna, ética, bela. Mantida com recursos de todos os cidadãos, a universidade não pode, como organismo de Estado, adotar uma ou outra doutrina política, ideologia, religião. Nela, todas as atitudes mentais e afetivas devem ser respeitadas, possibilitando o diálogo democrático e o convívio harmonioso de todos os seus membros. Uma caracterís-

* Texto redigido para alunos da Unicamp, assediados por algumas seitas no *campus*, em 2002.

tica do Estado democrático de direito reside na sua laicidade. Nenhuma religião, nele, pode ser imposta como oficial ou mesmo oficiosa. Como a cidadania é garantida a todos os que obedecem as leis, pagam impostos, cumprem suas obrigações civis e militares, cada um dos indivíduos que compõem o Estado tem o direito de pensar de acordo com a sua consciência e de agir de acordo com ela, desde que o mesmo direito fundamental seja respeitado com relação a todos os demais.

Como é uma das mais elevadas instituições do Estado de direito (no seu âmbito os assuntos espirituais, científicos e humanísticos são pesquisados prioritariamente) a universidade também possui a obrigação de ser laica. Nela, todos possuem a prerrogativa sagrada de escolher qualquer culto ou doutrina, desde que se respeite o direito de opções diferentes dos colegas e dos pares. Não existe uma visão religiosa da universidade pública. Isto seria uma intolerável desobediência ao direito comum. Caso instituições religiosas desejem fundar uma universidade, então a crença daquele organismo será coerente com as noções sustentadas pelos seus mantenedores. Mesmo assim, no Estado democrático, os que não aceitam os dogmas da mantenedora têm o direito de pensar de modo diferente e permanecer na instituição. Um aluno ateu possui pleno direito de freqüentar universidades religiosas. O ensino e a pesquisa pertencem, como veremos a seguir, ao monopólio jurídico do Estado. Ninguém pode ensinar, num Estado assim, ao arrepio do respeito às crenças alheias. Qualquer indivíduo ou grupo que não conviva com a diferença de pensamento e de atitudes, está em lugar errado na universidade, especialmente nos *campi* públicos. Exercer pressões sobre uma pessoa, no interior do *campus*, para que ela aceite idéias, cultos, opiniões políticas ou sociais, significa um abuso duplo: em primeiro lugar, ocorre desrespeito à liberdade de consciência, em segundo, é cometida grave subversão da ordem constitucional que garante todos os direitos individuais e coletivos.

A comunidade política é a mais ampla associação dos seres humanos, abrangendo um número de pessoas maior do que as acolhidas pelas igrejas, partidos, sindicatos, seitas. Ela engloba a todos, crentes e não crentes, e assegura a cada um deles a segurança básica para viver de acordo com sua maneira de pensar. É na força de garantir a integridade de corpo e de pensamento que reside a forma legítima do Estado democrático. Quando, nele, um partido deseja o poder decisório, ele concorre ao mando em eleições livres, nas quais votam todos os cidadãos. Se uma igreja deseja ampliar o número de seus aderentes, tem como recurso o proselitismo, as missões, a propagação de sua fé. Mas as atividades dos partidos políticos e das igrejas são definidas em leis, as quais garantem os direitos dos que não professam a crença eclesiástica ou não aceitam o programa de determinado partido. Apenas em ditaduras tirânicas (como foi o caso do nazismo e do stalinismo), um só partido exerce o poder. Em ditaduras como a da Espanha na época de Franco, uma Igreja tem privilégios sobre as demais. Assim, o direito de expandir a sua opinião ou crença é fundamental no Estado democrático, mas não de qualquer modo, como por exemplo, pelo emprego da força, ou por meios que retirem da pessoa alvo o pleno domínio de si, em termos mentais ou volitivos.

Dadas as premissas enunciadas acima, é preciso atentar para a lógica das inúmeras seitas que têm surgido na vida social, em todos os níveis, e na universidade. A sua lógica, na maioria das vezes, conflita diretamente com a do Estado democrático de direito. Como toda reunião humana, a seita exerce um poder direto sobre os indivíduos que a integram e sobre o coletivo que resulta de sua atividade. Mas, longe de acatar o princípio do respeito às pluralidades e diferenças doutrinárias, garantidas pelas instituições públicas, as seitas procuram controlar os seus aderentes separando-os dos outros cidadãos, submetendo-os o mais possível ao domínio interno, seja de um líder, de um colégio de líderes, ou ao próprio grupo. Enquanto no Estado democrático ninguém é punido por discordar dos demais, nas seitas cada indivíduo perde esse direito fundamental, sendo coagido, por meio de técnicas as mais diversas, a pensar e sentir com o grupo.

O Estado democrático goza de três monopólios básicos, que o mantêm. Ele possui o monopólio da norma jurídica: só o Estado pode editar leis obrigatórias para todos e para cada um dos cidadãos. O Estado possui o monopólio da força física. Só ele pode prender indivíduos ou enviar pessoas para a guerra. O

Estado possui o monopólio da taxação do excedente econômico: só ele pode decretar impostos tendo em vista manter serviços públicos necessários (saúde, educação, segurança). Estes três monopólios são exercidos pelo Estado no seu todo (poder executivo, legislativo, judiciário), e controlados pela cidadania, por meio de instituições como os partidos políticos, os sindicatos, o ministério público, organizações não governamentais etc. No Estado, cada um dos monopólios acima é controlado pelo povo, direta ou indiretamente, pelos representantes eleitos.

Nas seitas, existe uma tentativa de substituir o Estado junto ao aderente, usurpando-se os monopólios acima descritos, ou aplicando-os de modo sub-reptício. Nas seitas existe a tentativa de obrigar todos os membros a certas regras de comportamento, as quais, não raro, conflitam com as leis dos Estados. Proibições de práticas médicas sancionadas pelo poder público, como a da transmissão de sangue no caso das Testemunhas de Jeová, levantam conflitos gravíssimos de ordem jurídica, retirando dos aderentes as garantias legais de tratamento eficaz e de proteção à sua vida. As regras internas das seitas, assim, estão sempre na iminência de retirar do Estado o seu monopólio legal, exercido em favor do povo em sua maioria.

As seitas tentam monopolizar a coação física. E tal aspecto é o mais desastroso, tanto para os seus seguidores quanto para a sociedade que as envolve. É esse prisma que tem chamado a atenção da mídia e das autoridades civis, pois dele já resultou a morte física de muitas pessoas. Nas seitas, os indivíduos perdem o direito de ir e vir segundo a sua consciência e vontade. Eles devem, necessariamente, dirigir-se no espaço e no tempo seguindo as ordens de suas lideranças ou do próprio grupo. O monopólio dos corpos e da força para dirigi-los produziu, em 1978, no caso da seita liderada por Jim Jones, a morte de 913 pessoas em Jonestown, no "Templo do Povo" depois de ter ingerido uma bebida com cianureto. O mesmo diga-se da seita liderada por David Koresh, o qual dizia ser a "reencarnação do Senhor Jesus", seita denominada Branch Davidian. Em 1993, afirmando que ele e seus adeptos deveriam morrer para ressuscitar das cinzas, o messias derramou combustível no edifício onde todos estavam e ateou fogo, matando oitenta pessoas, somando-se dezoito crianças. Em 1997, a seita Heaven's Gate (Portão do Céu), causou o suicídio de quarenta seguidores. Mas essa imitação trágica do monopólio da força estatal pode ser exercida pela seita não para a morte de seus adeptos, mas para o assassinato de pessoas alheias às suas doutrinas, como ocorreu no Japão em 1993, quando a seita Aum Shinrikyo espalhou gás Sarin, com requintes de terrorismo, sobre a população indefesa que utilizava um serviço de transporte coletivo.

Nas seitas existe a tentativa de monopolizar a extração do excedente econômico, em concorrência com o Estado. Enquanto no regime democrático os impostos devem ser discutidos pelos representantes do povo, podendo idealmente ser recusados em plebiscito, nas seitas os indivíduos são compelidos a doar os seus recursos, mesmo os essenciais à vida, para o grupo. Surgem seitas riquíssimas que se nutrem do trabalho gratuito de seus membros, os quais, por sua vez, tentam arrancar dos cidadãos alheios às suas crenças o máximo de contribuições monetárias ou em espécie.

Apesar dessas semelhanças, que resultam da tentativa sectária de imitar o legítimo poder político, é preciso ressaltar que o Estado democrático garante a todos os indivíduos a adesão a qualquer doutrina, qualquer partido, igreja ou seita. *E garante também, o que é vital, a saída dos mesmos indivíduos, incólumes, de todos esses organismos políticos ou religiosos.* É crime, no Estado democrático, obrigar (por coação física, emotiva ou chantagem de qualquer ordem) uma pessoa a permanecer num partido ou igreja. Essa é uma das maiores diferenças entre o Estado democrático e as seitas. Estas últimas, com técnicas similares às empregadas na coleta de adeptos, utilizam todos os meios de pressão, legítimos ou ilegítimos, para impedir que um membro delas se dessolidarize. É nesse instante que as seitas são mais profundamente nocivas aos valores éticos democráticos. As pressões, ameaças à integridade psicológica ou física das pessoas, não podem ser toleradas no Estado democrático. Pelo contrário, é dever deste providenciar que a adesão ou a saída das seitas, e de todos os aglomerados humanos, seja feita com garantias da máxima e livre segurança.

Assim, a universidade pública, instituição do Estado democrático de direito, tem o dever de não tolerar, no seu interior, ações de seitas caso elas desobedeçam os direitos elementares da cidadania. Quando determinada seita pressiona um membro seu, com técnicas de manipulação afetiva, ou dele exige contribuições financeiras abusivas, ou mesmo limita sua capacidade de se relacionar com os colegas e professores, ela deve ser controlada e, se for o caso, proibida no *campus*.

A universidade tem como função formar indivíduos para as mais diversas formas de pensamento. Para isto, o requisito fundamental é a plena liberdade, a força crítica que deve ser garantida para mestres, pesquisadores, alunos. Instituição mantida pela vida civil, se a universidade permite que parte de seus quadros não tenha acesso ao seu fim, ou seja, a investigação e o ensino livres, ela trai a sua missão, para a qual impostos são recolhidos de toda a cidadania.

Concluindo, as seitas devem ser inspecionadas, o que é plenamente legítimo, pelas autoridades acadêmicas e pelos demais membros do corpo universitário. *A liberdade religiosa é exercida dentro dos parâmetros legais e universais do Estado democrático de direito.* Todo atentado à liberdade dos indivíduos no *campus*, seja de ordem emocional, seja de ordem física, deve ser previsto e proibido, pois se não se trata de inocente jogo de formas sociais privadas, mas de uma subversão da ordem constitucional, de uma desobediência às leis, as quais garantem a liberdade de todos e não a de um grupo humano apenas. Ninguém, sob pretexto algum, tem a prerrogativa de se colocar acima do Estado democrático de direito. Neste todas as relações de mando, mesmo as religiosas, podem e devem ser examinadas de modo público e transparente. Todos os que se movem nas sombras e fogem do controle público merecem o mais veemente repúdio das consciências livres, inclusive das religiosas.

7. O SOL NEGRO DA NOITE: UMA ANÁLISE DO *CÂNTICO DOS CÂNTICOS*

O título deste escrito produz estranheza. No mundo de hoje, o religioso bate em retirada diante das ciências e das técnicas, o universo indica soluções imanentes para sua gênese e desenvolvimento, dispensando, como disse um dia Laplace a Napoleão, a "hipótese Deus". Isto no plano dos cientistas. Na vida cotidiana, o sagrado se comercializa nas televisões, vende milagres sem graça ou beleza, num prosaísmo inaudito. Entre os físicos e pastores eletrônicos, resta pouco espaço para o exercício filosófico e sua irmã gêmea mas rival, a poesia. Unir, como se anunciou, os cantares de Salomão, um sábio poeta, e filosofia, parece tarefa desprovida de sentido.

Quero centrar minha fala no seguinte problema: o que significa "ler" um poema bíblico? Como este labor foi realizado na vida cristã, enquanto herança do mundo judaico? Em primeiro lugar, evocarei algumas formas de exegese que enlaçam filosofia e poesia bíblica. Depois, indicarei a técnica de leitura mais prestigiosa na vida eclesiástica, desde o catolicismo até a experiência protestante. Terminarei indicando o rompimento com este método, no pensamento filosófico moderno, especialmente em Spinoza.

Antes, indico a dificuldade de todos os que desejam abarcar sinoticamente nas obras capitais da humanidade, como os escritos bíblicos, os versos homéricos, as fantasias dantescas, o elemento filosófico, o religioso, o poético. Luciano, o grande satírico sírio, dizia ter inventado um gênero sério-cômico, e que este, para o leitor desavisado, poderia parecer um monstro.

Unir o diverso é difícil para todo intelecto que deseja pensar a vida humana, mistura complexa do Mesmo e do Outro, de harmonia e guerra dos opostos. Bem diz Hölderlin, poeta e filósofo translúcido: "Como o canto do rouxinol no escuro, o concerto do mundo só é ouvido divinamente na dor mais profunda". Ou seja, *palintonos harmonie*, na frase de outro poeta e filósofo, Heráclito de Éfeso, tensa concórdia do pensamento. Quem observa as várias formas do ser humano, afirma ainda Hölderlin, "só encontra dissonâncias, música demasiado surda, barulhenta, salvo na ingênua limitação infantil, cujas melodias ainda permanecem totalmente puras".

Quando assistimos as guerras suscitadas pelas interpretações estanques e dogmáticas dos textos sagrados em diversas culturas, o espanto se apossa de nossa alma. Como foi possível, em nome de tamanha beleza, gerar tão grande ódio? Como surgiram a Inquisição, os holocaustos, as sentenças de morte como a que se desferiu contra Salman Rushdie? Outra vez, a palavra do mesmo Hölderlin: "o ser humano [...] está dividido gravemente, apresenta a imagem de um tamanho caos que a vertigem se apossa de todos os capazes de ver e sentir. Mas a Beleza, expulsa da vida, se refugia nas elevações do espírito". Paz e luta, segundo o poeta, alarido e silêncio, tudo conspira para a epifania do Belo, eternamente suspenso e iminente. "Tudo ocorre" proclama o artesão maior do verso, "pelo desejo, tudo acaba na Paz [...] as dissonâncias do mundo são como brigas de amantes. A reconciliação está na luta, tudo o que foi separado se reúne".

Nesse sentido, Hölderlin não está longe de Hegel. Este proclama na sua *Estética*: "Mesmo na dor mais profunda e na extrema dilaceração do ânimo não deve faltar a reconciliação consigo mesmo, que até nas lágrimas e no sofrimento conserva o traço da certeza quieta e feliz. A dor permanece bela numa alma profunda, como até no Arlequim ainda dominam a graça e a gentileza". Temos, nos dois grandes espíritos modernos, o desejo de reconciliação dos opostos, movido pelo pensamento filosófico e pelo impulso poético. Mas podemos descer um pouco mais no tempo, utilizando a imagem hegeliana da pintura, para falar de um autor que uniu, diretamente, filosofia e poemas bíblicos, sem esquecer Homero, Virgílio, e tantos outros nomes da cultura greco-latina.

Referindo-se à unidade, na *Divina Comédia*, entre filosofia e poesia, avança uma notável analista do trabalho dantesco: a eparação do ecrito em duas partes rivais, doutrina e versos,

> mata o poema. Fora do corpo, a mão não é mais a mão, o olho não é mais o olho, dizia Aristóteles, que Dante chama o "mestre dos que sabem" e que tinha pleno domínio das divisões e distinções. Mais vale comparar a obra poética de Dante a um desses trípticos em madeira dos quais os pintores flamengos nos deixaram os modelos; o elemento poético e o elemento doutrinal são pelo menos tão inseparáveis em Dante quanto a madeira e a pintura no tríptico.

A autora relativiza, logo a seguir, essa imagem, porque muito estática. E compara o nexo entre filosofia e poema como o entretido num corpo vivo: "a doutrina cumpre o papel de esqueleto, a poesia é a carne que o reveste. Doutrina e poesia são indispensáveis para explicar a beleza da obra"[1].

Assim, é possível e necessário pensar o poema, filosoficamente, mas também reconhecer na filosofia a força poética. E ambos os lados convergem quando se trata de refletir intelectualmente sobre uma poesia religiosa. É o que eu tentarei fazer aqui, sabendo que irei falir, por falta de tempo e de saberes. Tomarei, inicialmente, a interpretação alegórica dos textos bíblicos, sobretudo do *Cântico dos Cânticos*. Desenvolverei este modo pelo qual a Igreja e seus pensadores interrogaram a escrita sagrada. Depois, indicarei como, após Spinoza, essa leitura perde a validade explicativa, em termos filosóficos, sen-

---

1. Yvonne Batard, *Dante, Minerve et Apollon: Les Images de la Divine Comédie*, Paris, Les Belles Lettres, 1952, pp. 85-86.

do conduzida ao plano da simples imaginação, afastada do intelecto. Indicarei que esta ruptura entre acúmulo teórico e poético liberta a poesia das amarras filosóficas, mas a filosofia romântica lutou para o intelectualismo das Luzes, defendendo a imaginação e o sentimento poético do mundo.

Escutemos o belo início do poema atribuído a Salomão, na língua que mais serviu à Igreja, do seu nascimento até os nossos dias. "Osculetur me osculo oris sui; quia meliora sunt ubera tua vino, fragantia unguentis optimis"[2]. Os leitores ouvem este suspiro erótico: "Que me beije com beijos de sua boca! Teus amores são melhores do que o vinho, o odor dos teus perfumes é suave"[3]. Sabemos a seqüência de cor. O jogo de cores, centrado na figura da amada, é o ponto sublime destes versos: "Nigra sum sed formosa... sicut tabernacula Cedar, sicut pelles Salomonis". "Sou morena", diz cautelosamente a *Bíblia de Jerusalém*, mas por que se recusa a palavra certa? "Sou negra, mas formosa, filhas de Jerusalém, como as tendas de Cedar, como os pavilhões de Salomão". Certo, a pele escura é fruto da exposição ao sol da jovem férvida, o que indicaria seu estatuto de escrava. Mas, num poema, não vale também notar os processos de produção imanente? A menina é negra como as tendas, tecidas com pelos de cabra escura. Ela mesma, pois, é um tecido onde a cor é marca distintiva. Negra e formosa. Quantos preconceitos de ordem étnica e cultural seriam corrigidos, se os ouvidos atentassem para a matéria dos textos!

Elizabeth de Fontenay, num lancinante livro sobre Diderot e o materialismo, mostra até que ponto foi a cultura "branca" e "cristã" na sua loucura. Ela relata o caso de Sara Bartmann, uma hotentote que serviu como cobaia de observação para os "cultos" machos e cientistas do século XIX, que nela viam um ser próximo do macaco, dando-lhe o apelido satírico "Venus Hottentote". Isto para ressaltar a beleza da Vênus grega. Esta última seria *calipígia*, a hotentote seria *esteatopígica*. Os senhores sabem o que isto significa. Além desta parte, que mos-

---

2. *Vulgata, ou Biblia Sacra*, S. Sedis Apostolicae Typographi Ac Editores, Marietti, 1959.
3. *Bíblia de Jerusalém*, ed. brasileira, São Paulo, Paulinas, 1985.

traria "cientificamente" a suposta inferioridade da negra, o nariz, os lábios, tudo foi medido para demonstrar a sua falta de humanidade. Morta Sara Bartmann, seu corpo foi doado ao Museu de História Natural, onde seu esqueleto se conservou. Fontenay indica que hotentotes eram mostrados no *Jardin d'acclimatation* de Paris desde 1888, até o século XX. Eles também eram exibidos, para gáudio da "civilizada" e "caridosa" platéia, nos *Folies Bergere*. Massa vulgar e cientistas refinados, todos viam na alteridade da cor e da figura dos membros, o sinônimo divertido de um ser humano apenas na aparência.

Cito Fontenay:

> vemos estes professores de zoologia, observando durante três dias, em suas quatro faces, esta mulher imóvel e nua, que posa para quatro desenhistas, tendo a superfície de seu corpo vigiada pelos olhares-escalpelo. Esta lição de anatomia à flor da pele e o relatório posterior, mereceriam constituir uma figura determinante na história do olhar do euromacho[4].

Não é de admirar que um povo assim, "civilizado", tenha visto como "normal" o massacre de milhões de indivíduos "inferiores", a partir de "sinais" físicos "evidentes" de sua inferioridade. Não se diga que os nazistas foram os únicos culpados nesta história. Os euro-machos, os americano-machos, até hoje produzem concursos de "beleza", onde mulheres passivas se submetem ao olhar escalpelo, para saber qual o tipo mais adequado para reproduzir seus filhos.

Recentemente, no Brasil, uma besta-fera do meio artístico elogiou Hitler quando exprimia seus desejos da fêmea ideal para gerar seus filhotes. A entrevista, todos os senhores a leram na revista *Veja*. Outro bárbaro, agora na direção de pequenas empresas, referiu-se à uma senadora da república, cuja cor é negra, em termos baixos, repercutindo milênios de preconceitos estéticos.

Sou negra, mas formosa: "foi o sol que me queimou". Sim, o sol queima. Mas a recusa da cor negra queima ainda mais fortemente os que a ostentam. O Brasil, os Estados Unidos da América, são terras calcinadas e secas, neste sentido.

---

4. Elizabeth Fontenay, *Diderot ou le matérialisme enchanté*, Paris, Grasset, 1981, pp. 87-99.

A cor não é obstáculo para a vista extasiada do amante: "És bela, minha amada, e não tens um só defeito!".

"Que me beije com beijos de sua boca!". Embora todas as edições contemporâneas do texto insistam em indicar o caráter não alegórico do poema, o qual seria o canto do puro amor, distante do ascetismo estéril e da lascívia pecaminosa, por isto representando uma figura do mandamento divino, "crescei e multiplicai-vos", as culturas judaicas e cristãs tiveram particular predileção por este poema erótico para invocar o enlace amoroso entre Deus e os homens, reunidos em Israel, ou na Igreja. Esta exegese antiga predominou até o século XIX. Mesmo hoje, muitos escritores religiosos acentuam o texto como um outro modo de falar (alegoria...) sobre o vínculo entre o divino e o humano.

A base cristã do método alegórico, para ler os escritos do Antigo Testamento, encontra-se em São Paulo, na *Primeira Epístola aos Coríntios*: "Haec autem omnia in figura contingebant illis: scripta sunt autem ad correptionem nostram, in quos fines saeculorum devenerunt". Na *Bíblia de Jerusalém*: "Estas coisas lhes aconteceram para servir de exemplo e foram escritas para nossa instrução, nós que fomos atingidos pelo fim dos tempos". Desaparece, no texto português, o termo "figura", substituído por "exemplo". O valor semântico pode ser próximo, mas ele realiza um "seqüestro", como diria Haroldo de Campos, da história alegórica que seguiu-se na cristandade, já herança de técnicas interpretativas judaicas.

Como expõe de forma segura De Lubac[5] o pensamento medieval, a partir de uma longa herança greco-latina, entendeu o texto bíblico, e sobretudo o *Cântico dos Cânticos*, como *figura*, indicando que na Bíblia tudo é profético, alegórico, típico. Tudo, nela, é sinal de mistério: as palavras, as sílabas, as letras, as partículas, o menor iota, a própria pontuação. O venerável Beda lê, seguindo São Paulo, que *omnia* (tudo), "não significa apenas todos os fatos e todas as palavras, mas ainda os lugares, os tempos, as situações, as circunstâncias". Outro doutor cristão dizia que tudo, no Antigo Testamento, era "figura", porque

---

5. "Omnia in figura", in *Exegese Médiévale: Les Quatre Sens de l'Écriture*, Paris, Aubier, 1964, IIe Partie, V. II, pp. 60 e ss.

tudo estaria referido a nós. A história de Israel inteira torna-se, com sua tradição escrita e oral, profecia do tempo cristão.

Na verdade, esse caminho interpretativo teve início nos pensadores judeus. Não é apenas no *Cântico dos Cânticos* que se usa a imagem do vínculo conjugal para descrever as relações tumultuadas entre Deus e homens, entre Javé e Israel. Encontramos este traço em Isaías (5, 1 e seguintes) onde Israel é chamado de "prostituta" pelo profeta, em lugar do antigo amor. Se o povo se arrepender, "como o noivo se alegra da noiva, assim de ti se alegrará o teu Deus" (Isaías, 62, 5). Deus canta o amor nupcial entre Ele e seu povo em Jeremias: "Lembro-me de ti, da tua afeição quando eras jovem, e do teu amor quando noiva, e de como me seguias no deserto..." (2. 2). E também em Oséias: "Desposar-te-ei comigo em fidelidade, e conhecerás ao Senhor" (2, 20)[6].

A figura conjugal é nuclear na hermenêutica judaica, sobretudo a recebida pela Igreja cristã. A idéia das "núpcias sagradas" tem papel importante no Zohar e na Cabala. No Zohar, trata-se da reunião de dois Sefirote, do aspecto feminino e masculino em Deus. O símbolo da união conjugal entre Deus e Israel, entre Deus e a alma, é muito importante.

No *Cântico dos Cânticos*, os leitores judeus ou cristãos viram aflorar o sentido mais atraente do mistério. Quem o lê, se possui muita sabedoria, nele enxerga o que está oculto. Se não possui saber e prudência, nele percebe apenas a superfície. Se o leitor é "carnal", ele só apalpa as dobras do texto sagrado. Se é "espiritual", ele penetra os seus inesgotáveis sentidos, atingindo o Santo dos Santos, lugar onde o divino se revela ao que o ama. No século XII, o *Cântico dos Cânticos* é o texto mais comentado da Bíblia, sobretudo pelos cristãos. Segundo o Rabi Yossé, o rei Salomão o entoou enquanto construía o Templo, e todos os mundos inferiores e superiores celebraram cantos de louvor, cujo ápice é o *Cântico dos Cânticos*. Este canto abarcaria a *Torá*, o *Gênesis*, o segredo dos Patriarcas. Ele relataria, sob forma velada, todos os fatos importantes da história israelita, como os Dez Mandamentos, a Aliança, a

---

6. A partir deste ponto sigo literalmente o belo texto de M. M. Davy, *Initiation a la Symbolique Romane*, Paris, Flammarion, 1977.

travessia do deserto, a chegada em Israel, a construção do Templo, o exílio na Babilônia, e a liberdade final. O *Cântico dos Cânticos* celebraria o *schabath* derradeiro, o "dia dos dias", que reúne o presente, o passado, o futuro.

Segundo Rabbi Eliezer, quando Deus formou o mundo, ele fez com a mão direita o céu, e com a esquerda, a terra, criou anjos para cantar os cânticos diurnos, e outros anjos para cantar a noite. Quando os homens repetem o *Cântico dos Cânticos*, eles seguem os anjos, unindo suas vozes e renovando a terra. O Rabi Neemias disse que "Feliz é o homem que penetra nos segredos do *Cântico dos Cânticos*". Assim, ele vai até o fundo da *Torá*, chega à sapiência e eleva diante de Deus o presente, o passado, o futuro.

O *Cântico dos Cânticos* não integrava, primitivamente, os textos canônicos da Bíblia. Nele, Deus nunca é mencionado. O Rabi Aquiba (século II) conseguiu fazê-lo entrar no cânon. Escreveu o mesmo Rabi: "Toda a Bíblia é santa, mas o *Cântico dos Cânticos* é sacrossanto (Kôdesh Kôdeshim)".

Na Igreja, a coletânea de poemas foi prezada de modo intenso. Mas a sua exegese era difícil e perigosa. São Bernardo, num sermão sobre a Epifania, ao explicar o Evangelho das núpcias de Caná, disse que o esposo designa o Cristo, e a esposa somos nós. Todos somos uma esposa diante do divino. Em seu comentário explícito sobre o *Cântico dos Cânticos* (nos Sermões 8, 9, 10), São Bernardo leva adiante a figura conjugal. Ao comentar o enunciado "Que ele me beije com um beijo de sua boca", o mesmo exegeta compara a experiência desse "beijo espiritual" a um maná secreto, a um signo de amor. O beijo, para ele, significa a efusão do Espírito Santo. Trata-se de uma luz que traz conhecimento, mas que também oferta o fogo amoroso. A esposa é a nossa alma sedenta de Deus. Ela ama com tamanho ardor que esquece a sublime majestade de seu amante. Segundo Bernardo, o *Cântico dos Cânticos* pode parecer erótico, mas é, na verdade, espiritual. Os seios da esposa, por exemplo, aleitam as "almas novas", as que começam apenas a procurar Deus.

Só há uma identidade entre o homem da carne, preso ao erotismo humano, e o homem espiritual: eles nunca estão saciados. Quem deseja riquezas, nunca se sacia, quem aspira pelo poder, nunca se sacia, quem tem fome de Deus, sente sua fome aumentar quanto mais próximo está do divino. O poema, pois, é um conjunto de signos, símbolos, que permite passar do homem carnal ao espiritual, do visível ao invisível. O divino e o terrestre, embora diferentes em dignidade, se encontram e se amam. O mundo não se prostituiu totalmente. A alma esposa não despreza a criação, mas a valoriza. Ela espera o dia do Juízo Final, quando haverá o encontro dos dois extremos, o humano e o divino. Neste dia, serão unidos o exterior e o íntimo, e não mais haverá masculino ou feminino.

Na piedade cristã, Maria é chamada a Esposa e a Mãe de Deus, mãe do Rei e sua esposa (*Mater Regis et Sponsa*), esposa do Senhor (*Sponsa Domini*), o templo do Espírito Santo (*Spiritus Sancti templum*). Ela simboliza a esposa perfeita. São Bernardo chama a Virgem de mãe e filha de seu Filho, o que ecoa em Dante, no *Paraíso*: "Vergine madre, figlia del tuo figlio [...] Nel ventre tuo si raccese l'amore, per lo cui caldo ne l'eterna pace/ cosi 'e germinato questo fiore' "[7]. Todos estes pontos citam direta ou indiretamente o *Cântico dos Cânticos*, inclusive num perigoso cruzamento com o incesto. Basta lembrar os verso seguintes: "Quis mihi det te fratrem meum sugentem ubera matris meae, ut inveniam te foris et deosculer te et iam me nemo despiciat?", ("Ah! Se fosses meu irmão, amamentado aos seios da minha mãe! Encontrando-te fora, eu te beijaria, sem ninguém me desprezar").

O *Cântico dos Cânticos* apresenta uma filosofia, a dos "santos dos santos" que corresponde à idade perfeita da vida espiritual. Através do poema, somos conduzidos à união entre Eterno e tempo, entre Deus e nosso espírito. Por que um poema, cheio de signos e símbolos? Porque, para atingir Deus, é preciso passar pela carne. O próprio Deus se fez carne, na figura de Cristo. Não poderíamos falar com Deus sem este meio visível e erótico. Uma linguagem puramente espiritual seria inaudível para nós. Adianta São Bernardo: "Assim como

---

7. *Paraíso*, Canto XXXIII. "Virgem mãe, filha de teu filho [...] em teu ventre incendiou-se o amor, por cujo calor, na eterna paz, esta flor germinou". Cf. os comentários de Ernst Kantorowicks. *The King's Two Bodies*. Princeton, Univ. Press, 1970, p. 100.

é impossível compreender um discurso grego ou latino se não se conhece o grego ou o latim, também para aquele que não ama, o amor é uma língua bárbara" (Sermão 79, sobre o *Cântico dos Cânticos*).

Não apenas em sentido laudatório se compara a Virgem Maria, figura da Igreja, à esposa do *Cântico dos Cânticos* na Idade Média e no início da Moderna. Tomemos um trecho do *Paraíso* dantesco: "Cosí si fa la pelle bianca nera/ nel primo aspetto della bella figlia/ di quel ch'apporta mane e lascia sera". (Assim se faz negra a pele branca, da bela filha o primeiro rosto, daquele que traz a manhã e deixa a noite [Canto 27]). Lembremos que este *Canto* se inicia com Dante que ataca Bonifácio VIII, o papa simoníaco, comerciante de Cristo e de sua Igreja, promotor da prostituição das coisas santas, usurpando o lugar de São Pedro. Erich Auerbach analisa a passagem num texto intitulado "Pelles Salomonis"[8], e remete para o pensamento do homem medieval, douto ou não. Cito Auerbach diretamente:

os motivos "bela filha", "pele branca", "negra", "sol", contêm para o leitor medieval uma referência à passagem dos Cânticos, o verso "Nigra sum sed formosa, filiae Jerusalem, sicut tabernaculum Cedar, sicut pelles Salomonis". A alusão é tanto mais evidente, com certeza para o leitor medieval, não para nós, quanto se pensa que no Canto XXVII inteiro do *Paraíso* o tema é a corrupção da vida da Igreja (com a cólera e a vergonha que isto suscita). Este tema está ligado constantemente ao da mudança ou perda da cor (versos 13-15, 19-21, 28-36).

Semelhante mudança de cor liga-se, no mesmo *Canto* à crítica dos que prostituíam a Igreja, esposa de Deus: "Non fu la sposa di Cristo allevata/ del sangue mio, di Lin, di quel di Cleto, per essere ad acquisto l'oro usata; ma, per acquisto d'esto viver lieto" (Não foi a esposa de Cristo alimentada com meu sangue, com o de Lino e de Cleto [papas mártires, como Pedro], para ser usada na conquista de ouro, mas para a conquista deste viver feliz). Os padres e o papa simoníaco tornam-se negros, enquanto a Igreja deveria ser alva. O comentário de Auerbach é eloqüente: ninguém, antes de Alighieri,

---

8. In *Studi su Dante*, Milano, Feltrinelli, 1995, pp. 261 e ss.

"teria dito que no seu tempo a corrupção da Igreja tinha provocado um obscurecimento do céu semelhante ao que existiu durante a Paixão de Cristo e que a perversão da sociedade humana era produzida pela falta do poder imperial. Estas idéias eram suas, e de ninguém mais, e por isto ele usou motivos como filha, pele, descolorir, quando estas vinham ao seu encontro, para ajudá-lo em seu propósito. Deste modo, ele ofereceu uma variante ou combinação nova da interpretação tradicional: a sociedade humana (*sponsa Christi*, 'a bela filha') perde sua cor diante do esposo".

Quando me referi ao nascimento do método alegórico, disse que os tradutores da *Bíblia de Jerusalém* tomaram o termo "figura" por um outro, "exemplo". Ocorre que, na edição grega e latina da *Primeira Epístola aos Coríntios*, os termos empregados são "tipo" e "figura". São Paulo escreve numa língua já trabalhada por séculos onde se recolheram as culturas grega e latina, de Platão, no mínimo, até os estóicos, passando por Aristóteles. Neles, os termos "figura" e "tipo" já haviam sido estabelecidos na metafísica, na ética, na retórica, na gramática, adquirindo sentidos polissêmicos, cada vez mais amplos e abstratos. "Figura" tinha adquirido, por exemplo na poesia de Ovídio, um significado retórico preciso, em tom irônico. Estava próxima, tal palavra, de "fantasia".

Nos escritores cristãos, entretanto, "figura", sem deixar os vários sentidos plásticos anteriores, passou a indicar algo verdadeiro: "figura é o mesmo sentido literal ou o fato referido, o cumprimento futuro nele indicado, e também é a *veritas*. Deste modo, 'figura' aparece como termo médio entre 'letra-história' e *veritas*". *Exemplum* é apenas um dos significados de figura, no campo da interpretação alegórica cristã, a qual, embora unida às formas anteriores de alegorismo, como o filosófico de Filon de Alexandria, tinha uma "carne", justamente o fato de sua inserção no tempo. Uma "figura" pretérita unia-se a uma outra, presente ou futura, dando sentido à existência dos homens nos inúmeros lugares do tempo. Estas "figuras", apresentadas plasticamente nos poemas bíblicos, como o *Cântico dos Cânticos*, tiveram eficácia de convencimento.

Conforme diz Auerbach: esse modo de apresentar o Eterno no tempo, através do poético,

> conjugava exemplarmente a força prático-política da fé com aquelas poeticamente criadoras e transformava a concepção hebraica da ressurreição de Moisés no Messias num sistema de profecia real [...]. E assim o Antigo Testamento ganhou uma nova atualidade dramático-concreta enquanto perdia a força da Lei e a peculiaridade histórico-popular[9].

Dentre os monumentos poéticos cristãos que marcam nosso espírito, ampliando o tema do casamento e dos *Cânticos dos Cânticos*, está a *Divina Comédia*, como vimos antes. Nesta, também vimos, a poesia une-se, como carne aos ossos, a um conjunto doutrinário filosófico que pretende atingir o verdadeiro através da figura, por seu meio, e não rompendo com a figura, com o tipo, com a imagem.

Assim, escreve Auerbach em outro livro, "O Antigo Testamento se transforma numa sucessão de pré-figurações isoladas, Adão pode pode tornar-se não só uma figura, mas um profeta figural de Cristo". Em contrapartida, "Maria é o jardim [...] a origem da água viva do *Cântico dos Cânticos*"[10]. Tal modo de pensar, filosófica a teologicamente, permaneceu até o Renascimento, sendo gradativamente abandonado a partir das pesquisas dos filólogos e historiadores laicizantes, cuja liderança cabe, sem dúvida, a Lorenzo Valla. Os modernos intérpretes do texto bíblico tendem a atenuar ao máximo este figurativismo alegórico, separando a figura do seu intento de exprimir, sob forma velada, a verdade. Talvez um dos últimos dos grandes autores da era renascentista a utilizar esta via, com fortes sinais de neoplatonismo, tenha sido Giordano Bruno, preocupado com a unidade do cosmos, a imagem e a memória. Na sua obra *De umbris idearum*, Bruno inicia uma seção capital sobre o nexo entre nossa inteligência e memória e o Deus único, citando o *Cântico dos Cânticos*: "Sub umbra illius quem desideraveram sedi..." (Sentei-me à sombra daquele que eu amo [2, 3]). Comenta Francis Yates, no seu livro

---

9. *Idem*, p. 207.
10. "Il simbolismo Tipologico nella letteratura medievale", in *San Francesco, Dante, Vico*, Roma, Riuniti, 1987, pp. 138-139.

sobre a *Arte da Memória*: "Devemos nos sentar à sombra do bom e do verdadeiro. Para lá dirigir os sentimentos através dos sentidos interiores, através das imagens que se encontram no interior do espírito humano, isto é sentar-se à sombra". Deste modo, "dentro da natureza tudo está em tudo. No intelecto, tudo está em tudo. E a memória pode memorizar tudo, a partir de tudo"[11].

O trabalho moderno, na interpretação filosófica e teológica dos textos bíblicos, deu-se a partir de Lorenzo Valla, de Erasmo[12], e de Lutero, seguidores de Valla, de modos distintos, mas todos com desconfianças e críticas ao alegorismo. O primeiro, em nome do rigor filológico e do *decorum* literário, o segundo, especialmente pelo seu programa de seguir apenas a Escritura. Os reformadores criticaram nos "papistas" a sua "liberalidade alegorizante" como sacrilégio. Do lado católico não tanto ortodoxo, como no filósofo Pascal, se defendeu o método antigo. Pascal afirma que "São Paulo ensinou aos homens que todas aquelas coisas tinham acontecido em figura". E Pierre Nicole, um dos autores da *Lógica* e da *Gramática de Port-Royal*, textos fundamentais de filosofia clássica, num prefácio escrito para o livro intitulado *Explicação do Cântico dos Cânticos* (de M. Hamon), defendeu o alegorismo.

Mas, segundo Pe. de Lubac essa atitude se enfraqueceu, e, além disto, "a ofensiva dos cientistas vinha reforçar mais e mais, num outro terreno, a atitude da Reforma". A crise instalada na Renascença, e que piorou no século XVII, atingiu seu ponto máximo com as Luzes, no século XVIII. Em 1727, no livro *Notas Anexas sobre a Carta de um Prior a um de seus Amigos*, encontramos uma frase importante, criticando o alegorismo anterior: "Que abuso fazer depender a inteligência da Escritura do grau de imaginação, e da maior ou menor facilidade que se tem para colher relações e conveniências". Temos aqui, na pena de um católico, algo que, se dito por um discípulo de Spinoza, levantaria gritos contra a ruptura entre ciência e sinal, entre imaginação e intelecto. Spinoza deu o

---

11. *L'Art de la Mémoire*, Paris, Gallimard, 1982, pp. 242-243.
12. Cf. Jacques Chomarat, *Grammaire et Rhetorique chez Erasme*, Paris, Belles Lettres, 1995.

ponto de partida mais grave nesse rumo. Doravante, uma coisa é a *Bíblia*, com sua poesia e ditames morais baseados no medo e na esperança, ou seja, na imaginação. Outra é a filosofia ou a ciência, com base matemática, controlando o mais possível o imaginário poético e religioso, em proveito do saber.

Spinoza, com sua leitura da *Bíblia*, causou um verdadeiro furacão na Europa judaica e cristã. Expulso da Sinagoga, ele não foi bem acolhido, muito pelo contrário, por católicos e protestantes. Sua influência foi decisiva nos principais teóricos do século XVIII e XIX, estando seu pensamento na própria gênese das reflexões materialistas, atéias, ou simplesmente agnósticas de um Denis Diderot, Jean-Jacques Rousseau, Voltaire etc. Com Spinoza, enuncia Paul Vernière, um dos maiores conhecedores das Luzes e da filosofia diderotiana, "A *Bíblia* não era mais o *Livro*, mas um livro trazido à medida humana e que, à semelhança de um texto de Orígenes ou de Salústio, deveria ser submetido a minuciosas investigações históricas e filológicas". O tratamento spinozano para os textos bíblicos passa pela questão da língua (o hebraico e, no que tange aos últimos livros do cânon, o aramaico), pela semântica, comparando os textos e encontrando o sentido exato das palavras, sua acepção literal e metafórica, pela história do povo hebreu, as biografias dos autores, a transmissão das obras, as diferentes lições e como se estabeleceu o próprio cânon.

Claro que o método spinozano, com raízes no Renascimento, nos pensadores mais independentes do judaísmo e do cristianismo, exigiu resposta da Igreja. Esta cometeria suicídio, diz Vernière, se admitisse que a *Bíblia*, base da crença e fundamento de suas decisões, fosse submetida ao destino das obras humanas, como os poemas homéricos. Se a Escritura nada mais fosse do que uma reunião confusa de mito, história e literatura judaica, como justificar a Revelação cristã? Toda a história da filosofia cristã, e da exegese, passou a ter em Spinoza o seu inimigo mortal.

Uma característica do método alegórico é o vínculo entre pensamento filosófico e imaginação poética. Spinoza rompe esta solidariedade. Para ele, como afirma a sua *Ética* (no Apêndice), "todas as noções que o vulgo tem o hábito de fazer uso para explicar a natureza são apenas modos de imaginar, e nada revelam da natureza de nenhuma coisa, mas apenas a constituição da imaginação". Ou seja, quando lemos um comentário alegórico ou poético dos textos bíblicos, aprendemos mais sobre a cabeça do comentarista, os seus medos, os seus desejos, as suas formas de imaginar, do que algo sobre a língua, a história, o sentido do próprio texto bíblico. Os próprios escritores do texto sacro, profetas, sábios, ou poetas, não são dotados, segundo Spinoza, "de um pensamento mais perfeito, mas de um poder de imaginar mais vivo". (*TTP*, II).

Os que se distinguem pela imaginação, afirma o filósofo, "são menos aptos para conhecer as coisas pelo intelecto puro, e, pelo contrário, os que são superiores no intelecto e o cultivam por preferência, tem um poder de imaginar mais temperado, mais dominado e, como domado para que ele não seja confundido com o intelecto". Como a simples imaginação não envolve, por sua natureza, o que é certo, a profecia – e os demais escritos bíblicos, sobretudo os poéticos – não poderia "por si mesma, envolver certeza, pois ela depende apenas da imaginação". (*TTP*, II). O texto da *Bíblia* apresenta um signo, um índice como prova de verdade. Este signo, pensa Spinoza, é exterior ao intelecto, e só pode ser forjado pela imaginação, a qual depende de figuras. Como neste plano tudo é incerto, a polissemia da exegese alegórico-poética marca a falta de ciência e de verdade. Esta, para Spinoza, não depende de nenhum signo, e o verdadeiro é o índice de si mesmo e do falso. Se um poeta bíblico, ou profeta, é refinado, suas imagens serão refinadas, mas não podemos esperar que elas nos tragam conhecimento físico, histórico, matemático.

O que significam as bodas de Caná para o comentador alegórico? Infinitas coisas, entre as quais o elo erótico entre Deus e os homens. O que significam as mesmas bodas para Spinoza? Nelas, o milagre da mudança da água em vinho é recurso poético, imaginário de pessoas sedentas de vinho e de maravilhas que relatam o que lhes ia na alma, enquanto desejo. Assim, toda a *Bíblia*, no AT e no NT, tem um estilo persuasivo que entra na economia das paixões. "Se a Escritura narrasse", diz Spinoza (*TTP*, IV), a ruína de um estado segundo os modos dos historiadores políticos, isto não comoveria de nenhum jeito a multidão. O efeito, entretanto, é muito grande, quando se pinta o que ocorreu com um estilo poético, e quando se relaciona tudo a Deus, como a *Bíblia* tem o costume de fazer. Quando, pois, a Escritura narra que a terra ficou estéril devido ao pecado dos homens, ou que cegos são curados pela fé, estes relatos não nos devem comover, como também quando ela conta que devido aos pecados dos homens Deus se irritou, ficou triste, se arrependeu do bem prometido ou já feito, ou ainda que Deus se lembra de sua promessa diante de um signo e muitas outras histórias que são invenções poéticas ou exprimem as opiniões e os preconceitos do narrador (*TTP*, VI).

A Escritura ensina a plebe a obedecer ditames morais. E ela o faz usando uma língua poética onde entram todos os recursos da retórica, fazendo apelo aos sentimentos humanos e jogando estes últimos sobre Deus, como se este fosse apenas um super-homem, e como se ele não ultrapassasse nossa imaginação, só podendo ser captado pelo intelecto superior.

O juízo de Spinoza sobre o escrito poético deu a este último uma liberdade diante do teológico-doutrinário. Mas contribuiu para a ruptura entre poesia e ciência, algo que se agravou na secularização do século XVIII e começo do XIX. A filosofia gelada, pensam os críticos deste divórcio entre o sentido estético e o científico, acabou com a polissemia do signo e do símbolo mitológicos. Newton, com seu prisma que reduz as cores numa série material de combinações físicas, retirou do arco-íris todo o seu encanto.

O maior ataque ao pensamento que afasta intelecto/ciência e imaginação/poesia veio com o romantismo, ampliação dos trabalhos de Edmund Burke, sobretudo nas *Considerações sobre a Revolução Francesa*, uma continuidade das análises sobre o sublime, pelo mesmo autor. Estas, como sabemos, vincaram a estética filosófica de I. Kant, do idealismo transcendental de Schelling e de Hegel, e foram nucleares nos textos românticos contra as Luzes e a ciência mecânica. Como resultado do pensamento que separa imaginação e intelecto, o mundo tornara-se desencantado.

Citemos Novalis, o maior poeta do romantismo, com a dessacralização da *Bíblia* e do mundo físico,

os deuses desapareceram, e com eles seu cortejo – a natureza esgotou-se e perdeu a vida – foi amarrada à férrea cadeia do número árido e à estrita medida. A floração luxuriante dos viventes reduziu-se a palavras obscuras, feitas de poeira e vento. Desapareceram a fé evocadora e sua celeste companheira, a imaginação [...] a luz deixou de ser a morada e o símbolo celeste dos deuses – eles envolveram-se no véu da Noite[13].

Com a filosofia do século XVIII e XIX, herdeiro de Spinoza e do racionalismo clássico, Deus morreu e o mundo foi mecanizado. Contra este desencanto, o pensamento romântico apelou para as núpcias entre racionalidade e fantasia, reabilitando a imaginação. Desde essa época, já nos inícios do século XIX, o pensamento mágico foi a tônica na defesa do poético e na luta contra a físico-matemática que se basearia em necessidades, e que teria retirado todo traço humano da vida social e política.

As formas alegóricas, no século XVIII, tornaram-se cada vez mais intelectualizadas, frias, secas. Isto em todas as artes. Diderot é quase uma exceção, com seu colega inimigo, Rousseau, neste campo. A escrita destes dois filósofo tem carne, cores, sons, imagens profusas. Por este motivo, ambos são indicados enquanto antecipadores do romantismo, ou simplesmente como românticos. Claro que este é um modo estranho de retirar ambos os pensadores de seu tempo, cometendo um anacronismo que apaga outros traços de seu trabalho. Mas a presença de um imaginário rico, capaz de erguer o pensamento e a fantasia à altura do sublime, tornou o par Diderot e Rousseau o mais presente no labor romântico, nas escritas de Goethe, Schiller, Herder, e outros.

Num mundo desencantado pelo número, os românticos tentaram romper o prestígio da alegoria intelectualizada, ressaltando as virtudes regeneradoras dos símbolos. Quem melhor enuncia isto é Albert Beguin, no seu belo texto sobre *A Alma Romântica e o Sonho*. No universo romântico,

os sons, as cores, os perfumes respondem-se mutuamente, os objetos se transfiguram sem cessar e deixam sua aparência. As flores se transformam em

---

13. Para estes aspectos, cf. M. H. Abrams, *The Mirror and the Lamp: Romantic Theory and the Critical Tradition*, New York, Oxford University Press, 1971. A citação de Novalis, acima, encontra-se em Roberto Romano: *Conservadorismo Romântico*, São Paulo, Brasiliense, 1981, pp. 138-139.

nuvens, as estrelas caem sobre o solo e espalham-se em corolas magníficas; as pérolas de neve se transmutam em olhos de pássaros, caem em lágrimas no espaço e formam ali as brumas. O gelo se transforma em névoa, neve, luz; um caminho aberto pela charrua estende-se sobre a terra e acaba num oceano com horizontes vaporosos. De uma lágrima nasce uma onda, a qual engendra um navio. Seres tornam-se pura música. Os pensamentos do sonhador bastam para mudar toda a paisagem, abrir portas fechadas, e um grande lírio, súbito, se transforma no símbolo da serpente, conselheira do Mal.

É nesse quadro onírico e simbólico que os poderes da magia e do encantamento fizeram Novalis, como disse, o maior poeta romântico alemão, ressuscitar, nos versos e na dor, o *Cântico dos Cânticos*. Muitos dos senhores conhecem a biografia do poeta. Matemático, geólogo, ele viveu nos círculos próximos do primeiro romantismo. Encontrou uma jovem de quinze anos, Sofia, em 1794. Ficaram juntos no verão de 1795 e, breve, uma doença mortal a destruiu em 1797. Novalis cantou esta morte até a sua própria, num desejo de união com Sofia que se realizou em 1801, quando o poeta atingiu os 29 anos. Novalis escreveu sobre física, matemática, metalurgia, e muitos outros assuntos, sempre tentando realizar o programa romântico de uma transmutação do mecanicismo newtoniano e das Luzes. O que nos importa é a sua guinada para o desejo de Sofia morta e viva, e sua retomada do *Cântico dos Cânticos*.

Nesse rumo, o conjunto fundamental é dado pelos *Hinos à Noite*. Neles, unem-se a recusa das Luzes burguesas e a busca de Sofia. Esta oposição entre noite e dia é marca romântica de primeira plana. Ainda em Fitzgerald, tanto no *Great Gatsby* quanto no *Tender is the Night*, temos o delírio em busca de paz e tranqüilidade, só garantidas no interior do sonho e da escuridão. Os *Hinos à Noite* estão embebidos de erotismo e volúpia. Aliás, para Novalis, num de seus "Fragmentos", "a religião cristã é a verdadeira religião da volúpia. Nada nos estimula mais a amar nosso Deus do que o pecado. Mais nos sentimos pecadores, mais somos cristãos. O pecado, como o amor, só têm como razão de ser na união absoluta com a divindade" (Fragmento III). Esta tese vem de Lutero. É o famoso *Pecca fortiter*, da carta escrita pelo Reformador a Melanchton (1.09.1521): se existe a Graça divina, e se o cristão nela acredita, e não vê nela apenas uma fábula, logo, ele deve saber que Deus não salva pecadores inexistentes, mas reais. É preciso, pois, ser pecador, e pecar fortemente. Mais firmemente, entretanto, vêm a fé e a esperança no Cristo, "o vencedor do pecado e da morte!".

O sexto *Hino* de Novalis acaba com a evocação direta do *Cântico dos Cânticos*: "Desçamos rumo à noiva, rumo a Jesus Cristo, o bem amado. Coragem, o entardecer tomba sobre os corações amantes e piedosos. Um sonho, quebrando nossas cadeias, nos mergulha no seio do Pai". Trata-se da antiga alegoria, já mencionada por mim, do amor entre a Igreja e o Cristo, *unio mystica* ou *connubium mysticum*. Avni[14] coloca em paralelo os versos de Novalis e os dos *Cânticos*. Entre muitos, vejamos os seguintes: "terna amorosa – gracioso sol da Noite – [...] reduzido numa substância aérea, eu misturo meu ser no teu, numa união mais íntima, para que dure eternamente a nossa noite de núpcias" (Canto I). E depois: "Teus sóis possuem olhos amigos, que me reconheçam?" (Canto IV). Nos *Cânticos*: "Quem é aquela que surge... clara como o sol?". "O que foi santificado pelo contacto amoroso escoa, num estado fluido e sutil, por canais subterrâneos que o arrastam para um outro mundo e o misturam, como um aroma impalpável, à substância de seus mortos, bem amados" (Canto IV). *Cântico*: "Tu és [...] como a água viva". Se fossemos comparar todas as passagens dos *Hinos* novalianos esgotaríamos mil e uma noites. Desejo finalizar, apontando a ruptura desse imaginário com a filosofia das Luzes, o que deu início ao pensamento mágico romântico, hoje banalizado e reduzido a produto comercial, produzindo lucro para charlatães.

Para aquilatar o abismo entre esse reavivamento dos *Cânticos dos Cânticos* e a filosofia das Luzes, basta que se indique, primeiro, a *Flauta Mágica* de Mozart: nela, Sarastro é pai das Luzes, sábio, enfrentado pela Rainha da Noite, vingativa e odiosa mulher que só promete morte no seu canto. Jean Starobinski mostrou, no belo *1789 ou os Emblemas da Razão*, o quanto a ópera é dominada pela figura masculina, numa

---

14. *The Bible and Romanticism*, The Hague, Mouton & Co., 1969, pp. 36 e ss.

retomada intelectual e metafísica que põe o homem como superior à mulher, esta última sendo uma criança (Pamina) ingênua a ser educada por Sarastro e por Tamino. O romantismo valorizou a mulher como agente, bom ou mal, mas deu-lhe a primeira autonomia moderna, contra o pensamento aristotélico que a definiu como homem inacabado.

Há um movimento plagiotrópico, termo cunhado por Haroldo de Campos, que vem dos mais antigos poemas hebraicos e greco-latinos, até o romantismo filosófico e poético. Vimos a insistência de Novalis no sol escuro da noite, e notamos que as imagens solares são extraídas do enlace amoroso, posto no *Cântico dos Cânticos*. Ocorre um vínculo perfeito entre o imaginário onírico de Shakespeare, visto como "bárbaro" pelos filósofos do século XVIII, especialmente por Voltaire (Diderot é exceção neste juízo negativo) e o romantismo. Não por acaso, o pensamento romântico foi o que mais ajudou a reabilitar o poeta renascentista inglês. No caso do *Cântico dos Cânticos*, o tema do desencontro entre amada e amante, e o encontro num leito onde se dorme (dormir é um modo de morrer), repercute em *Romeu e Julieta*, trazendo figuras mais tarde assumidas pelos românticos, em especial por Novalis.

Lembremos o *Cântico*: "Em meu leito, pela noite, procurei o amado de minha alma. Procurei-o e não o encontrei". A última frase constitui uma anáfora importante: "Procurei-o e não o encontrei", logo adiante. Tendo agarrado o seu amor, Sulamita pede às filhas de Jerusalém: "não o desperteis, não o acordeis, até que ele o queira". Tomemos *Romeu e Julieta*: "se o amor é cego, ele concorda melhor com a noite. Vem noite severa, tu, sóbria matrona, toda vestida de negro, ensina-me a perder uma partida já ganha". E mais: "Vem, noite; – vem Romeu, tu dia na noite". O grito doloroso de Julieta ecoa pelo universo: "Vem, noite gentil [...] dá-me Romeu; e quando ele morrer, toma-o e corta-o em pequenas estrelas, e ele tornará tão bela a face do céu, que todo mundo se apaixonará pela noite, e não mais dirigirá orações ao sol brilhante". Há um encontro, em Shakespeare, entre o erotismo poético de origem grega e bíblica. Se acreditarmos em Diógenes Laércio, Platão escreveu um poema para um amante seu, morto muito jovem, cujo nome era Astro: "Admiras os astros, meu Astro. Queria ser o firmamento celeste, para possuir todos os seus olhos para te observar! Outrora brilhavas entre os vivos como a estrela da manhã. Morreste, mas brilhas entre os mortos como a estrela do anoitecer"[15].

Em Novalis, o amor impossível, nostalgia do que poderia ter sido, desejo de união infinita, une-se à fuga da claridade, tornando-se culto erótico da morte: "É na morte que o amor transforma-se em mais doce; para o amante, a morte é uma noite nupcial, um segredo de suaves mistérios". Este imaginário se desgasta, e se torna frio e retórico, no músico Wagner. Em *Tristão e Isolda* pode-se ouvir:

> Para quem contempla amorosamente a noite da morte; para quem ela confiou seu profundo segredo; para tal homem, as mentiras diurnas, glórias e honra, poder e fortuna, com todo seu brilho soberbo, se dissipam como vã poeira de sóis [...]. Nas quimeras derrisórias do dia, só uma aspiração lhe resta [...] o desejo da santa noite, onde, desde toda eternidade [...] o êxtase amoroso o faz estremecer.

Se fôssemos percorrer o itinerário que vem do *Cântico dos Cânticos* até Novalis e Wagner, passando pelos intérpretes alegorizantes do poema na Idade Média, e pelo seu uso poético em Shakespeare, diríamos que os seus avatares seguem o nascimento da subjetividade moderna, um dos problemas mais graves da filosofia contemporânea. Preferi seguir o caminho das interpretações do texto bíblico, desde as que mostravam uma identidade cosmológica e lógica entre o cantor, o intérprete, a natureza, o conhecimento e a imaginação, até o racionalismo clássico, com Spinoza, que nega tal identidade. Seguimos a interiorização do cosmos, desde a saída do antigo lugar alegórico, o mundo lisível pelo signo externo, até o mundo do sujeito, onde tudo se passa pelo símbolo. Hegel chamou a nostalgia infinita de união, baseada na subjetividade, de simples loucura. Mas Hegel é o homem que definiu limites para as artes e para a sensibilidade. Mesmo saborean-

---

15. Diógenes Laercio, *Vida, Doutrinas e Sentenças dos Filósofos Ilustres*, Paris, Garnier Flammarion, t. 1, p. 172.

do a música, ele escolheu Palestrina, Durante, Lotti, Pergolesi, Gluck, Haydn, Mozart porque, segundo ele,

> a quietude da alma não se perde nas composições daqueles mestres. A dor, neles, se exprime certamente. Mas ela é sempre dissolvida, a clara proporção equilibra-se entre os extremos, tudo permanece reunido em formas contidas e prontas, e assim o júbilo nunca degenera em tumulto desenfreado, e o próprio choro proporciona a mais tranqüila pacificação. (*Estética*)

O *Cântico dos Cânticos* ensina, hoje e sempre, que a pacificação idealista é impossível. O desejo dos amantes, como diziam os mestres medievais, nunca se apaga, sempre se reforça, ao infinito. É o que diz a Sulamita, no ponto mais profundo do poema:

> Grava-me, como um selo em teu coração, como um selo em teu braço; pois o amor é forte, é como a morte. Cruel como o abismo é a paixão; suas chamas são chamas de fogo, uma faísca de Javé. As águas da torrente jamais poderão apagar o amor, nem os rios afogá-lo. Quisesse alguém dar tudo o que tem para comprar o amor... seria tratado com desprezo.

Aberta a chaga da subjetividade moderna com o seu distanciamento da natureza, não há retorno possível. Sem Deus, e sem esperanças de imortalidade, somos jogados num mundo onde a inquietude cresce sempre mais, desconhecendo saídas. Baseando-se no trecho acima dos *Cânticos*, sobre a crueldade amorosa, Camões gerou os agora banalizados versos sobre o "contentamento descontente", mas também o espantoso poema sobre Eco, apaixonada por Narciso, onde o escritor, falando de si mesmo, lembra que "os olhos que vivem descontentes, descontente o prazer se lhe afigura". E por que? Responde o vate: "[...] se o amor não se perde em vida ausente, menos se perderá por morte escura; porque, enfim, a alma vive eternamente, e amor é afeito d'alma, e sempre dura". Esta certeza não abole o pêndulo entre paz e inquietude, mesmo nos místicos mais elevados do cristianismo. Quem duvidar leia as páginas lancinantes de Santa Tereza de Jesus, nas "Meditações sobre os *Cânticos dos Cânticos*"[16], não por acaso censuradas pelos diretores espirituais, e hoje só acessíveis

---

16. In *Obras Completas*, BAC, 1986, pp. 421 e ss.

devido ao acaso, que recolheu manuscritos não incinerados daquele poema em prosa.

Os místicos autênticos conhecem a "noite escura da alma". Todo filósofo digno deste nome enfrenta o problema do sujeito e da sensibilidade, sobretudo no campo da paixão. Neste prisma, o *Cântico dos Cânticos* é um convite poderoso ao encanto e ao pensamento, sem rupturas entre estes dois traços antropológicos fundamentais. Afinal, mesmo Hegel admitia que a palavra "sentido" (Sinn), básica para se entender o ente humano, possui [...] dois sentidos: o lógico e o carnal. A filosofia moderna, cujo ápice encontra-se no século XVIII, concentrou-se no lógico. A filosofia romântica mergulhou na carne. A busca do equilíbrio entre os dois lados é tensa. A poesia ensina os teólogos, os antropólogos, e sobretudo os filósofos, a finura das palavras e das imagens. Para isto, nada mais indicado do que meditar sobre os *Cânticos*, obra de pensamento e de poesia, atribuída, não sem razões, ao sábio poeta.

8. JUSTIÇA PARA TODOS?*

O tema assinalado para a reflexão – justiça para todos – é árduo em demasia. Sentimos angústia ao dele nos aproximar. Ele apresenta todas as marcas da experiência definida pela estética filosófica como "sublime". Respeito e temor, de um lado, aspirações nobres da luz natural, de outro, cercam a noção arcaica de justiça. Quando evoco a palavra "arcaica", refiro-me à lógica do termo grego, *arché*, que abarca ao mesmo tempo as origens do mundo e do homem, o poder e o fundamento da *polis*. A noção polissêmica de justiça evidencia o seu aspecto arcaico porque conduz o pensamento sobre o poder para além da finitude, abrindo o horizonte em realidades que transcendem o tempo e o espaço, rumo à divindade ou à natureza. Justiça plena não é destinada aos mortais. Estes apenas conseguem

---

* Palestra proferida no XVIII Encontro Nacional dos Juízes Federais (Campos do Jordão) em 30 de agosto de 2001. Texto publicado pela *Revista Ministério Público e Sociedade*, da Associação Cearense do Ministério Público, ano 2, n. 3, jan.-fev.-mar. 2002, pp. 44 e ss.

entrever, com muitas dificuldades, os traços de superfície da ordem justa. O Mal e o Bem são vistos pelos humanos sem a devida profundeza. E por isto eles se colocam a julgar tudo, do universo à divindade. É assim que surgiu a experiência de um tribunal da razão onde Deus tem sido julgado desde os tempos antigos, constituindo-se o campo imenso da *Teodicéia*.

Platão situa-se no início da longa fieira dos filósofos que defendem as divindades, "os deuses são inocentes". O Mal no universo, entretanto, sempre levantou acusações perenes contra os numes. A solução de Leibniz é conhecida: o Mal seria um problema de perspectiva. Nós, mônadas que espelham o *cosmos*, somos limitados. A nossa percepção do mundo é sempre anamorfótica[1]. Enxergamos tudo distorcido, de modo que a justiça e a bondade nos parecem pervertidas ou enodoadas. Apenas Deus visualiza o todo simultaneamente. Só Ele tem o saber sobre si mesmo. Refletimos outros eventos e seres. Em nosso horizonte a justiça é relativa por necessidade ontológica.

Assim, o tema da mesa e o seu rigor "justiça para todos" pode ser ponderado. A idéia mesma de "pensar" une-se de imediato à de pesar. Pensamento é pesagem de palavras e de conceitos. Todo juiz deve ser um pensador, imagino. A balança depositada nas mãos da justiça é símbolo eloqüente deste

---

1. A visão do mal é como "nestas invenções de perspectiva onde certos desenhos belos parecem apenas confusos, até que sejam relacionados aos seus verdadeiros pontos de vista, onde os olhamos por meio de um vidro ou espelho [...]. Assim as disformidades aparentes de nossos pequenos mundos reúnem-se em belezas ao grande". G. W. Leibniz, *Essais de Théodicée: Sur la Bonté de Dieu, la Liberté de l'Homme et l'Origine du Mal*, Paris, Flammarion, 1969, §147, p. 199. Anamorfose é fenômeno óptico que preocupou muito os pensadores até que suas regras fossem descobertas. Ela coloca em dúvida a percepção do olhar, pois apresenta a possibilidade de o mundo "real" ser disforme. A metáfora de Leibniz, do mundo físico para o moral, é questionável. I. Kant não aceita semelhante passagem do campo natural para o do espírito. Para ele, o "céu estrelado" está diante de mim e a lei moral "está em mim". Apenas a faculdade do julgamento, na Terceira Crítica, permite passar do visível, o *fenômeno*, ao invisível, o *nôumeno*. E isto é possibilitado pela arte, não pela física ou pela moral. Sobre a anamorfose, cf. Jurgis Baltrusaitis, *Anamorphoses, ou les perspectives dépravées*, Paris, Flammarionm, 1984. Do mesmo autor, cf. *Le Miroir*. Paris, Seuil-Elmayan, 1978. Sobre o assunto, cf. Gustav R. Hocke, *Maneirismo: O Mundo como Labirinto*, São Paulo, Perspectiva, 1974.

145

vínculo[2]. Deixem-me ponderar esta moeda que se apresenta hoje para nós, o enunciado sobre a justiça para todos.

Pensadores gregos e personagens bíblicos indicam a frágil consistência de nossa justiça, a sua pobre universalidade. O mais arcaico dos livros sobre a justiça e a política, a *República* platônica, insiste em mostrar que a justiça, para os mortais, é caça fugidia, a qual sempre pode escapar de nossas mãos e inteligências. Permitam-me repetir as palavras dos interlocutores daquele diálogo. Sócrates e Glaucon já definiram as bases harmônicas do governo, com o estabelecimento de quem deve mandar na cidade. Mas isto não basta. É preciso ir mais fundo e atingir a justiça. Mas como encontrá-la? Olhe Glaucon, adverte Sócrates, "agora temos de nos postar em círculo à volta da moita, como caçadores de espírito atento, não vá a justiça fugir por qualquer lado, tornar-se invisível e desaparecer. Pois é evidente que ela anda aí por qualquer canto. Olha então e esforça-te por a descortinares, a ver se a avistas antes de mim e me prevines". A justiça não é evidente, pois habita, afiança o arguto Sócrates, num "lugar inacessível e sombrio, pois é escuro e difícil para a batida"[3]. Resta a esperança de pegar a caça/justiça através de seu rasto. É para isto que Platão redigiu a *República*. Este texto apresenta as pistas para se atingir a justiça. Nenhuma certeza entretanto é concedida, porque a caça depende da boa constituição do caçador, de seu treino, e sobremodo de sua astúcia.

A busca da justiça, determinada enquanto caça que exige destreza do pesquisador, insere-se num pensamento mais amplo sobre o mundo e a existência humana coletiva, onde o conceito mesmo de astúcia define todos vínculos entre os seres. Para os gregos, a *metis* habita todo ente vivo, sendo ela mesma uma forma de vida. Todo ser possui sua astúcia, o peixe a tem. O pescador dela precisa se utilizar. O camaleão e o governante, todos expandem o seu ser através da astúcia. Ulisses é dito *polimetis*, homem de muitas astúcias, e por isto sobreviveu

---

2. Cf. sobre este ponto as análises de Silvio Lima em *Ensaio sobre a Essência do Ensaio*, São Paulo, Saraiva, 1946, pp. 69 e ss.

3. Utilizo a bela tradução portuguesa da *República*, feita por Maria Helena da Rocha Pereira, Lisboa, Calouste Gulbenkian Ed., 3ª edição, 1980, pp. 184-185.

aos horrendos monstros e aos mais violentos inimigos humanos[4]. A arte da caça e a política, bem como o exercício da justiça, têm em comum a própria astúcia. Até os nossos dias a palavra "meticulosidade" constitui um sinal distintivo do bom governante e do juiz competente. A justiça e o governo correto resultam da busca treinada e jamais são garantidos pelo status deste ou daquele indivíduo.

Se entre os gregos a justiça não é um dom, mas deve ser conquistada com diligente inteligência, o Antigo Testamento define que o único juiz e a única justiça efetiva é a divina. O grande enunciado sobre o Deus justo encontra-se no *Livro de Jó*, que serviu até em Immanuel Kant como referência para o problema do mal e da liberdade humana. Lemos no texto sagrado: "Na verdade, Deus não pratica o mal, Shaddai não perverte o direito [...]. Um inimigo do direito saberia governar? Ousarias condenar o justo onipotente?". Se na *República* a justiça se esconde num lugar sombrio, aqui a injustiça, mesmo envolta em trevas, não escapa aos olhos divinos: "não há trevas, nem sombras espessas, onde possam esconder-se os malfeitores. Pois que não se fixa ao homem um prazo para comparecer ao tribunal divino. Ele aniquila os poderosos sem muitos inquéritos e põe outros em seu lugar". (34, 12-24)[5].

Um fato interessante de referência textual ajuda a refletir sobre a justiça e o poder neste *Livro de Jó*. O texto é muito corrompido, cheio de incertezas para o exegeta moderno, cujos parâmetros são dados pela ciência e pela história. Mas a *Septuaginta* e a *Vulgata* trazem um versículo relevante, que ajudou a cultura cristã a pensar os nexos entre o governo e a justiça divinos e o mesmo prisma no campo humano. "Ele faz reinar o homem hipócrita por causa dos pecados do povo"[6]. Dois lados da mesma experiência sobre a justiça, bem apanha-

---

4. O grande texto nosso contemporâneo sobre o tema da astúcia é o escrito de Jean Pierre Vernant e Marcel Detienne, *Les ruses de l'intelligence: La mètis des Grecs*, Paris, Flammarion, 1974.
5. Utilizo a tradução da *Bíblia de Jerusalém* em português. São Paulo, Paulinas, 1973, pp. 928-929.
6. "Qui regnare facit hominem hypocritam propter peccata populi", *Vulgata*, 34, 30. Roma, Marietti Ed., 1959, p. 428; *Septuaginta*, Stuttgart, Deutsche Bibelgesellschaft, 1979, p. 328.

dos por Tomás de Aquino no seu comentário sobre *Jó:* Deus justo, povo injusto. E o resultado disto é que reina o tirano que, bom artista, exerce o julgamento e o poder e por isto ostenta a máscara da justiça, mas só a máscara[7]. Esta doutrina sobre o poderoso enquanto *persona* do ser divino tem origem no *Evangelho de Mateus* sendo de lá que os tradutores latinos e gregos retiraram a idéia da magistratura enquanto máscara: "Porque vos digo que, se a vossa justiça não exceder em muito a dos escribas e fariseus, jamais entrareis no reino dos céus" (5, 20). A justiça é algo que não se exibe, visto que em nós ela é um empréstimo da verdadeira, a divina: "guardai-vos de exercer a vossa justiça diante dos homens, com o fim de serdes vistos por eles" (6, 1). A nossa justiça é falha, unida à vingança e às paixões, entre elas a da vaidade. Esquecemos que somos apenas a *persona* de Deus e nos arrogamos o direito de julgar em última instância. Cautela, "não julgueis para que não sejais julgados. Pois com o critério com que julgardes, sereis julgados; e com a medida com que tiverdes medido vos medirão também [...]. Hipócrita, tira primeiro a trave do teu olho e então verás claramente para tirar o argueiro do olho de teu irmão" (7, 1-5). A justiça humana é cheia de embustes e astúcias . Os que obedecem a justiça divina devem saber, de antemão, que seu destino é mover-se entre serpes. Eles também devem ser astutos como as cobras, porque os homens têm o costume de mandar os justos para os tribunais, punindo neles exatamente a justiça, aprovando o mal. (Mateus 10, 16-17). O ponto culminante da doutrina sobre os poderosos e juízes enquanto máscaras de Deus, encontra-se em Mateus 23: "Na cadeira de Moisés se assentam os escribas e os fariseus. Fazei e guardai, pois, tudo quanto eles vos disserem, porém não os imiteis nas suas obras; porque dizem e não fazem. Atam fardos pesados e os põem sobre os ombros dos homens, entretanto, eles mesmos nem com o dedo querem movê-los" (1-4).

Quanto à justiça, pois, é preciso considerar que as duas vertentes, a grega e a judaico-cristã, não a determinam como acessível de modo íntegro nos limites do tempo e do espaço.

---

7. Cf. *Job un homme pour notre temps: De Saint Thomas d'Aquin, Exposition littérale sur le Livre de Job*, Paris, Tequi Ed., 1980, pp. 458 e ss.

Na versão platônica, a esperança de atingi-la encontra-se no conhecimento e na disciplina de corpos e de mentes. Na ordem do Antigo Testamento e do Novo, ela só pode ser atribuída a um Ser que nos ultrapassa de modo infinito. Para nós, vale a face fenomênica da justiça, a sua superfície, e quem a aplica não passa de uma distorcida máscara divina. Vem daí a insistência do Cristo no termo "hipócrita". Nossos juízes e governos são apenas a *persona* do Absoluto. E a justiça ao nosso alcance é apenas relativa.

A filosofia opera sempre com a passagem do Absoluto, o que não tem amarras espaço-temporais, para o relativo, o finito. No caso da justiça e do poder, ninguém mais do que Blaise Pascal foi adiante na dedução da nossa terrível fragilidade diante do infinito. Deste modo, ele escreveu a sátira mais dura contra os governantes e a justiça dos homens, em pleno século XVII, época do apogeu da monarquia supostamente "absoluta". A coragem de Pascal e de seus companheiros jansenistas lhes valeu a ira de Luís XIV. Espanta, até hoje, saber que o mosteiro de Port-Royal foi salgado, destruído, e os mortos foram extraídos de seus túmulos para receberem a forca, a fim de aplacar a justiça do rei. Se relermos os fragmentos pascalinos sobre a justiça, não apenas no seu conceito, mas na sua execução, e os enunciados sobre o poder, veremos que a violência real tinha motivos. Não só no conceito (sabemos o que disse ele nos *Pensamentos*, com acentuado sabor cético) sobre a justiça que muda segundo os acidentes geográficos e os costumes. A justiça pode mudar de um lado do rio para o outro. Num século que buscava, com Descartes, fundamentos sólidos para a ciência e para o convívio humano, Pascal foi incômodo. Mas fiquemos com o exercício cotidiano do poder e dos tribunais.

Os juízes são atores que portam a máscara da justiça, mas não a exercem de fato. Se eles tivessem a justiça verdadeira "eles não teriam o que fazer de seus bonés quadrados". O costume é descrever o autor dos *Pensamentos* como um místico, crítico da filosofia cartesiana em plano sentimental. Os temas pascalinos do coração, com suas razões que a própria razão desconhece, tornou-se risível lugar comum. Que o Pascal místico e inimigo do pensamento não é o verdadeiro, nós todos sabemos, sobretudo após as pesquisas de Lucien Goldman. Mas é preciso aprofundar as razões pascalinas para definir bem o que ele pensava da sociedade e da política. Um autor importante na análise do tempo, Sainte Beuve, no clássico texto sobre *Port Royal*, diz que a diferença entre Hobbes e Pascal é mínima. Autores de hoje comparam as teses políticas do filósofo às de Maquiavel e de Montaigne. Trata-se de um item do maior interesse, mormente quando no mundo acadêmico se questiona a idéia de um direito natural. Pascal desconfiava daquele suposto direito, o que embaraça os comentadores, sobretudo quando analisam as suas teses sobre o direito de propriedade, o exército, o respeito às autoridades constituídas.

"Há sem dúvida leis naturais", diz Pascal,

mas esta bela razão corrompida tudo corrompeu [...]. Desta confusão ocorre que um diz que a essência da justiça é a autoridade do legislador; o outro, a comodidade do soberano; o outro o costume presente, e isto é o mais seguro: nada, segundo apenas a razão, é justo em si; tudo é abalado com o tempo. O costume determina toda eqüidade, só porque o costume é recebido; este é o fundamento místico de sua autoridade (*Pensées*, Pléiade, frag. 230).

A justiça pode ser ainda mais frívola: *Comme la mode fait l'agrément, aussi fait-elle la justice* (frag. 237). Justiça unida à moda: é um pouco forte, mesmo em nossos dias.

Na época de Pascal domina a estrita conformidade política, pois se trata da França sob o absolutismo instituído por Richelieu, o qual domou a nobreza em Versalhes e impôs à nação o Estado centralizador e centralizado, com um permanente culto ao rei, o qual não permitia oposições internas. As lutas sangrentas de religião, que culminaram na Noite de São Bartolomeu, trouxeram a norma que proibia aos particulares lutar para impor a sua crença acima do Estado. Tudo isso possibilitou, como antecedentes do absolutismo, um clima de medo e de obediência forçada diante do rei e de seus ministros. As heterodoxias religiosas e civis foram banidas. Se no século XVI ainda eram mortos na fogueira os livres pensadores ou ateus, no século XVII eles sequer vinham a público para apresentar idéias. Surgem os escritores anônimos. Não raro, eles eram piedosos na vida civil e críticos ferozes dos dogmas religiosos na existência privada⁸. A censura era eficiente. Além dela, a ação das Academias de ciências, artes, literatura etc. serviu para impor uma ortodoxia do Estado, com o rei no seu ápice. Tudo passou a ser feito para propagar o culto à personalidade do rei.

Pascal considera as idéias de propriedade e as instituições políticas apenas como instituições cômodas para manter a ordem. Elas indicam a servidão do povo. O filósofo pergunta: quem dispensa a reputação dos indivíduos? Quem fornece o respeito e a veneração pelas pessoas, obras, leis, aos grandes, senão a faculdade imaginante?⁹ As riquezas seriam insuficientes sem o consentimento da imaginação.

Mesmo um magistrado venerável, será que ele enuncia suas sentenças sem apego ao imaginário que fere as mentes fracas? Se este mesmo juiz entra numa igreja e o padre apresenta algum defeito (uma barba mal feita, e outros pequenos erros no rosto ou vestimenta) "aposto" diz Pascal, "na perda de sua gravidade". E mesmo o maior filósofo, diz Pascal, andando sobre uma prancha, a maior que se possa encontrar, se em baixo percebe um precipício, embora a sua razão o convença de que está em segurança, prevalecerá a sua imaginação. "Muitos não conseguiriam sustentar o pensamento sem suar e empalidecer".

O pensamento que capta o real é insuportável, como o próprio real. Daí o consolo da imaginação que enfeita o efetivo, dando-nos medo ou encanto, mas sempre nos poupando da verdade, a qual tememos e que pode ser letífera. A retórica usa a imaginação para mudar opiniões, e faz isto não apenas com imagens completas, belas, cativantes. Ela faz isto até mesmo com uma pequena mudança na inflexão da voz. Um tom de autoridade pode mudar até mesmo a opinião de um

---

8. Ainda no século XVIII, a existência dupla é o apanágio dos que pensam contra o rei ou contra a religião de Estado. Diderot foi preso em Vincennes por este motivo, ao escrever a Carta sobre os Cegos. Entre muitos estudos sobre este ponto, cf. Jean Macary, *Masque et Lumières au XVIIIe siècle: André-François Deslandes "citoyen et philosophe", 1689-1757*, La Haye, M. Nijhoff, 1975.

9. Blaise Pascal, *Oeuvres complètes*, Paris, Gallimard, 1964, Coleção La Pléiade, p. 852.

homem que se julga, e é julgado pelos homens, como superior. Nós sabemos, diz Pascal, "que um advogado bem pago previamente considera mais justa a causa que ele defende. O quanto o seu gesto ousado o faz parecer melhor para os juízes, enganados por esta aparência..." Razão engraçada esta, continua Pascal, "que muda com um vento, em todos os sentidos!"

Quem desejasse seguir apenas a razão seria louco. Trabalha-se o dia todo tendo em vista bens imaginários, dorme-se e se acorda para ir atrás de fumaças, à procura desta senhora do mundo. O predomínio da imaginação sobre a razão é uma das causas do erro, mas não a única. E aqui chega a frase satírica e justa:

nossos magistrados conhecem bem este mistério (o predomínio da imaginação sobre a razão), pois usam vestidos vermelhos, arminhos, usam palácios, flores de lis em suas armas. Se os médicos não tivessem nem sotainas nem mulas, e se os doutores não tivessem bonés quadrados e vestidos amplos, nunca teriam enganado (*dupé*) o mundo que não pode resistir a esta mostra tão autêntica. Mas só possuindo ciências imaginárias, é preciso que eles peguem estes instrumentos que ferem a imaginação, à qual eles mesmos se apegam. E por este meio eles atraem para si o respeito. Só os guerreiros não se disfarçam deste modo, porque sua parte é mais essencial, eles se estabelecem pela força, enquanto os demais o fazem através de caretas[10].

Assim, juízes e médicos recebem as flechas de Pascal, com base no seu uso da imaginação e no desempenho de ciências imaginárias. Também os reis são por ele ironizados. Eles se fazem respeitar por se apresentarem sempre com homens em armas, tambores, trombetas, as quais fazem "tremer os mais firmes":

O costume de ver reis acompanhados de guardas, tambores, oficiais, e de todas as coisas que inclinam a máquina rumo ao respeito e ao terror, faz com que seu rosto, quando estão sós e sem os seus acompanhamentos, imprima aos súditos o respeito e o terror, porque não se separa a sua pessoa dos acessórios que sempre vêm junto dele. E o mundo que não sabe de onde vem este costume acredita que ele vem de uma força natural, e daí derivam estas palavras: "o caráter divino está impresso em seu rosto" etc.

---

10. Cf. Gérard Ferreyrolles, "L'imagination en procès", in *Révue XVIIe siècle*: *Pascal*, octobre-décembre 1992, n. 177, 44e année, pp. 469 e ss.

A força mostra seu papel, ao lado da imaginação ou unida a ela. "Não podendo encontrar o justo, encontrou-se o forte", "não podendo fazer com que o justo fosse forte, fez-se com que o forte fosse justo"[11].

Finalmente vem o engano para manter o Estado e a sociedade. "Pelo bem dos homens, é preciso enganá-los com muita freqüência". É estratégico que o povo não sinta a verdade da usurpação. "Ela foi introduzida anteriormente sem razão, ela tornou-se razoável, é preciso fazer com que se a olhe como autêntica, eterna, esconder o começo se desejamos que ela não chegue rápido ao fim". A tese sobre o imaginário e a força, bases do exercício da justiça, encontra seu correspondente na doutrina pascalina sobre o poder. Seguindo a tradição cristã que aponta o juiz e o poderoso como simples máscaras divinas, os *Três Discursos sobre a Condição dos Grandes* enuncia que o ocupante do poder deve se considerar apenas como um náufrago parecido com o rei ausente de uma ilha. O respeito a ele prestado não lhe pertence. O povo se engana, imaginando ser ele o poderoso. O mando lhe vem de Deus, ou da natureza. A sua justiça é incerta como o fundamento de seu poder: a qualquer momento ela pode ser-lhe retirada. E nem a força militar possui fundações estáveis. Cromwell estava para dominar o mundo. De repente, um pequeno grão em sua uretra o colocou no túmulo. O poder que vem da força é limitado, finito, como a opinião que vem do imaginário. Mas os juízes devem temer a força: sempre pode ocorrer um evento em que "um simples soldado arranca o boné de um primeiro presidente de tribunal, e o faz voar pela janela" (*Pensées*, Pléiade, frag. 245).

Justiça para todos. Quanto ao primeiro termo, a filosofia só pode responder com uma busca de sentido, apontar para os inumeráveis desvios de significação que nele se encontram. Justiça, justiças. A força e a política, a retórica e a propaganda definem o campo destes valores, tornando dificílimo determinar lógica e ontologicamente o seu estatuto. Cautela, pois,

---

11. Cf. A. Mckenna, "Deux termes-clef du vocabulaire pascalien: idée et fantaisie", in *Pascal, L'Exercice de l'esprit: Révue des Sciences Humaines*, 244, octobre-décembre, 1996, pp. 103 e ss.

diante da palavra e do que nela se visa. Afirma Pascal, "as palavras diversamente arrumadas proporcionam um sentido diferente, e os sentidos arrumados diversamente produzem efeitos diferentes" (*Pensées*, Pléiade, frag. 66). A justiça e a política são pouco afeitas à razão, mas sim ao imaginário dos homens. Se Platão e Aristóteles, diz Pascal, escreveram sobre as leis e sobre o governo, "era como se eles quisessem regulamentar um hospício; e se pareceram falar destes assuntos como se fosse grande coisa, é que eles sabiam muito bem que os loucos a quem falavam pensavam ser reis e imperadores. Eles entraram nos seus princípios, para moderar sua loucura" (*Pensées*, Pléiade, frag. 294). Não seria preciso Pascal para lembrar esta atitude filosófica. O próprio Platão, na Carta Sétima, diz que

> nenhum homem sério, ocupado por questões sérias, não arriscará colocar no domínio público semelhantes questões [...] quando vemos obras escritas em forma de leis por algum legislador [...] saibamos que isto não é para ele o mais sério. [...] Supondo-se que aos seus olhos estas coisas sejam sérias, e por isto foram escritas, então podemos dizer que não os deuses, mas os mortais, lhe arruinaram totalmente o juízo[12].

A razão aplicada sem cautelas lógicas à política e à sociedade não é racional. Ela se transforma em loucura. O poderoso é um ícone da vida humana e sua forma de ser o coloca apenas no ápice da *Stultifera navis* da humanidade, sempre à deriva. Peço licença para abordar, justo como um complemento das enunciações pascalinas, a lembrança do juiz extremamente racional, cujo livro é uma das maiores fontes para a análise do poder em nossos tempos. Refiro-me às *Memórias de um Doente de Nervos*[13] do presidente Daniel Paul Schreber e às observações a seu respeito em *Massa e Poder* de Elias Canetti[14].

---

12. Tradução de Leon Robin, *Oeuvres de Platon*, Paris, Gallimard, Coleção Le Pléiade, 1950, vol. 2, p. 1214. Cf. *Letter VII in Plato*, vol. IX, Loeb Classical Library, Cambridge, Harvard University Press, 1975, pp. 541-542.

13. Edição francesa: *Mémoires d'un névropathe*, Paris, Seuil, 1975.

14. Uso a edição brasileira da Universidade de Brasília. Melhoramentos, Brasília, 1986, pp. 493 e ss. Também me valho da tradução francesa: *Masse et puissance*, Paris, Gallimard, 1960, traduction R. Rovini, pp. 475-476.

Segundo Canetti, Schreber é paranóico e a sua doença liga-se diretamente ao poder. Ela é a normalidade dos homens numa sociedade de massas. No delírio, o juiz alemão insere a própria massa dos homens em seu corpo e em sua alma, digerindo-a. Os homens não existem para ele enquanto indivíduos autônomos, mas se diluem em multidões de pequenos entes ameaçadores.

> Qualquer tentativa de análise conceitual do poder será mais pobre do que a clareza da visão de Schreber. Todos os elementos das circunstâncias reais estão nela: a intensa e contínua tração sobre os indivíduos que irão se reunir numa massa, sua intenção duvidosa, sua domesticação, sua miniaturização, o fato de se amalgamarem no poderoso que representa o poder político em sua pessoa [...] o sentimento do catastrófico que está vinculado a tudo isso, uma ameaça à ordem universal.

Nos Testamentos, judaico e cristão, Deus é o único poderoso e o único justo. Com Schreber ficamos informados de que Deus, detentor do poder, tem partidos e seu reino reúne províncias. Para aumentar o seu mando, Deus elimina os homens incômodos. A impressão que temos ao ler o livro do juiz alemão, diz Canetti, é que "Deus está em guarda, como uma aranha, no centro da teia política". Quando se percebe que na terra um Salvador representa Deus, e Schreber sintetiza em sua pessoa o Soter religioso e o político, captamos a extensão da paranóia instalada no indivíduo que ocupa o cargo de julgador dos homens e de mando sobre eles.

Alguns comentadores de Schreber, como o psicanalista Lacan, afirmam que nele encontra-se a razão das Luzes levadas ao paroxismo. Mas existe uma enorme distância entre o ideário sobre o papel de juiz nas *Memórias de um Doente de Nervos*, e as perspectivas dos *philosophes* no século XVIII. Para isto, basta consultar o verbete da *Encyclopédie* diderotiana, sobre o juiz:

> Como somos demasiadamente expostos a ceder às influências da paixão quando se trata de nossos interesses, considerou-se bom, quando muitas famílias se reuniram num mesmo lugar, estabelecer juízes e revesti-los do poder de vingar os ofendidos, de modo que todos os membros da comunidade foram privados da liberdade oferecida pela natureza. Depois, tratou-se de remediar os males que a intriga ou a amizade, o amor ou o ódio, poderiam

causar no espírito dos juízes nomeados. Foram feitas leis sobre este ponto, as quais regulamentaram a maneira de dar satisfações às injúrias, e a satisfação que as injúrias requeriam. Os juízes foram submetidos às leis; foram atadas as suas mãos, após terem sido cobertos os seus olhos para impedi-los de favorecer alguém; é por isto [...] que eles devem dizer o direito, e não fazer o direito. Eles não são árbitros, mas intérpretes e defensores das leis[15].

O juiz das Luzes interpreta a lei, o personagem de Schreber disputa com o artífice das leis, na tentativa de se fazer Deus. "Um doente mental", enuncia Canetti, "que passou seus dias vegetando numa clínica, pode, pelos conhecimentos que proporciona, ser muito mais significativo do que Hitler ou Napoleão, e iluminar a humanidade a respeito de sua maldição e de seus senhores". Nas *Memórias*, Schreber indica que as tentativas de dominação que sofreu por parte de seres minúsculos se caracterizavam sobretudo pelas perguntas e ordens. Comenta Elias Canetti: "Como instrumentos do poder, ambas são bem conhecidas; como juiz, Schreber mesmo as tinha manipulado exaustivamente".

Dentre os desejos de Schreber, está o de invulnerabilidade frente à massa dos mortais, além da volúpia de sobreviver à custa dos subordinados, a mais forte inclinação dos poderosos. Deus é o máximo poder. Schreber termina sua delirante narrativa com um "fato" essencial. Enquanto juiz e poderoso, "tudo o que ocorre refere-se a mim. Eu me converti para Deus no homem absoluto ou no único homem, em torno do qual tudo gira, ao qual deve ser relacionado tudo o que ocorre e o qual, a partir do seu próprio ponto de vista, também deve referir todas as coisas a si mesmo".

Justiça fugidia em Platão, inacessível plenamente ao homem nos textos bíblicos, exercida em plano cósmico e político na *persona* de Schreber, juiz poderoso e isolado de todos os demais homens, por ele percebidos como simples mortos. A paranóia, doença do mando, torna quem deveria ser apenas a máscara divina em rival de Deus. Suas sentenças seriam tão absolutas quanto as do ser divino. Ele distribui justiça para todos, *sine ira et studio*, mas apenas no conjunto, nunca visan-

---

15. *Encyclopédie raisonée des Arts et des Métiers*, de D'Alembert et de Denis Diderot. Utilizo a edição em CD da Redon, Paris, 2000.

do indivíduos. Estes estão amalgamados num todo indistinto. O comentário de Canetti sobre a atitude do juiz que domina, soberano, o mundo social, e para quem os homens nada significam a não ser que sejam integrados numa multidão, é perfeito: "Vêm-nos à lembrança algumas representações da iconografia cristã: anjos e santos, todos apertados lado a lado feito nuvens, às vezes como nuvens de verdade, nas quais apenas olhando-se com muita atenção percebem-se as cabeças individuais". Tal é delírio totalitário *in nuce* na razão paranóica, e que tantos poderosos e magistrados a eles afins tentaram impor, desgraçando milhões de individualidades. Aqui, o "todos" têm uma consistência monstruosa, pois exclui as partes, de uma forma ou de outra.

Desculpando-me pela impertinência, passo ao último ponto de minha fala, o âmbito da força enquanto verdade última da justiça, enunciada por Pascal. Antes, ainda uma nota sobre o paranóico: ele se percebe cercado. "Seu inimigo principal jamais se contentará com atacá-lo sozinho. Sempre procurará atiçar contra ele uma malta odiosa, soltando-a no momento exato. Os membros da malta a princípio se mantêm ocultos, podem estar por toda parte". O vínculo da força e a desconfiança produziram os organismos secretos de vigia sobre os dominados em todos os regimes políticos autoritários do mundo moderno. Para o poderoso que só conhece a lógica da força, todos conspiram contra ele. Se o seu nome é Luiz XIV ou Napoleão, Hitler ou Stálin, Vargas ou..., é preciso vigiar os submetidos. E eles são uma totalidade compacta e homogênea. Indivíduos, para os poderosos da história ou segundo Schreber, simplesmente não existem: estão diluídos em massas compactas. O poderoso desmascara, com a polícia política, os supostos indivíduos, reduzindo-os a um todo, o inimigo da França, do Reich, do proletariado, do povo brasileiro. Arrancada a máscara de cada um dos vigiados e presos, o poderoso os integra naqueles universais abstratos, o campo dos seus amigos e o dos seus inimigos, pois é seu suposto dever e missão julgar o mundo, como se ele fosse Deus. Aos seus olhos, todos conspiram para que ele, poderoso, morra. Só ele, inocente, pode sentenciar milhões à morte.

Se Schreber enunciou a lógica do isolamento que marca os poderosos e os magistrados dos tribunais de exceção, se um paranóico diz algo muito real sobre a essência do mando político autoritário, a lógica da espionagem governamental foi enunciada de modo perfeito por um inimigo jurado da democracia, Donoso Cortés. No "Discurso Sobre la Dictadura" (1849), ele diz que mais desce o nível da fé em Deus na sociedade, e mais o poder precisa emprestar a onisciência divina, além da onipotência. Chega um dia em que o governo diz:

> temos um milhão de braços, mas não bastam. Precisamos mais, precisamos de um milhão de olhos. E tiveram a polícia e com ela um milhão de olhos. Apesar disto [...] o termômetro político e a repressão política deviam subir, porque, apesar de tudo, o termômetro religioso baixava, e subiram. Não bastou aos governos um milhão de braços, não lhes bastou um milhão de olhos. Eles quiseram um milhão de ouvidos, e os tiveram com a centralização administrativa, pela qual vieram parar no governo todas as reclamações e todas as queixas. [...] Mas os governos disseram: não me bastam, para reprimir, um milhão de braços; não me bastam, para reprimir, um milhão de olhos; não me bastam, para reprimir, um milhão de ouvidos; precisamos mais, precisamos ter o privilégio de nos encontrar ao mesmo tempo em todas as partes. E tiveram isto, pois se inventou o telégrafo[16].

O texto é do século XIX. Depois disto, quantos olhos e ouvidos, quanta ubiqüidade ganharam os governos que têm a força e desconfiam dos subordinados!

Encerro minha fala. Em resumo, sublinho que o tema posto em debate, justiça para todos, precisa ser encarado com delicadeza máxima. Em primeiro lugar, porque a noção de justiça pode ser transposta dos deuses para os homens poderosos, os quais se colocam como os grandes justiceiros da sociedade, ditando regras loucas mas fortes a que todos devem submeter-se. A história do nazismo e do stalinismo, a crônica das ditaduras brasileiras, tudo isso aconselha prudente desconfiança e sadio empirismo no trato da justiça. Razão em demasia na vida política e jurídica pode conduzir à gênese de personalidades como a do presidente Schreber, protótipo dos poderosos modernos. O segundo ponto que desejei mencionar é o

---

16. In *Obras Completas de Donoso Cortés*, Madrid, BAC, 1970, vol. 2, p. 318.

quanto os que mandam guardam desconfiança absoluta diante dos subordinados. Esta falta de fé só pode ser atenuada em regime democrático. Neste, como não existem deuses dirigindo os destinos dos cidadãos, não ocorrem muitos segredos de Estado[17]. Para defendê-los, nenhuma instância pode se arrogar

17. "Uma boa parte do prestígio de que gozam as ditaduras deve-se ao fato de lhes ser concedida a força concentrada do segredo, que nas democracias se reparte e se dilui entre muitos", (Elias Canetti, *Massa e Poder*, Universidade de Brasília, p. 329). Todo este capítulo de *Massa e Poder* sobre o segredo é vital para a existência política brasileira nestes últimos tempos. O documento seguinte entrará para a história do Brasil, como sinal de um grave retrocesso na vida política nacional: "O mais grave, Senhor Procurador-Geral, é que vários documentos ilegalmente apreendidos têm caráter reservado e confidencial, sendo alguns deles de classificação secreta, e ainda assim tiveram ampla e indevida publicidade, através de jornais e televisão. Aliás, segundo informações do Comando Militar da Amazônia, durante a invasão, foi notada a presença da jornalista Andréa Michael da *Folha de S. Paulo*". E mais: "Os documentos apreendidos, repita-se, não têm qualquer pertinência com o objetivo da Medida Cautelar de Exibição de Documentos de onde extraiu o Mandado de Busca e Apreensão, alguns são sigilosos e reservados, outros têm classificação secreta, e até a presente data não foram restituídos ao Ministério da Defesa (Comando do Exército)". São apontadas também "evidências de que membros do Ministério Público Federal seriam os responsáveis pelo vazamento do teor dos documentos com classificação secreta, atitude que, salvo melhor juízo, merece ser amplamente investigada nas instâncias penal e administrativa". Cf. Gilmar Ferreira Mendes, ao Procurador Geral da República, Geraldo Brindeiro. *Consultor Jurídico*, 1 de setembro de 2001. Quem lutou durante anos contra a ditadura militar, com a sua doutrina de segurança nacional, sabe perfeitamente o que significa "segredo de Estado". Mas se as evidências se encaminham todas no sentido de que os documentos secretos afirmam que direitos constitucionais dos cidadãos podem (e devem) ser arranhados por organismos que deveriam agir segundo a lei, se milhares de seres pensantes puderam ler na *Folha de São Paulo* monstruosidades tirânicas, então cabe a pergunta: quem a Advocacia da União representa, na verdade? Qual a base da soberania? Todas estas questões fazem recordar um pretérito que teima em não morrer, o passado produzido por juristas como Francisco Campos, e seus pares do período militar. A franqueza era a virtude daqueles autoritários, inspirados na doutrina da soberania da contra-revolução, a mesma que gerou o decisionismo brutal: "Souverän ist, wer über den Ausnachmezustand entscheidet". Não mais o povo, mas os dirigentes do Estado detêm a decisão sobre o direito. Cf. Carl Schmitt, *Politische Theologie: Vier Kapitel zur Lehre von der Souveränität*, München-Leipzig, Duncker & Humblot, 1934. Getúlio Vargas, embalado por esta doutrina, afirmou: "O Estado não conhece direi-

o direito de, com mil ou um milhão de olhos, ouvidos, braços, telégrafo, rádio, TV, jornais, Internet, destruir a intimidade dos indivíduos e a sua forma íntegra. Na democracia, a justiça considera as pessoas uma a uma, jamais subsumindo-as em pretensos coletivos, totalidades ontológica e logicamente superiores aos átomos sociais. Justiça para todos significa justiça para cada um dos humanos. Nesta ordem, é inadmissível e monstruoso que organismos secretos tenham o direito de "arranhar" ou de abolir os direitos individuais ou as prerrogativas das pessoas reunidas em movimentos, partidos, igrejas.

Justiça para todos? Talvez, mas como avaliar a decisão que devolve aos organismos de espionagem documentos onde se confessa a tranqüila violência contra os direitos supremos da cidadania? Os representantes do poder executivo entram com procedimentos contra os procuradores da República, tentando lhes aplicar penalidades por "abuso de autoridade". Os que decidem no tribunal aceitam argumentos como a "segurança do Estado", quando a imprensa, no caso a *Folha de São Paulo*, mostra cópias dos mesmos documentos onde brasileiros são definidos como "prejudiciais" à vida nacional, operando os órgãos de informação como se ainda estivéssemos sob a égide do AI-5. Não sou jurista. Mas além de pagar impostos que mantêm os três poderes, estudo um pouco a questão do Estado, tendo inclusive um doutoramento sobre o assunto na França, país onde se originaram as liberdades democráticas. Considero estranho que o termo "Estado" entre nós conote organismos de espionagem contra os compatriotas. Desde muito tempo, pelo menos desde a época em que a Revolução Francesa declarou os direitos do homem, e acabou o absolutismo do rei – cujo marco mais evidente foi o famoso *L'État c'est moi* – o "Estado" é o conjunto da cidadania. Basta dos

---

tos de indivíduos contra a coletividade. Os indivíduos não têm direitos, têm deveres! Os direitos pertecem à coletividade!" (Discurso de 1 de Maio de 1938, citado por L. W. Viana, *Liberalismo e Sindicato no Brasil*, Paz e Terra Ed., 1976, p. 213). Se a franqueza de nossos políticos "realistas" fosse maior, a Constituição deveria ser redigida no sentido de enunciar: "todo poder emana dos dirigentes (no executivo, legislativo, judiciário, com seus adendos, como o exército) e em seu nome será exercido".

grupos, de direita ou de esquerda, que no pretérito, em Moscou ou Berlim, praticaram todos os crimes imagináveis e não imagináveis em nome da segurança do Estado. Elias Canetti disse um dia que tendo o homem inventado o inferno, infinitos seriam os horrores que poderíamos esperar deste ser "racional". Devem encontrar segurança contra o inferno autoritário os indivíduos que trabalham e sacrificam suas forças em prol do bem comum, nunca os espiões que não se pejam de conviver disfarçados, de jornalistas ou com outra máscara, e ousam julgar os seus irmãos, que os chefes apontam, sem provas e com dolo, como "inimigos" ao modo de Carl Schmitt.

Justiça para todos? Se os documentos apreendidos pelos procuradores da República enunciam monstruosidades subversivas como as que todos lemos é preciso decidir: ou o Estado é aquele onde o povo detém a soberania e no qual todo poder só pode exercitar-se em seu nome, ou ele resume-se ao executivo e aos seus pretores, esbirros e similares. Como cidadão que freqüentou as cadeias da ditadura militar, não aceito a maneira pela qual os procedimentos daquela época são mantidos, apenas mudando-se os nomes, reiterando-se a mesma doutrina paranóica e antidemocrática sobre a "segurança nacional", a mesma polícia secreta à qual se atribui o privilégio de julgar quem é bom cidadão brasileiro, e à qual se permite violar a intimidade das pessoas, atentando contra as garantias constitucionais.

Isto constitui, de fato e de direito, a suprema injustiça. Que os espiões e seus líderes saibam: com a pretensão de se julgarem deuses consagrados pela onisciência, eles sim integram o número das "forças adversas" que destroem na raiz a justiça, a fé pública, componentes *sine qua non* do regime democrático e das liberdades individuais e coletivas. Enquanto existirem espiões pagos pelos contribuintes e cidadãos, agindo de modo conspiratório e marcados pela paranóia, tenho a certeza de que não haverá justiça, nem para cada um, nem para todos nós.

9. A SOBERANIA NACIONAL*

Os pensadores políticos e jurídicos, ao descrever o Estado e a soberania moderna, definiram três marcas essenciais do poder público, nos regimes autoritários ou democráticos. Só o soberano monopoliza a força física. Ninguém, a não ser ele, pode manter polícias e forças armadas na defesa (ou agressão) do país. É crime armar milícias particulares para impor supostos direitos, erguer cárceres particulares, invadir, armas na mão, um território estrangeiro sem ordem do Estado, como no caso dos mercenários. Só o soberano possui o monopólio da ordem jurídica. É crime particulares produzirem normas obrigatórias a serem obedecidas pelos outros particulares, sem que o Estado as sancione. A lei deve ser universal, mantida pela força física, o primeiro monopólio enunciado. Só o soberano possui o monopólio da taxação do excedente econômico. É crime contra o soberano cobrar impostos e taxas, sem a sua devida autoriza-

* Palestra proferida na Unicamp para um grupo de filosofia política, em 27.03.2002.

ção, ou de seus representantes. Tais monopólios são a essência do Estado e da soberania moderna.

No século XIX e início do XX imperou a tese do antiestatismo. Isto produziu, irresponsavelmente, massas desempregadas com algum treino técnico e científico. Elas foram tangidas pelos fascismos, para surpresa dos burgueses, que imaginavam ser o Estado nazista apenas um chicote para disciplinar trabalhadores. Embora muitos empresários tenham lucrado com o negócio totalitário, as burguesias precisaram agüentar as bestas feras no topo de um Estado monstruoso. Esta lição foi temporariamente aprendida e, após a Segunda Guerra, surgiu o *Welfare State*, buscando manter as formas jurídicas do Estado, (a força, o direito, a taxação), e minimizar a exploração dos trabalhadores com meios compensatórios, na educação, na saúde etc.

Os gastos com esses programas são enormes. Tendo em vista as modificações tecnológicas e financeiras do mercado internacional, mesmo os países de economia forte, como os EUA e as potências européias, não conseguiram manter os benefícios sociais sem aumentar impostos e controles sobre as grandes corporações industriais e bancárias. Com isso, elas rumaram para os pontos do mundo onde estão livres, pelo menos em parte, dos custos sociais e políticos na produção do lucro. Nesta época os países pobres, mas ricos em matéria prima e mão de obra, como o Brasil, anunciavam nos jornais europeus e americanos: "Venham poluir em nossa terra". Tempo das ditaduras sangrentas na América do Sul, na África e na Ásia. Com a democratização, as vantagens oferecidas aos capitais tornaram-se incertas. Nações como a Coréia iniciaram um plano de produção, valorizando, via Estado, as universidades e o ensino básico, com frutos positivos para a sua economia interna e externa. No Brasil, sem jamais investir em ciência e tecnologia, os empresários acostumaram-se aos subsídios, acumulando riqueza particular pela manipulação dos bens públicos.

Desse modo, nossos empresários foram surpreendidos pela velocidade de capitais e indústrias migrantes, o germe da "globalização". Não apenas produtos de alto valor técnico, como no caso da informática (estagnada no país por falta de recursos na pesquisa e excesso de dinheiro na corrupção política), mas bugigangas dominaram o mercado oficial e o "informal". As ruas paulistanas, cariocas, recifenses, curitibanas etc., evidenciam a cegueira dos governantes e empresários brasileiros, com sua criminosa fuga da responsabilidade básica: formar um povo, educacional e corporalmente, tornando-o capaz de produzir muito e bem.

O Estado brasileiro não situa-se entre os poderosos do globo terrestre. Se naqueles lugares as multinacionais abandonam cidades inteiras no desemprego, na busca de "condições ótimas" para o lucro, o que ocorre em países sem força? Masao Miyoshi mostra que, das cem maiores unidades econômicas da economia mundial, mais de cinqüenta são transnacionais e não Estados-nações. George Soros conseguiu 1,1 bilhão de dólares em 1993, ultrapassando o produto bruto de quarenta e dois países, embora isto o tenha feito, no *ranking* das companhias mais lucrativas dos EUA, ocupar apenas o trigésimo sétimo posto (Cf. M. Miyoshi, "A Borderless World? From Colonialism to Transnationalism and the Decline of the Nation-State", *Critical Inquiry*, 19, 1993).

Esses pontos relativizam o caráter "global" das transnacionais. São os Estados pobres, sem ciência, técnica, poderio militar, os vencidos pelas corporações. Elas também pressionam os EUA, o Japão, a Alemanha, a França. Mas nestes países especuladores como Soros situam-se em lugar bem menos elevado no *ranking* dos poderosos. Naqueles Estados se localizam as sedes das "multi"-nacionais. Embora existam colisões entre os que as dirigem, e os burocratas dos respectivos governos, as colusões ocorrem entre seus programas. Se aqueles Estados deixarem de exercer soberania sobre as pretensas "trans" nacionais, eles sofrerão sua atividade predatória. Mas os EUA, o Japão, vários integrantes da Comunidade Européia, mantêm sua soberania, aproveitando-se das corporações para impor chantagens inauditas aos países dominados. As "trans"-nacionais, por sua vez, usam o poderio militar e econômico dos seus países para obter vantagens. Os ultimatos do Nafta ao Mercosul integram a política que dita aos governos fracos até as tarifas que eles podem cobrar. Através de seus Estados, as corporações intimidam os demais, deles retirando o monopólio sobre o excedente econômico.

Nos EUA, a indústria bélica produz e aperfeiçoa técnicas nos *campi* universitários, com mão de obra científica que resulta de muito dinheiro aplicado na pesquisa. Ninguém gasta em armamentos, só para abastecer o mercado clandestino, sem pátria. É claro que este comércio traz lucros para empresas e governos, na sua face corrupta. O caso "Irã-Contras" ilustra isto. A venda de armas para "movimentos" em países com governos fracos ajuda a política do "dividir e imperar", e produz lucros. O brutal investimento científico na produção de armas liga-se, nos países hegemônicos, à imposição, intra e extrafronteiras, do próprio monopólio da força, da norma jurídica, da taxação do excedente econômico.

Os EUA, com povos explorados no seu interior, precisa exercer o monopólio da força física. A Nação Islã, que inicia a "produzir, vender, comprar, estudar, falar, rezar em black", conta com setor armado. Logo, conflitos étnico-territoriais se anunciam. Percebendo isto, os burocratas federais desestimulam a dominação integradora usada até agora. A política de cotas para as "minorias" troca-se em proveito do controle físico. No plano externo, é comum o apelo às armas quando "aliados" periclitam. O show da "Guerra do Golfo", onde a mídia aceitou a censura, transformando-se – ao contrário do que ocorreu na guerra do Vietnã – em puro instrumento propagandístico dos EUA, não deixa dúvidas quanto ao funcionamento do *big stick* na "diplomacia" estadunidense. Ao contrário do que se propala sobre a "globalização", o Estado existe nos EUA, apesar de todas as dificuldades, as quais nunca deixaram de ameaçar esta instituição, desde que Richelieu organizou, contra os nobres, o primeiro Estado burocrático e centralizador moderno.

Circula no mundo, hoje, mais de um trilhão de dólares de capital especulativo. Além disto, é incalculável o dinheiro que ultrapassa fronteiras dos países, sem conhecimento dos governos, burlando o fisco. A soberania política é usurpada por corporações organizadas dentro do Estado, como os Bancos Centrais, cujo poder supera os ministérios, parlamentos, judiciários. Este mando é irresponsável jurídica e politicamente:

ninguém vota nos dirigentes daqueles feudos. Eles, a cada instante, nos países fracos, dão golpes de Estado financeiros, atingindo impiedosamente a população como um todo e a atividade produtiva. Os "planos" de estabilização agridem direitos constitucionais, com a conivência dos Legislativos e Judiciários.

Não ocorre um sumiço do Estado nacional soberano, nas terras de forte economia, excelente técnica e ciência, grandes armamentos. Dá-se a nítida apropriação das decisões por setores burocráticos, calando o povo soberano ou seus representantes eleitos. Encastelados no Bird, no FMI, no Banco Mundial, e nos Bancos Centrais, barões dessa burocracia chantageiam as comunidades políticas. Isto nos países onde o Estado se mantém. Nos dominados, como o Brasil, tais grupos governam através das "autoridades econômicas", que servem aos seus pares dos organismos mundiais e são humildemente servidos por presidentes, ministros etc.

Entre os bens que o Estado tem o direito de controlar, está o saber, a informação. Nesse contexto, é preciso analisar a ciência, o saber e o poder em países dominados. Traço essencial de toda burocracia é o segredo do cargo. Os usurpadores da soberania, nos Bancos Centrais e nos órgãos externos, abusam desse privilégio. No escuro, foram preparadas as "reformas" do Estado brasileiro. Impossível examinar com lucidez o nosso problema universitário, sem discutir o nexo entre soberania (os monopólios do Estado na ordem física, jurídica, econômica) e o seu atual exercício de fato, definido pelos "executivos" das indústrias "trans"-nacionais e seus primos, os funcionários do setor financeiro estatal. Estes novos barões governam com uma rede de pares, instalados nos organismos estatais, econômicos, universitários. Ali, eles reduzem tudo à "administração eficiente", voltada para o nexo custos/lucros.

Muitos reitores, mesmo de universidades públicas brasileiras, seguem o figurino desenhado por Alfonso Borrero Cabal, no seu relatório para a Unesco: a responsabilidade universitária é para com as corporações (Cf. *The University as an Institution Today*, Unesco, 1993). Estas, milagrosamente, nos países subdesenvolvidos, ajudariam as universidades com recursos para a pesquisa. Famosa "parceria", exigida pelo

MEC, com a "iniciativa privada". E o que devem os cientistas brasileiros passar às corporações? Dados sobre os aspectos produtivos, políticos, econômicos do país, agenciando técnicos submissos aos dirigentes "trans"-nacionais, que passam a monopolizar os arcanos, base de toda república.

DESAFIOS ACADÊMICOS

Não existe seita em geometria; ninguém se diz um euclidiano, um arquimediano. Quando a verdade é evidente, é impossível que se elevem partidos e facções.

VOLTAIRE, *Dicionário Filosófico*

1. O ENSINO MATEMÁTICO E CIENTÍFICO NO BRASIL

Os resultados dos exames escolares, nos quais o Brasil ficou em último lugar, nos envergonham. Grande culpa deste ponto negativo cabe aos governos antigos e recentes de nossa pátria. Num relatório, o próprio Bird confessou, há pouco tempo atrás, que antes de 1964 o Brasil possuía o melhor ensino público de segundo grau na América do Sul. Com o golpe de Estado e após acordos lesivos ao nosso país, como o MEC-USAID, a privatização (receita imprudente aplicada até hoje sem modificações pelos burocratas que só conhecem a "lógica" do mercado) foi imposta aos referidos níveis de ensino.

Os ginásios públicos foram abandonados, os salários dos professores destruídos, os mestres caluniados como "incompetentes". Resultou a conhecida melhoria do ensino particular, com os vestibulares seletivos, as cruzinhas emburrecedoras e a mera decoração de fórmulas, da matemática à história. Distorceu-se a universidade pública, dela banindo-se por longos anos a maior parte dos formados na escola oficial. Primeiro arruinou-se a escola oficial e se valorizou a particular, depois foi erguida a barreira do vestibular seletivo, supostamente avaliador de conhecimentos mas, na verdade, representando pequena mudança no método mais retrógrado de ensino: a decoração de fórmulas, o "macete" para resolver problemas em matemática, química, física etc. Na ditadura, fora as exceções de praxe, pouco se ensinou a pensar em matemática e nos demais domínios do intelecto. A invenção foi prejudicada em proveito de técnicas repetitivas.

Mais grave do que o engessamento das mentes jovens com os cursinhos para passar nos exames vestibulares, é a falta do ensino das ciências e das matemáticas entre a população pobre que freqüentou a escola pública. No *Plano de Universidade para a Rússia*[1], Diderot acentua a importância das matemáticas na vida civil e nas ciências e recomenda o seu ensino desde a mais tenra idade. Na Alemanha, diz ele, o cálculo serviu aos camponeses como arma de luta contra os nobres. Com a Reforma luterana, todos aprenderam a leitura para seguir a *Bíblia*. Com isto, rudimentos de cálculo foram oferecidos aos pobres nas escolas religiosas. Foi o que bastou para que os pequenos proprietários não mais aceitassem as mentiras dos ricos, tanto no preço pago pelos produtos, quanto na quantia negociada pelas terras. Os nobres passaram a odiar o ensino de base, porque ele produzia independência entre os camponeses. O cálculo não apenas ajudou a mudar a situação econômica dos pobres, mas também lhes possibilitou novas percepções políticas e jurídicas, além de atenuar, neles, a superstição que se passava por religiosidade.

Em suma, entusiasta das matemáticas (a lenda de seu desconhecimento deste ramo de pesquisa foi desmentida por trabalhos importantes no seculo XX, como o de J. Mayer, *Diderot: Homem de Ciência*), Diderot as considerava um dos exercícios mentais estratégicos para a instauração de uma sociedade livre e democrática. "Eu começo o ensino pela aritmética, álgebra e geometria", diz ele no *Plano de Universidade*, "porque em todas as condições da vida, desde a mais elevada

---

1. Texto acessível em língua portuguesa em bela tradução das *Obras de Diderot* por J. Guinsburg, São Paulo, Perspectiva, 2000.

até a última das artes mecânicas, tem-se necessidade destes conhecimentos. Tudo se conta, tudo se mede. O exercício de nossa razão se reduz amiúde a uma regra de três. Não há objetos mais gerais do que o número e o espaço". Aprender matemática, afiança Diderot, é o modelo básico do bom pensamento crítico, pois possibilita que as crianças experimentem "modelos de raciocínio de primeira evidência e da verdade mais rigorosa.

É a esses modelos que a criança comparará em seguida todos aqueles que lhe proporcionarem e cuja força ou fraqueza terá de apreciar, em qualquer matéria que seja". Deste modo, diz o filósofo, "a geometria é a melhor e a mais simples de todas as lógicas; a mais própria a dar inflexibilidade ao julgamento e a razão. É a lima silenciosa de todos os preconceitos populares, de qualquer espécie que sejam". Aos interessados no ensino público, recomendo vivamente essas páginas do grande idealizador da *Enciclopédia*, arma poderosa na gênese da Revolução democrática de 1789.

No Brasil, com a política de terra arrasada contra a escola pública elementar, feita após o acordo MEC-USAID mas mantida até os nossos dias, as pessoas pobres foram afastadas do ensino científico e técnico, sobretudo no campo das matemáticas. O resultado aí está: último lugar no mundo, com fracas esperanças de recomeço feliz. É possível mudar esta violência espiritual. A universidade pública tem muito a contribuir para isto, desde que os governos e a sociedade civil assumam políticas responsáveis de educação popular, incluindo saberes básicos, como os matemáticos, físicos, químicos, biológicos.

Mas os donos do poder preferem que o povo soberano se distraia com novelas e repelentes exibições de intimidades, em Casas de Artistas ou de Ratinhos. É bom repetir: antes do golpe de Estado de 1964, o nível de nosso ensino elementar era o mais elevado na América do Sul. Hoje, à força de dramalhões repetitivos e burros, seguimos para a barbárie. Governos, universidades, igrejas, movimentos civis, todos devem tentar a correção desta infâmia, é o mínimo que se pode afirmar depois dos fiascos recentes.

2. PARADOXOS DA CIÊNCIA E DA TECNOLOGIA BRASILEIRAS*

A crise da universidade une-se às fraquezas dos Estados nacionais, sobretudo nos países pobres. Façamos uma retrospectiva do problema. Após a Segunda Guerra Mundial, ocorreram duas fortes mudanças científicas e tecnológicas. A primeira foi a aplicação de capitais em técnicas inovadoras (energia nuclear, automação, produtos sintéticos, computadores, eletrônicas). A outra deu-se nos anos de 1960, com a segunda geração de computadores eletrônicos, sintéticos e novas técnicas de comunicação.

Na primeira, deu-se a passagem do trabalho intensivo na indústria para o capital intensivo como centro da acumulação, em escala mundial. Na segunda, passou-se do capital intensivo para a tecnologia e saber intensivos. Surgiram novas indústrias baseadas na tecnologia de ponta e com conteúdos científicos. Esses fatos aconteceram nos países do norte. Os

* Publicado na *Folha de S. Paulo*, 20.06.2002.

seus efeitos se fazem sentir na quebra das barreiras nacionais. Esses países aumentam em escala inusitada o controle da tecnologia, das informações, dos serviços (sobretudo as finanças), enquanto o trabalho intensivo domina o sul, sem que ele passe para a outra fase. Desse modo, ocorre uma uniformização econômica mundial, orientada segundo as opções dos Estados que possuem bases técnica e científica para acumular lucros, sob gerência de elites nacionais, mas com impacto multinacional.

Dadas as péssimas condições salariais nos países atrasados, pesquisadores e docentes universitários tendem a migrar rumo aos "centros de excelência". Os enormes investimentos para definir instituições superiores de ensino e pesquisa nos países pobres acabam "fugindo pelo ralo". Milhões são gastos na produção de uma infra-estrutura de pesquisa e docência, mas isso não garante a existência digna da mão-de-obra intelectual. Forma-se um verdadeiro exército de reserva de mão-de-obra relativamente barata para os países ricos, mas difícil de ser recuperada pelas nações que deram o adestramento aos intelectuais.

O Brasil tem absorvido enorme quantidade de produtos de alta tecnologia dos EUA (computadores, *softwares*, instrumentos hospitalares, semicondutores, aparelhos de comunicação). Onde, no país, encontra-se produção científica e tecnológica capaz de atenuar esse fato em proveito da capacitação para a concorrência em termos internacionais? Nas universidades públicas, em especial no Estado de São Paulo. Existe uma política séria para formar e reter a mão-de-obra intelectual especializada no país? A resposta é negativa. Milhões foram postos na infra-estrutura formidável das três universidades oficiais paulistas e nos institutos de pesquisa. Mas, por falta de visão estratégica, os cientistas e docentes não recebem salários capazes de retê-los.

Todos os recursos aplicados pelo governo nas universidades, que geram muitas divisas para o Estado e para o Brasil, coexistem com os salários insuficientes dos pesquisadores e docentes. Entramos na lógica que inviabiliza os esforços dos países africanos e de outras terras empobrecidas, ou seja, a via de integrar o número dos povos que hoje produzem exércitos acadêmicos de reserva para os países desenvolvidos.

Outros traços dificultam a correta remuneração dos professores. Não se definiu, quando da autonomia outorgada pelo poder executivo estadual, um instituto de previdência. Resulta um passivo nas contas das universidades. Esse problema só pode ser vencido com muita percepção, por parte dos governantes e administradores universitários, de quanto vale investir um pouco mais nos docentes que se aposentam, se forem levados em conta os riscos do êxodo.

Diferentemente das infâmias assacadas contra os pesquisadores que se aposentam, o respeito pelo seu trabalho seria, além de tudo, prudente forma de retê-los, e os seus sucessores, no país. As intervenções das autoridades acadêmicas e dos movimentos docentes têm se pautado pelo empirismo, melhor diríamos, são desorientadas pela improvisação, o que traz percalços inevitáveis na luta em defesa da pesquisa nos *campi*. Uma instituição que exibe os mais elevados índices de competência científica opera com sua própria essência de modo diletante. Esse paradoxo custa muito ao povo brasileiro. É tempo de partir para atos unificados e bem nutridos de conhecimentos e técnicas políticas e legislativas, dentre as quais não é de menor importância a questão tributária.

3. PRESSUPOSTOS DA AUTONOMIA UNIVERSITÁRIA*

Vivemos dias importantes para todas as instituições públicas nacionais. Após a ditadura militar, com a frágil democratização política e social, o Estado de direito foi estabelecido na letra da Carta Magna. É preciso, desde já, recordar o perigoso precedente na origem da própria Constituição de 1988. Foi recusado ao povo brasileiro o direito basilar de sua existência soberana, no ato mesmo em que lhe foi subtraída a formação de uma Assembléia Constituinte. Elaborada pelo Congresso Nacional que se autoproclamou constituinte, a Lei Maior brasileira recebeu, com inequívocas formulações democráticas e justas, certas marcas dos antigos representantes, muitos deles acostumados a obedecer ao Executivo ditatorial ou a servir interesses privados que usurparam verbas, subsídios e direitos no longo governo castrense. Desse modo, vários dispositivos constitucionais, como a obrigatoriedade da in-

* Publicado na *Revista da Adunicamp* n. 2, novembro de 1999. Na internet: http://www.adunicamp.org.br/publicações/revista2.

versão de recursos para o ensino público, foram ameaçados no governo Sarney, Collor, Itamar e na atual administração, através de medidas provisórias que, a pretexto de corrigir e administrar a economia, confundida na maior parte das vezes com o interesse do mercado, retira aqueles recursos das áreas sociais, sem que seja possível contestar o roubo.

Dentre as formas democráticas presentes na Constituição de 1988, impõem-se as idéias e preceitos ligados à autonomia. A autonomia universitária não está isolada no documento maior de nosso direito público e privado. Pelo contrário. Os *campi* são proclamados autônomos, na mesma ordem semântica e doutrinária em que são abertos os caminhos para a autonomia de outros setores do Estado. Como adianta uma competente jurista, em artigo na Revista da Procuradoria Geral do Estado de São Paulo, a Dra. Anna Candida da Cunha Ferraz, com o título de "A Autonomia Universitária na Constituição de 5 de outubro de 1998", "consiste a autonomia na capacidade de autodeterminação e de autonormação dentro dos limites fixados pelo poder que a institui". A Federação é o único ente que detém soberania plena, cuja fonte encontra-se nos povos que a constituem. Os estados brasileiros gozam de autonomia, não de soberania absoluta. Unidos em Federação, não podem ver abolido, suprimido, alterado ou restrito, o seu aspecto "autonômico fixado pelo texto da Lei Maior, seja para interpretá-lo, seja para lhe dar aplicação".

Caso um dos poderes federais ou estaduais deseje recusar esse traço, deixa de existir respeito à norma que integra a *ratio essendi* da própria Constituição, o que seria um claro golpe de Estado. Como resultante sadia e rigorosa, outras entidades nacionais, como os municípios (artigos 34, VII, "C"), o Poder Judiciário (autonomia administrativa e financeira, no artigo 99), e o Ministério Público (artigo 127, §2) têm autonomia funcional e administrativa. Todas essas medidas servem enquanto engaste no qual se insere o artigo 207, que assegura às universidades autonomia didático-científica, administrativa e de gestão financeira e patrimonial.

A autonomia do Poder Judiciário é referida explicitamente, apesar de estarmos sempre na incerteza de sua essência no Brasil, enquanto o poder estatal, que deveria ser independente e harmônico "em relação aos demais, segundo preceitua o artigo 2º da Constituição Federal". A jurista adianta algumas razões para essa lembrança do legislador. Mas não se refere a um elemento determinante para semelhante referência da Constituição. Após duas fortíssimas ditaduras no século XX, a de Vargas e a dos militares, o Poder Judiciário foi cerceado de todos os modos, e um deles foi a dependência excessiva em face das determinações dos ministérios, em especial os de ordem financeira e de segurança. Quem viveu os dias de Francisco Campos, o autor da famosa "Polaca", e do AI-5, percebe muito bem o significado desta explícita menção à autonomia do Judiciário.

Também ao Ministério Público foi assegurada autonomia, "cujo conteúdo expresso na Constituição abrange a autonomia funcional e a autonomia administrativa". Também neste plano, os óbices que impediam norma, de ordem histórica e política, são conhecidos. O legislador procurou diminuir a influência do poder na busca de proporcionar justiça ao povo soberano.

Como resultado incipiente dessas autonomias, do Judiciário e do Ministério Públicos, tivemos vitórias significativas do Estado de Direito contra a renitente ditadura do Poder Executivo. Este, através de verdadeiros e freqüentes golpes de Estado, definiu planos econômicos que feriram até o fundo o direito público e particular. Os planos Cruzado, Bresser, Collor e o Real reúnem uma soma impressionante de roubos e seqüestros da economia popular, corrigidos apenas em parte pelos tribunais. Se não existisse a autonomia, os prejuízos para a ordem do direito democrático seriam ainda maiores. No bojo daqueles planos, ocorreram inúmeros atentados ao tesouro nacional, em várias instâncias e modos.

O Ministério Público ajudou a diminuir, em parte, a impunidade dos corruptos, abrigados sempre à sombra do Executivo ou dos setores que, nos outros poderes, como o Legislativo, a ele se subordinavam, sem autonomia e sem vergonha. Durante todo o processo das chamadas "privatizações", negociatas inauditas na pátria brasileira, em único benefício de grupos financeiros poderosos, desnacionalizando empresas estratégicas para a soberania do país, era comezinho ler na imprensa os ataques, orientados diretamente do Palácio do Planalto e da Esplanada dos Ministérios, contra juízes e promotores, sobretudo por ocasião de liminares justas, legais, competentes que vetavam as negociatas com dinheiro público. Nesta orquestração, o sr. Mendonça de Barros e outros do mesmo naipe, como o sr. Sergio Motta, se distinguiram, insultando as togas e os advogados.

Os frutos do conúbio entre Poder Executivo com os grupos financeiros internacionais começam hoje a se evidenciar, graças à autonomia do Judiciário e do Ministério Público, o que lhes garante a inimizade na Câmara Alta do Parlamento. Se esteve sempre solícito para obedecer sem nenhum rubor os ditames de um poder que deveria ser apenas autônomo em relação a ele, com isto beneficiando ladrões do erário, o Senado de nossa República não poupa meios para destruir os direitos sociais e coletivos, que têm na justiça o seu último recurso. Sobre este mar de lama, contrário à noção mais elementar do direito público, o presidente do Congresso, notória figura do arbítrio oligárquico, lança campanhas demagógicas contra a pobreza no país. E boa parte da imprensa amplia o truque sofístico.

A plena autonomia do Judiciário e do Ministério Público surgiu para atenuar os males das ditaduras, que formaram uma ética na qual o Executivo tem todos os direitos, e os demais poderes e instituições apenas deveres, ou apenas o direito de negociar seus direitos, traduzindo isto em vantagens pessoais ou corporativas. Sem autonomia, os juízes e promotores nem sequer poderiam atenuar o permanente esbulho jurídico e financeiro praticado pelo poder Executivo e seus afins. Basta olhar o quadro dos contribuintes para a arrecadação federal, notando que nossa receita não consegue recolher impostos dos grandes conglomerados financeiros e das grandes fortunas. Mas o governo arranca impiedosamente, na fonte, dinheiro da classe média. Na própria circulação das mercadorias, as classes pobres pagam impostos. Tudo isto mostra o quanto é importante a autonomia na instituição jurídica. E num país onde o procurador geral da República, sr. Brindeiro, suposto defensor do patrimônio público, se refestela com o "seu, o meu, o nosso dinheiro" em convescotes na ilha de Fernando de Noronha, numa atitude que deveria levá-lo ao pedido imediato de demissão. Mas, "restituindo" parte do dinheiro ilicitamente usufruído, aquela autoridade continua ilesa no cargo, abalando ainda mais a frágil fé pública em nosso país. Todos esses pontos integram o *ethos* e a permanente estratégia do Executivo Federal de intimidar, corromper, silenciar tudo e todos que se interponham entre ele e os grupos que o financiam, e aos quais ele financia com nosso suor e lágrimas, em bilhões de dólares.

Graças aos promotores, às togas, a diminutos grupos de jornalistas éticos, entretanto, esses costumes e atos estão sendo descobertos, discutidos, execrados pelo povo, o suposto detentor da soberania. A continuar as explícitas mostras de corrupção e de arrogante ilegalidade do Executivo Federal, cada vez menos será possível subtrair fatos gravíssimos do conhecimento cidadão. Os índices de popularidade exibidos pelo governo FHC mostram bem que é possível responder negativamente à pergunta de Frederico II, aquela mesma que o monarca, dirigindo-se à sua Academia, formulou: "É útil mentir para o povo?" A mentira corre solta na política do atual governo brasileiro. Não sabemos até quando ela trará dividendos aos seus titulares.

Começamos, em 1999, a mesma descida governamental rumo aos movimentos que produziram a queda de Fernando Collor, mas agora por motivo de rombos ainda maiores nos cofres públicos do que os praticados no período de governo daquela autoridade. Da autonomia dos tribunais e dos promotores, que salvam a República de uma falência moral e também econômica, na medida em que impedem a venda absoluta de todo o Estado, passemos à autonomia universitária. Volto a citar a dra. Anna Candida: "A autonomia universitária vem consagrada no texto de nossa Lei Maior, em seu artigo 207. Coube à Constituição de 5 de outubro de 1988 elevar, pioneiramente na história da universidade no Brasil, a autonomia das universidades ao nível de princípio constitucional".

Na Constituição de 1988, como se viu, as garantias universitárias entram num rol de autonomias, visando a atenuar o poder ditatorial do Executivo. Cito novamente a jurista, que não pertence a setores radicais juvenis, como o esquerdismo, nem labuta nos grupos atacados pelos realistas, sempre atentos a possíveis negociações que lhes tragam lucros e prejuízos para quem paga efetivamente as contas:

> Uma primeira e relevante observação deve ser extraída do preceituado no artigo 207 e diz respeito à natureza da norma constitucional quanto à sua eficácia e aplicabilidade. O princípio autonômico assegurado às universidades pelo constituinte originário tem seus contornos definidos em norma auto-aplicável, bastante em si, na lição da doutrina clássica, ou em norma de eficácia plena e de aplicabilidade imediata [...].

É insofismável o preceito constitucional. Mas, como sabemos, a arte política entre nós reside especialmente na manipulação sapiente dos sofismas.

4. ÉTICA E PESQUISA CIENTÍFICA*

Ética e ciência constituem palavras e práticas polissêmicas, que abrem a mente para realidades distintas, pressupostos e instrumentos os mais diversos. Diante da vida humana geral e das múltiplas formas onde se corporificam as ciências, é muito forte a tentação do nominalismo. Aquelas determinações constituiriam, no máximo, universais vazios sob cujo nome escondem-se formas alheias umas às outras, reunidas arbitrariamente.

De início, apresento rápidas considerações ao redor da ética. Em nosso tempo, em especial no Brasil, existe grande confusão entre o campo ético e o moral. Esta falta de clareza conduz, não raro, a situações complexas e aparentemente sem saída nos debates acadêmicos e públicos. Há na fala cotidiana e mesmo na política, para não nos referir aos debates jurídicos, uma passagem ambígua e pouco justificada entre a ética

* Palestra ministrada no Encontro Nacional de Química, Unicamp, Campinas, 2001.

e a moral. O mais comum é se imaginar que a primeira possui caráter imperativo, como se ela reunisse uma tábua de valores e normas a serem aplicadas aos casos particulares surgidos nos laboratórios, na administração universitária e nos institutos de pesquisa, sobretudo no que diz respeito ao trato com os sujeitos humanos. De modo semelhante, dá-se à moral um estatuto rígido, como se ela estivesse vinculada aos campos mais restritivos dos juízos comportamentais.

Uma sumária inspeção no campo filosófico, onde nasceu o conceito de ética, mostra que esta última, no pensamento grego, integra a doutrina geral da virtude, sendo que tal noção, a chamada *areté* na língua grega, *constitui um fato coletivo*. A ética reúne num só lance as práticas hoje distantes, mas na Grécia antiga conexas, da *economia* (o correto uso dos recursos dos lares e a adequada gestão dos meios e riquezas comuns à família, pois a raiz *oikos* recolhe o sentido mais geral e mais antigo do vocábulo), da *política* (definindo-se esta prática como um prolongamento da economia, pois agora trata-se de bem ordenar a riqueza e a pobreza da cidade/Estado, levando-se em conta tudo o que se relaciona, nesse âmbito, com os negócios da *polis*). Finalmente, temos a retórica, o modo pelo qual devem os cidadãos dirigirem suas falas à assembléia na defesa de pontos de vista estratégicos, quando se tratava da guerra, interesses grupais ou jurídicos. Se a economia e a política precisavam ser pensadas em campos fixos, permanentes, a retórica, pelo contrário, tinha o privilégio da instabilidade. A palavra que origina o termo retórica (*rhein*) indica justamente o que flui, o que não encontra obstáculos fixos à sua operação. Se a riqueza econômica e o bem público só poderiam ser tratados dentro de limites fixos, pois eles eram a substância estável, permanente, a *ousia* do coletivo, a palavra dos cidadãos, sempre instável e polimorfa, não podia receber limites na assembléia ou nos tribunais. Ser livre, na Grécia, significa possuir o direito de falar sem obstáculos físicos ou espirituais. Uma das virtudes políticas por excelência era a *parrhesia*, a fala sem amarras, concedida apenas aos cidadãos livres.

Quem tinha o costume de tratar as coisas públicas adquiria as referidas "virtudes", sendo nelas treinado desde o final da infância. Desse modo, agir segundo os padrões definidos pela cidade, nas assembléias guerreiras ou pacíficas, ou nos tribunais, tornava-se algo "natural", feito sem maior esforço da mente ou da vontade, algo automático. A essa forma de agir em coletividade, adquirida e operada sem muitas reflexões é o que se definia como *hexis*, o hábito, o costume, donde a palavra "ética". A política, a economia, a retórica, todos esses prismas da vida grega, reunidas sob o vocábulo *hexis*, existiam como uma realidade visível. Nada era passível de ser escondido dos olhos cidadãos. Os atos virtuosos eram praticados na assembléia e nas praças públicas, nos campos de treinamento e nas guerras. O exemplo visível possibilitaria a imitação, a *mimesis*, dos atos e falas livres. Aprender a cidadania era um treino do olhar e dos gestos, que deveriam repetir o modelo, o paradigma proposto para ser obedecido e seguido. "Paradigma" surge no campo da língua antiga que se liga a *deiknumi*, cujo sentido em grego é "mostrar", "indicar". Quando acrescido da partícula "para", significa "mostrar, fornecer um modelo". A raiz *deik* refere-se ao ato de mostrar mediante a palavra, mostrar o que deve ser seguido. Daí na noção de paradigma ser estratégica a união com a palavra *dike*, a lei, a regra. Sigo a lição do grande lingüista Émile Benveniste.

A idéia da publicidade da lei, ainda hoje imperante em nossa vida política, surge daí. A lei, o modelo ou paradigma, era esculpida em caracteres grandes e posta diante do olhar de todos, para que ninguém a ignorasse. A cultura grega é essencialmente um exercício do olhar. Donde as palavras que até hoje guardamos de "teoria", visto que *theorein* é olhar, contemplar a natureza, a *physis*. A ética entre os gregos não se contrapunha à moral. Não tinha sentido falar-se em uma consciência moral oposta à ética, ao modo de ser coletivo.

O primeiro grande abalo do bloco ético, que operava na visibilidade tanto em termos políticos quanto em termos de pensamento, de pesquisa, do qual temos notícia, e que nos marca até hoje, é o caso de Sócrates. Este pensador desejou ter razão contra a ética da cidade. Foi julgado e condenado por isto. Ele inaugurou a longa linhagem dos que sustentaram a autonomia do indivíduo diante do coletivo. Sócrates pode ser dito o pai da moral. A fonte de valores e o paradigma migram da visibilidade, do público, para a consciência invisível dos sujeitos. Essa tendência se exacerbou no século XVIII, com Rousseau e I. Kant. Basta lembrar deste último as derradeiras frases da *Crítica da Razão Prática*: "duas coisas enchem meu coração de respeito. O céu estrelado diante de mim, e a lei moral em mim". O céu estrelado, a visível pesquisa empreendida por Newton. A lei moral em mim, a invisível e sublime experiência dos valores, exposta por Rousseau. O céu estrelado, a ciência que opera com fenômenos, o que vem à luz. A lei moral, algo que só eu posso atingir, no meu íntimo.

No pensamento moderno, que atualizou os conceitos gregos para a vida no campo do Estado nacional, e não mais no pequeno espaço da cidade Estado, e na sociedade civil, o termo "ética" foi profundamente marcado pela filosofia alemã, a que mais influenciou, com as categorias geradas pelas Luzes francesas, o mundo do pensamento sobre o agir político e moral após o século XVIII. Na filosofia alemã, a torsão socrática, a quebra entre ética e moral, se estabeleceu de modo constrangedor. A ética foi atenuada ao máximo, em proveito da moral. Como reação a esta hegemonia da moral, o pensamento do século XX acentuou desmesuradamente o ético, o coletivo e visível. E não é bom sinal que o reforço do ético tenha sido feito justamente nas sociedades totalitárias na Alemanha, na Itália, na URSS.

Embora produzindo uma quebra entre ética e moral, o pensamento germânico entende a primeira de modo coerente com as raízes gregas, como o conjunto dos costumes visivelmente adquiridos ou ensinados aos grupos sociais e aos indivíduos. A ética torna-se, no dizer de Otto Pöggeler, a linha das condutas que se tornaram hábitos assumidos sem maiores debates. Os franceses e os ingleses diriam, com mais propriedade, os preconceitos que se tornaram normas de vida em comum, aceitos como se fossem fatos da natureza, como se existissem desde sempre. Em princípio não há distinção maior entre "ética" e "moral", dado que os dois conceitos derivam dos hábitos, dos *mores*. Como indiquei, a "moral", por força do pensamento de Immanuel Kant, passou a designar, no século XVIII, o campo invisível da consciência inacessível dos indivíduos, os valores radicalmente diversos dos enunciados científicos. Kant analisou a ciência na *Crítica da Razão Pura*, pensando-a como algo que deveria interessar a todo ser humano pensante, independente dos valores religiosos, estéticos ou políticos dos sujeitos. O mundo dos fenômenos, a ciência no entender do filósofo, tem como pressuposto a visibilidade: quando penso no tempo e no espaço e nele reúno sinteticamente os elementos empíricos, a sua diversidade, eu os meço, os experimento, faço isto diante dos outros cientistas, no limite, diante de todo ser humano capaz de pensamento e de reflexão. Um enunciado científico deve ser mostrado, verificado, controlado pela reunião dos pesquisadores. Se permanece invisível à comunidade científica, ele pode até ser verdadeiro, mas não é objetivo.

O ideal de objetividade une-se ao de visibilidade do que é conceitualizável, das coisas sobre as quais se fala, pois a ciência se faz com o que vem à luz, dado que fenômeno deriva do grego *phos*. Assim, a ciência no seu complexo opera, ela mesma, da maneira como os gregos entendiam a própria ética, de modo visível, fenomênico. Não por acaso a *Crítica da Razão Pura*, dedicada à ciência, pensa a si mesma como "teoria", o campo do olhar, em contraposição à *Razão Prática*, onde o olhar é inadequado. Kant cita no frontispício da *Razão Pura* o enunciado de Francis Bacon: na ciência, "falamos sobre as coisas, calamos sobre nós mesmos". Na moral, deduz Kant ao longo da *Razão Prática*, falamos de nosso agir, não nos escondemos atrás das coisas.

Se a moral residisse no campo científico, o da visibilidade, pensa Kant, ela seria presa de outras determinações do mesmo campo científico. Após o controle dos experimentos, o juízo da comunidade científica anui que um fenômeno é objetivo. Ele passa a usufruir, pelo menos temporariamente, da característica de "necessário". Se o juízo moral fosse necessário nesse sentido, a liberdade humana seria vã. O mundo moral, ao contrário do mundo físico e biológico, não possui o caráter de fenômeno, não é visível, não pode ser controlado por experimentos, não é objetivo. O mundo moral reside apenas na consciência dos sujeitos, na sua razão. O setor moral da vida humana foge da luz física e só pode ser experienciado na invisível subjetividade.

Assim, o mundo moral não pode ser pensado no campo visível. Ele é o mundo do "nôumeno" (do grego *nous*, pensamento ou razão) e jamais do fenômeno. A ciência desconhece o moral para se estabelecer. Não existe um "fenômeno moral" que devesse fazer, experimentalmente e nos laboratórios, com que todos os sujeitos anuíssem com a sua necessidade. Uma força física, o complexo de conceitos e experimentos que ela supõe, é estranha aos valores morais. Por outro lado, os valores morais não podem ser determinados com os mesmos parâmetros das forças físicas. Se um objeto x sai de um outro objeto y e percorre o espaço em certo tempo e com certa intensidade, atravessando o objeto z num certo momento, tudo isto pode ser somado, controlado, definido segundo a objetividade e a necessidade, segundo as determinações físicas. Se o objeto x for uma bala e o objeto z for meu pai, tudo muda de figura. Assim, não se faz, segundo Kant, ciência com moral, nem moral com ciência. Ambas, embora harmonizáveis (e a Terceira Crítica de Kant, a *Crítica da Faculdade de Julgar* procurou estabelecer a passagem, a harmonia entre os dois reinos, o da objetividade e o da subjetividade) não são sintetizáveis de modo imediato. Muitas mediações devem ser feitas entre moral e ciência para que uma não prejudique a outra.

Com essa bipartição kantiana entre o noumênico e o fenomênico, e com a recusa da visibilidade ética, a moral foi reduzida à invisível consciência individual, tornando-se uma questão a ser assumida tanto pelo cientista, pelo político, pelos homens comuns, de modo autônomo frente à ciência e frente à vida coletiva. Esta última pode ser encarada como fenômeno e inserir-se num conjunto de dados submetidos à necessidade. Com isto, os setores do direito, das regras morais, religiosas etc., se definem como algo além da ciência, residindo apenas na consciência. É importante notar: ao contrário dos juristas do século XX, sobretudo dos que assumiram o chamado "positivismo jurídico", como Hans Kelsen, Kant nunca fala numa "ciência do direito". Sendo um campo de regras vinculadas à moral e à liberdade, o direito só pode ser dito como uma "doutrina", nunca como uma ciência ao modo da física. Esta última, por sua vez, sendo uma ciência, nada tem a dizer sobre o direito. O campo da ciência é o fato, o fenômeno, o que aparece e pode ser controlado objetivamente. O campo do direito move-se ao redor do "dever-ser", dos valores que só têm uma existência, totalmente diversa dos entes e movimentos físicos, na consciência dos sujeitos humanos. Um ato político, jurídico ou moral, segundo Kant, pode ser bom ou péssimo. Mas ele não se experimenta nem se prova cientificamente.

A bipartição kantiana passou a ser um embaraço para todos os que desejavam analisar a ciência e a moral no âmbito coletivo, para além do sujeito individual. Contra Immanuel Kant, pensadores como Hegel procuraram mostrar que, embora não fosse científica, a moral encontrava um campo visível e no entanto livre, não absolutamente necessário, e que este campo seria justamente o da ética. Enquanto a moral kantiana se prendia ao indivíduo, tornando-se um dever-ser (um imperativo) e jamais chegando ao ser (privilégio da ciência), a ética, tal como proposta por Hegel, não deixaria de todo o coletivo mas iria considerar o comportamento da sociedade, algo visível, e não apenas o que estaria presente na invisível consciência dos indivíduos. Com Hegel, amplia-se a extensão da ética, em detrimento da epistemologia, algo que teve em Kant o seu ápice moderno. Este problema, o descompasso entre ética e epistemologia, foi herdado pelos movimentos políticos marxistas e socialistas. As conseqüências foram trágicas. O caso Lyssenko na URSS é apenas um episódio de semelhante falta de reflexão ao mesmo tempo ética e epistemológica.

Na *Filosofia do Direito* Hegel indica que a ética, embora pertença ao mundo dos valores e dos hábitos, pode ser verificada e ser colhida de modo não subjetivo. Hegel parte da seguinte idéia: a ética não é de todo livre para os indivíduos de uma sociedade existente, histórica. Os indivíduos nascem num tempo e num espaço definidos e num coletivo cujos valores se expressam em hábitos comuns, não pertencentes apenas a esta ou aquela pessoa singular. O *ethos* grego é traduzido por Hegel com a palavra *gewohnheit*, hábito, que não se exerce na invisível consciência individual mas numa sede (*sitz*) comum a muitos indivíduos. A ética é o modo pelo qual muitos indivíduos agem em comum com os mesmos padrões de comportamento, desde os corporais até os espirituais. Assim, os indivíduos que agem de certo modo, possuem certa língua comum, usam traços semiológicos comuns para se comunicar com os seus semelhantes, partilham uma ética, a qual pode, perfeitamente, ser visível a todos os que compõem o universo pensante e particularmente visível e significativa para os que possuem as chaves de interpretação dos sinais particulares a um grupo, a uma sociedade, a um povo.

Agir no mundo ético é operar como se cada um de nós estivesse "em casa". Um alemão sente-se "em casa" quando encontra outros alemães. Um francês idem. Um alemão católico sente-se ainda mais em casa se encontra outros alemães católicos. Um alemão católico e físico, sente-se mais em casa quando encontra outro que possui as mesmas marcas espirituais, os mesmos hábitos, os mesmos métodos, as mesmas fórmulas para analisar o mundo. E assim por diante. Quanto mais os signos utilizados (e produzidos pelos homens no tempo histórico) forem comuns, mais "em casa" estará o indivíduo. E surge o grande problema: o hábito comum não seria um obstáculo para que os indivíduos percebessem que suas atitudes, valores etc. poderiam ser nocivos ao grupo e aos próprios indivíduos? Um preconceito partilhado coletivamente não deixa de ser preconceito.

É a partir dessa dúvida que a ética se dedica ao estudo, à pesquisa das variações comportamentais ao longo da história humana, dos povos e dos grupos em seu interior. A ética procura descrever os costumes de cada povo ou grupo e deste modo a antropologia é uma das suas mais eficazes auxiliares. Descrever de modo rigoroso, sem aplicar ao grupo estudado normas e valores alheios a ele, tal é o primeiro passo da ética. A base desta descrição segue, em princípio, a exigência definida por Spinoza ainda no século XVII: "não rir, não chorar, mas compreender". Só após captar os valores de um conjunto social determinado pode a reflexão ética compará-los aos hábitos de outras comunidades.

Assim, a ética pretende atingir um âmbito mais amplo de valores do que a moral, sem prender-se aos indivíduos que os empregam, como seria o caso da moral subjetiva. Se é verdade, como queria Immanuel Kant, que a ciência não se faz com a moral, e vice-versa, não é menos verdade que os hábitos dos cientistas integram num grupo com determinações mais amplas do que as individuais. Um cientista possui hábitos comuns com o seu grupo de referência e pode ter seus atos e pensamentos acompanhados por este grupo. A comunidade dos cientistas, por sua vez, insere-se num determinado coletivo nacional e este integra o que se pode chamar o todo da comunidade internacional da ciência. A passagem lógica e prática dos indivíduos ao universal não é mais, como em Kant, da ciência à moralidade, sendo uma visível e a outra invisível, mas entre níveis diversos de visibilidade.

Se um indivíduo for brasileiro, os signos entre os quais ele se move, que definem a ética da sociedade em que ele nasceu e vive, adquirem determinada figura. Mas se ele, além de brasileiro, é protestante, os signos que determinam o seu agir diferem dos que movem os católicos, os ateus etc. Se ele pertence ao grupo dos pesquisadores, digamos, da química analítica, os signos e atitudes que deve aprender, que deve exercitar, que deve ampliar e atualizar, são bem diversos dos que são exercidos, digamos, na física experimental ou nas matemáticas aplicadas.

O mundo da ciência, como o universo social que o envolve, pode ser descrito como uma seqüência de esferas, cada uma com a sua lógica e com uma ética próprias. A esfera maior, o Estado, encarrega-se de administrar de modo geral todas as demais esferas. Em cada um desses círculos os indivíduos devem aprender os sinais, os gestos, a linguagem que lhes são próprias. Do culto religioso às instituições científicas (onde se desdobram várias linguagens, vários signos, vários gestos paradigmáticos), os indivíduos aprendem a distinguir o que pertence a cada uma das esferas, não introduzindo por ignorância ou por arbítrio da vontade o que é habitual numa delas em outras. Eles aprendem que é imprudente ou simplesmente errôneo introduzir o que é próprio do religioso no científico, no estético, no político etc. Caso contrário, a mistificação se instala em todos esses domínios. Impor uma religião invocando "razões científicas", ou uma "ciência" como se religião fosse, é obra de suma incultura. Em nossos dias, é imensa a multidão de ex-cientistas que lucram muito com a prática desta passagem antiética. Uma boa descrição de semelhantes práticas encontra-se no saboroso livro de Michel de Pracontal, *L'Imposture Scientifique en Dix Leçons* (Paris, La Découverte, 1986).

É importante a pretensão da ética à concretude, contra a vazia abstração da consciência apenas moral, da consciência própria aos indivíduos. É concreto, neste plano, o que resulta da síntese de muitos particulares, de muitas determinações. O concreto é a unidade de todos os opostos, sendo portanto um ponto de chegada na reflexão humana, jamais uma base de partida. Um exemplo hegeliano dessa concretude: o concreto não é a raiz de uma árvore, nem os seus galhos ou tronco, nem menos as suas folhas ou flores, e também não são os elementos naturais que a sustentam. O concreto é o todo, o qual só pode ser atingido, provisoriamente, como resultado do pensamento que pesquisa, não como pressuposto apenas. Só atinge a concretude a mente que soube deixar a abstração das partes isoladas. Assim a moral seria a veleidade de se falar sobre o todo, partindo-se de supostas partes isoladas umas das outras, os chamados indivíduos humanos. Estes existem e devem ser levados em conta. Mas jamais se atinge a concretude das comunidades mantendo-se a reunião de indivíduos isolados, como se eles fossem independentes das totalidades onde nascem, vivem, morrem. Se é verdade o enunciado de Leibniz, de que não existe um só ente igual ao outro no universo (a imagem usada por Leibniz também é de ordem vegetal, pois ele fala que "nenhuma folha possui exatamente o mesmo verde de uma outra"), também é verdade que nada poderia ser dito dos indivíduos sem levar em conta o que eles possuem em comum, o que adquiriram de maneira coletiva. Se ninguém nasce químico analítico, nem por isto deixa de ser verdade que "ser químico analítico" só passa a ter sentido para os indivíduos no interior da comunidade visível, ética, que se determina segundo paradigmas, linguagem, metodologias etc. daquele ramo científico. Não existe nenhum "químico analítico inefável, intangível, invisível". Tudo o que um sujeito que se move neste campo do saber faz, enuncia, ou é novo para os seus pares e por isto precisa ser comunicado, ou é conhecido por eles. Todos estes traços definem a ética de seu grupo, a qual é diferente da que define o coletivo dos físicos, dos artistas, dos matemáticos etc.

A ética, desse modo, não se imiscui de modo arbitrário, com uma tábua de valores particulares e externos à prática deste ou daquele grupo social, deste ou daquele povo, deste ou daquele segmento do saber. Ao contrário da moral, a ética não pode falar a partir do dever-ser, mas de como é um determinado coletivo, como ele age, como ele se constituiu histórica e socialmente. Sei bem que isto pode chocar muitas pessoas que pensam de modo contrário. Mas estou expondo o modo pelo qual se constituiu a noção da ética moderna.

Mas se é desse modo que age a análise ética, quando será possível, e como, encontrar os limites ao agir desta ou daquela comunidade humana? Quando os seus hábitos mostrar-se-ão benéficos ou maléficos à humanidade? Apenas e tão somente no campo mais amplo e inclusivo do Estado, onde todos os agrupamentos se reúnem e se definem uns em relação aos outros. Cabe ao Estado, reunião de todos os indivíduos, classes, movimentos, dos químicos analíticos aos jogadores de futebol, verificar, através da inspeção permanente dos hábitos e valores dos grupos, quais práticas e signos são adequados ou nocivos ao todo social. Para isto, o Estado possui as três faces essenciais para garantir os grupos particulares e ao mesmo tempo garantir o coletivo maior em que eles se inserem.

O Estado é a única instância coletiva que possui o monopólio da força física, o da norma jurídica, o da gestão e alocação do excedente econômico. Os três monopólios delimitam o âmbito e as pretensões dos grupos particulares. E como os limites do próprio Estado são definidos? Esta é a questão moderna por excelência. Ela data da Revolução Americana e da Revolução Francesa. Sendo o Estado o impositor de limites aos grupos e indivíduos que nele se movem, a sua instituição controla os hábitos físicos e mentais dos setores que nela se movem. O Estado, não raro, ultrapassa os seus próprios limites e tenta impor padrões de comportamento e valores aos grupos particulares. A constituição americana e as teses sobre os direitos dos cidadãos, produzidas na Revolução Francesa, indicam as barreiras que devem existir, protegendo do Estado os indivíduos e os grupos. A presença de leis, tratados, convenções, todas relativas aos direitos individuais e grupais diante de Estado, tudo isto não exorciza, de modo direto, o risco do abuso dos monopólios estatais.

Os Estados totalitários do século XX e quase todos os Estados efetivos tendem a ultrapassar as cancelas que salvaguardam as múltiplas éticas dos setores estabelecidos em seu interior. Assim, na extinta URSS, o Estado atribuiu-se o direito de impor normas éticas aos trabalhos dos cientistas, artistas e demais atividades, através de doutrinas oficiais sobre a ciência, a arte etc. Mas não apenas o Estado pode querer intervir nas éticas dos grupos particulares. Movimentos religiosos, embora submetidos ao Estado, julgam-se não raro com o direito de definir certo monopólio ético contra os grupos científicos, artísticos etc. O fundamentalismo cristão, ou qualquer outro fundamentalismo religioso, desconhece os hábitos e os signos dos grupos científicos, artísticos etc., tentando impor-lhes, de cima e do exterior, regras alheias ao seu costume. Também a chamada "opinião pública", movida pela imprensa moderna, pensa poder decidir o que deve ser feito na pesquisa, na arte etc. Como harmonizar, então, os pressupostos do Estado e dos movimentos de massa, religiosos ou ideológicos, e a ética dos grupos de pesquisa e demais grupos?

A resposta eficaz, que tem merecido o esforço da ética moderna, é a democracia e o Estado de direito. Democracia, porque nela nenhum grupo possui a qualidade de ser o representante único do coletivo. Todas as atitudes éticas recebem equivalência no plano do pensamento. O Estado de direito, porque assim a democracia se rege por leis adotadas pelo mesmo Estado, na sua face legislativa, as quais podem ser interpretadas e corrigidas pelo Poder Judiciário. O Executivo tem os dois outros poderes como limites da sua ação. Deste modo, os grupos do social podem ser ouvidos no Parlamento ou nas Cortes de Justiça. Democracia sem Estado de direito é despotismo da maioria ou de um ou outro setor social. O Estado de direito, por sua vez, tem como *conditio sine qua non* à democracia. Os limites éticos da pesquisa científica só podem ser definidos no interior do Estado democrático de direito.

Ao contrário da moral, onde a luta de todos contra todos é infindável, visto que todo indivíduo ou grupo postula que a sua norma é a mais adequada para eles ou para o todo, a ética procura resolver os conflitos dos grupos através do debate social, chegando ao parlamentar, às decisões e juízos dos tribunais, definindo uma isonomia dos grupos no seu modo de ser particular.

Um desastre ocorrido quando o Estado democrático de direito é ausente, ou foi abolido, situa-se justamente na perda dos limites do Estado, no seu trato com os grupos e indivíduos particulares. Refiro-me novamente à tentativa de impor doutrinas éticas e científicas aos pesquisadores, artistas etc. Entre o nível em que se encontram os grupos particulares de cientistas e o todo do Estado, há uma escala de universalização da responsabilidade e da eficácia. Um erro do estadista pode ser letal para toda a comunidade e para as comunidades humanas. Um estadista que proclama a guerra sem pensar nos seus efeitos ou condições pode causar prejuízos tremendos aos seus concidadãos e aos cidadãos do mundo. É justo por isto que ele, estadista, precisa contar com ajuda de todos os grupos que se movem no interior do Estado. Assumir determinada política pública ignorando os hábitos e as riquezas espirituais dos grupos particulares pode redundar em desastre. Os soviéticos e os chineses do "Grande Passo à Frente" são testemunhos disto. Por isto, quando se trata de política científica e tecnológica, o Estado, sobretudo na sua face executiva, precisa contar com o saber dos grupos organizados e conhecedores das várias faces fenomênicas que definem o conhecimento sobre a natureza e sobre a sociedade. Quanto menor o erro na determinação macrológica, melhor para o Estado e para a sociedade. O tempo é um fator vital, que não pode ser desperdiçado com erros.

É por esse motivo que os grupos de pesquisadores devem ter a maior licença para errar, utilizando o tempo em registro diferente ao ritmo da política, da guerra etc. Se tempo é dado para os cientistas, permitindo-lhes empreender vários caminhos, antes de estabelecer determinados conhecimentos ou procedimentos, o tempo é poupado ao estadista, porque ele não escolherá saberes e métodos pouco investigados, pouco testados. Se o estadista impedir que o trabalho científico tateie nos laboratórios, nos campos de pesquisa, ele pagará caro esta falta de emprego do tempo, quando escolher uma certa política pública, em termos de paz ou de guerra.

Se a lógica da política é a de errar o mínimo possível, a lógica da ética científica é a de garantir aos seus integrantes o direito de errar na busca de conhecimentos e de métodos. E não há moral de boas intenções, não existem normas éticas que podem ser definidas a priori neste campo. Se os grupos de pesquisa, se os grupos artísticos, enfim, se a comunidade universitária não tem o direito de livre investigação, a sua própria ética é suprimida. Este é o âmago, no meu entender, da autonomia de cátedra e da autonomia universitária. O Estado, não raro, paga a comunidade dos pesquisadores. O Estado, não raro, define os limites físicos e jurídicos da atividade científica. Mas o Estado não pode, com risco de se tornar mais fraco e menos eficaz na sua ação pública, retirar dos grupos de pesquisadores a sua ética essencial, a que se define essencialmente enquanto busca, e não como um apanhado de certezas engendradas em tempo certo, pré-estabelecido burocraticamente.

O direito de errar tem sido muito desrespeitado, nos últimos tempos, nos processos de avaliação, cuja idéia foi produzida no Império Britânico pela Sra. Tatcher, para justamente controlar, em nome do Estado, a produção dos grandes conglomerados universitários daquele país. Este hábito do Estado e dos governos espalhou-se pelo mundo, causando prejuízos graves, no meu entender, aos setores de pesquisa e de ensino brasileiros.

Note-se a diminuição drástica do tempo atribuído à pesquisa, sobretudo a destinada à formação dos novos cientistas. Na CAPES, se um grupo ou indivíduo atrasa seis meses a sua dissertação ou tese, por força da busca imanente (falhas de método, hipóteses equivocadas etc.), todo o programa em que eles se inscrevem é punido, com diminuição de recursos, bolsas etc. O Estado brasileiro, com este procedimento, atenta contra os seus próprios interesses, porque os saberes coletivos abreviados são pouco discutidos, experimentados, postos à prova pelos grupos de pesquisa. O Estado, agindo deste modo, põe-se contra a ética definida dos pesquisadores, ética que não raro é anterior à própria existência do Estado brasileiro, visto que foi gerada ao longo da história universitária, a qual tem mais de mil anos. Os hábitos universitários constituem uma segunda natureza, definem valores e atitudes mentais que não podem ser banidas ou usurpadas por este ou aquele partido governante, esta ou aquela seita religiosa, este ou aquele movimento de massas. A autonomia universitária não se define apenas diante do Estado, mas também frente à sociedade.

Se o Estado democrático de direito possui os monopólios das políticas públicas, se nele se resolvem os problemas éticos mais graves da vida de um país, também lhe cabe a função coletiva, ou seja, ética, de incentivar ao máximo a pesquisa em ciência e tecnologia, além de outros aspectos da cultura. Isto porque as sociedades que não adquirem saberes naqueles setores, como demonstra o grande etnólogo André Leroi-Gourhan, um especialista na história social unida à história da técnica, simplesmente perdem a força para continuar a luta pela sobrevivência e expansão, no interior da natureza e diante de outros coletivos humanos. O Estado moderno foi produzido para proteger as pessoas singulares e a sociedade da morte e para facilitar sua vida, ampliando o tempo da existência e adiando o mais possível o seu fim. Logo, um Estado que não provê os meios para que se produza a mais fina e abrangente rede de instituições voltadas à pesquisa avançada não cumpre a finalidade para a qual é lhe entregue o monopólio das políticas públicas. Além de formar pesquisadores em número adequado aos padrões internacionais, o Estado digno deste nome providencia para que eles tenham ambientes de trabalho dignos dos hábitos da comunidade, os seus paradigmas de excelência. Doutores em pesquisa científica que não tenham trabalho ou recebam pagamentos incompatíveis com a própria expansão de conhecimentos estão sendo lesados pelo governo ou pela instituição estatal no seu todo. E as conseqüências éticas, lembro novamente Leroi-Gourhan, são letais ao coletivo que envolve a vida de pesquisa. A sociedade morre um pouco, sempre que recursos para a pesquisa científica e tecnológica são subtraídos dos laboratórios. A mediação entre o que se faz na comunidade acadêmica e os seus frutos para a sociedade é, pois, um problema ético, político, jurídico, econômico, ultrapassando de muito as opções morais deste ou daquele indivíduo ou grupo.

Se o juízo moral dos pesquisadores, ou do que os rodeiam, indica que a ética seguida por seu grupo é falha, ou nociva, o único caminho eficaz é a busca do Estado democrático de direito. Mas o Estado não dirá qual a atitude correta da pesquisa, não ensinará jamais como proceder nos laboratórios de química ou de física, nunca poderá definir qual modo de resolver equações é o mais próprio. Apenas e tão somente o diálogo nos parlamentos, as demonstrações no debate acadêmico, podem esclarecer o bem fundado de uma série de práticas científicas. É preciso desconfiar, pois, de cientistas que depositam nas mãos de políticos a vigilância predominante da prática de pesquisa. Ou que justificam seu agir com razões políticas ou ideológicas. A indignação moral, desprovida dos sinais éticos, acumulados em penosa história da ciência ao longo dos séculos, história que produziu processos como os de Galileu, ou que gerou caricaturas científicas como Lyssenko na URSS e como os médicos genocidas do Terceiro Reich, a indignação moral, retomo, pode ser um caminho para a barbárie que deseja, ao modo de Rousseau, atenuar ao máximo a ciência e as técnicas, em benefício da violência mais primitiva. Lembremo-nos que segundo os parâmetros ideológicos do Partido Comunista, Lyssenko nunca errou. E isto trouxe prejuízos imensos ao próprio Estado soviético e ao seu povo.

No Brasil, nota-se um afã, que aumenta em nossos dias, de aplicar códigos de ética ao trabalho científico, acompanhados de "comissões de ética" almejadas pelos ministérios do Poder Executivo. A ética não pode ser imposta através de receitas semelhantes. O pior é que boa parte dos códigos propostos apenas expressam a atitude moral de seus redatores, produzindo-se como censuras contra os seus pares. Antes de procurar impor limites morais à ação científica alheia, eu diria aos paladinos autoritários da ética ou da moral que é prudente verificar em qual sociedade quais valores se impõem nos grupos que definem o coletivo envolvente. No caso brasileiro, com muita probabilidade, os costumes, a ética socialmente hegemônica, é menos respeitosa da vida do que a ética dos laboratórios. Uma sociedade onde reina a capangagem, onde quadrilhas se apossam do Estado e dele sugam, através da corrupção, o excedente econômico, uma sociedade onde o

Judiciário faz-se cúmplice do Executivo e deixa incólumes notórios criminosos, uma sociedade cujo Parlamento Federal possui uma Comissão de Ciência e Tecnologia cujo principal mister é distribuir rádios e emissoras de TV para políticos e grupos poderosos economicamente, e que não se aplica ao incentivo das ciências e das técnicas, uma sociedade assim, longe de querer regular com códigos de ética os laboratórios e os pesquisadores, deve neles recolher lições de cautela e de método.

A "indignação moral" que permeia boa parte dos movimentos sociais e religiosos e que serve como base para a condenação em bloco, algo muito imprudente, das ciências e das técnicas, reeditando no século XXI os pensamentos românticos e conservadores do século XIX, com frutos tremendos no século XX, deve ser discutida a fundo. Colocar mordaças e amarras na pesquisa, em nome dos valores morais, presentes na consciência invisível dos indivíduos, é uma das formas de perpetuar a ignorância, a injustiça e a miséria física e espiritual em nossos países, sobretudo os que entram no século novo sem que as suas populações tenham tido acesso amplo às tecnologias e à produção de conhecimentos científicos.

5. O BELO, O VERDADEIRO, A UNIVERSIDADE*

Na universidade encontramos o mundo em miniatura, com as suas dores e alegrias, belezas e faces hediondas, elevações do espírito e pequenez contábil. Os *campi*, em especial os brasileiros, podem ser definidos, pilhando a frase de Pope, como "a vergonha e a honra" da sociedade. Apesar de todas as mazelas, as escolas superiores podem efetivar a pesquisa sobre o verdadeiro, o belo, o bom. Agindo assim, é possível desvelar os truques que nos impingem a mentira oficial e afastam nossos corações da bondade. Os *campi* não se limitam aos lados negativos da existência. Eles nos conduzem ao sublime. Nesta vossa estréia nos assuntos acadêmicos, quero indicar as bases filosóficas da pesquisa, de modo a vos dizer a causa de sua defesa, pelos docentes que ainda não se reduziram a meros funcionários do espírito.

Nos dias de hoje os estudantes entram para a universidade sabendo que ela se encaminha rumo a um tempo em que,

---

* Aula inaugural (1999) da Universidade Federal do Rio Grande do Norte.

talvez, a própria essência universitária será transfigurada pelas revoluções científicas e tecnológicas, sobretudo no campo das comunicações e da informática, da cibernética e de outros progressos culturais. Recordo que, mesmo numa sociedade alterada até às suas bases, nos próximos anos habitarão seres humanos dotados de cinco sentidos. É a semelhantes entes que a pesquisa será dirigida. Através deles, ela receberá sentido e funcionamento. Não irei apresentar nas linhas abaixo as bases do futuro, mas pressupostos incluídos nos conhecimentos que definirão a face humana nas próximas décadas. Procuro exorcizar, em meus livros, a paixão romântica do futuro, a qual possibilitou, em importantes movimentos renovadores da sociedade, o esquecimento de um presente horripilante.

Em 1930 escrevia Roman Jakobson, grande lingüista e teórico da literatura, russo de origem e universal no trabalho do espírito: "Lançamo-nos em direção ao futuro com excessivo ímpeto e avidez para poder salvaguardar algum passado. O laço dos tempos rompeu-se. Vivemos demais no futuro, nele pensamos demais, acreditamos nele, não temos mais a sensação de uma atualidade que se baste a si mesma, perdemos o sentimento do presente..."[1]. Quem assim escreve testemunhou o fim dos sonhos igualitários e democráticos, e sua traição por "realistas" que exerceram uma das mais duras tiranias políticas da história humana, na extinta União Soviética, hoje Federação Russa, país dominado pelo medo. O futuro, ali, se reduziu ao passado miserável. A mentira ideológica expõe nossa pátria, até hoje, como terra do futuro, enquanto entre nós impera o pretérito em figurações fantasmagóricas de oligarcas, coronéis e oportunistas, com as mais variadas máscaras. Antes de rumar para o que virá, no imaginário, vejamos, em largos traços, o que formou nosso pensamento até hoje. Reflitamos sobre a pesquisa, o coração de uma universidade digna deste nome.

Consideremos a metáfora do olhar, que definiu a própria idéia de pesquisa antes e durante a Idade Moderna e discutamos as modificações daquele pensamento, a partir do século XVIII. Inicio o percurso em Platão. No grande texto platôni-

---

1. R. Jakobson e K. Pomorska, *Diálogos*, São Paulo, Cultrix, 1985, trad. Elisa A. Kossovitch, pp. 132 e ss.

co sobre a cosmologia, o *Timeu*, ocorre o nexo entre a atitude de busca sapiente e o sentido da vista. O termo para indicar pesquisa é *zetesis* (indagação, investigação, procura). No *Timeu* (47a), lemos ser a visão

a causa do maior benefício em nosso favor, sobretudo porque todas as narrativas sobre o universo jamais poderiam ocorrer, caso o homem não tivesse enxergado as estrelas ou o sol ou o céu. Mas [...] a visão diurna e noturna e a dos meses e dos anos circulares produziu a arte do número e nos deu não apenas a noção do tempo, mas também a da pesquisa da natureza inteira[2].

Neste plano, para grande parte do pensamento grego, os olhos são a origem da investigação. Eles penetram os infinitos aspectos do cosmos e ultrapassam os espaços, recolhendo o tempo e possibilitando, com a ciência dos números e da geometria, a base para o conhecimento. Comunicar algo sobre essas experiências é tarefa difícil, pois exige que se tenha o domínio de cada um de seus momentos, desde a vista clara até a força para captar ou definir medidas, com as matemáticas.

Tudo pode ser alvo de busca, mas na marcha do conhecimento existem níveis, tanto no que é procurado, quanto no modo de o adquirir. Na *República* (VI, 508e), se enuncia semelhante doutrina sobre o saber na boca de Sócrates:

Do mesmo modo que no mundo visível temos razão de pensar que a luz e a vista (*ópsis*) têm analogia com o sol, mas não poderíamos tomá-las pelo sol, assim também no mundo inteligível temos razão de acreditar que a ciência (*epistéme*) e a verdade (*aletheia*) são uma e outra semelhantes ao Bem, mas erraríamos se acreditássemos que uma ou outra fosse o Bem; pois é preciso elevar ainda mais a natureza do Bem.

Esse valor da vista e da pesquisa que a ela se liga supõe a tese de que a verdade atingida pela investigação encontra-se no que é permanente, estável. As coisas sensíveis, instáveis e fugidias, não trazem veracidade e nem podem ser dignas de ciência[3]. Os cinco sentidos humanos perdem, nesta forma de

---

2. Platão, *Timaeus*, trad. R. G. Bury, Oxford, Loeb Classical Library, 1975, *Plato*, vol. 9, pp. 106-107.
3. Alain Boutot, *Heidegger et Platon: Le Problème du Nihilisme*, Paris, PUF, 1987, pp. 116 e ss.

pensamento, importância diante do olhar. O imperialismo visual dificilmente pode ser extraído de todas as elaborações intelectuais produzidas no Ocidente. Note-se que me refiro ao Platão ensinado nas escolas atualmente. Existem pesquisas que negam semelhante privilégio de um sentido sobre os outros nos textos platônicos. Mas nos referimos ao tipo de apropriação seletiva das teses do grande filósofo.

Conhecimento é visão correta, não das coisas perecíveis, o que é próprio da opinião, mas da parte mais luminosa do ser, o Bem. Na *Carta VII*, texto controvertido, Platão afirma, contra os que julgam fácil comunicar o saber através de escritos com vistas à divulgação, que a ciência, adquirida através de uma ascese rigorosa, só pode ser captada por quem a exerce de fato. "Todas estas pessoas", adianta o filósofo, "que afirmam ter conhecimento das questões às quais eu me dedico, bem como os que pretendem ter sido meus ouvintes [...] nada entendem do assunto. Não existe escrito meu, e nunca existirá, sobre isto. Trata-se de um saber que, à diferença de outros, não se pode formular, de modo algum, em proposições. Ele resulta de um comércio repetido com a matéria mesma deste saber, de uma partilha repetida com ela. De repente, como se acende uma luz e, ao brotar a chama, este saber é produzido na alma e, doravante, alimenta a si mesmo"[4].

Só quem faz ciência capta a luz dos conhecimentos. Para isto, o sábio possui, entre muitas habilitações, a força de sintetizar os elementos da pesquisa. Ele é um "sinótico"[5] capaz de ver o todo, e não apenas as parcelas da investigação. A cultura da visibilidade sobreviveu perfeitamente, contra ou com o barulho da retórica e da fala sem peias. Os efeitos da arte da persuasão e do palavrório, segundo Heidegger, são encontrados na falta de sentido cada vez maior, especialmente nos meios de massa. Os jornalistas e acadêmicos que se jogam na tarefa de persuadir a massa são dignos herdeiros da sofística e da retórica demagógica que dominaram a Grécia antiga e da cultura que privilegiou os olhos como instrumentos teórico e tea-

---

4. *Carta VII*, 341. Uso a tradução de Leon Robin: *Platon Oeuvres Complètes*, Pléiade, vol. 2, p. 1209.
5. *República*, VII, 534 e 2-3. Alain Boutot, p. 118.

tral. Mas voltemos ao olhar. Ele está presente ao mesmo tempo na palavra que define o saber, e num de seus modos de aquisição, o ato de intuir idéias e conceitos.

"Desde a Antigüidade até Kant e Hegel", diz Heidegger, "a intuição representa o ideal de todo conhecimento". O termo usado por Heidegger, *Anschauung* corresponde à *theoria* grega e ao *intuitus* latino, o golpe de vista. Tal referência une-se ao pensamento especulativo, especular. *Intuitus*, ato de olhar, se nota diretamente na idéia da mente como espelho, *intuitio* sendo a imagem, o refletido. *Speculator*, o pesquisador que observa, compartilha o mesmo vocábulo de "espião". *Intueor* marca o olhar atento, o fato de observar, penetrando as coisas. Em Descartes, por exemplo, a intuição desempenha papel essencial no conhecimento. Aquele pensador distingue entre dedução e intuição. A segunda seria própria à "inteligência pura e atenta"[6]. A dedução sendo "tudo o que se conclui necessariamente de certas outras coisas conhecidas com certeza"[7].

Na *Crítica da Razão Pura*, lemos que "de qualquer modo e através de qualquer meio que um conhecimento possa relacionar-se com os objetos, o modo pelo qual ele se relaciona imediatamente aos objetos, e para o qual tende todo pensamento enquanto meio é a intuição". E temos o batido símile kantiano, para o nexo entre sensibilidade e intelecto: "pensamentos sem conteúdo são vazios, intuições sem conceitos são cegas". Deste modo, o conhecimento é um olhar que pensa, reflete.

Em Hegel, leva-se ao máximo refinamento esta metáfora óptica. A vista não deve, pensa Hegel, para captar o movimento do mundo e dos homens, ser limitada a um dos componentes do real. "A pura luz e a pura obscuridade são dois vazios idênticos. Só na luz determinada – e a luz é determinada pela obscuridade – e portanto só na luz turva pode-se distinguir algo. Assim como só na obscuridade determinada – e a obscuridade é determinada por meio da luz – e portanto na

---

6. "Per intuitum intelligo [...] mentis purae & attentae non dubium conceptum, qui a sola rationis luce nascitur. Regulae ad Directionem Ingenii", in Descartes, *Oeuvres*, Adam, Ch. e Tannery, P. Vrin Ed., vol. X, p. 368.

7. *Regulae*, ed. cit., p. 369.

obscuridade iluminada, é possível determinar algo"[8]. Hegel conduz a metáfora do espelho ao seu nível mais complexo, sem romper com ela. A especulação, ainda na *Ciência da Lógica*, significa "compreender o oposto na sua unidade", mas esta última, a síntese, suscita o seu oposto, num movimento de espelho: "do aparecer reflexivo, quer dizer, do espelhar recebe o *speculari* (*speculum*: espelho) sua suficiente determinação", diz Heidegger[9]. O pensamento erra, buscando para além do mundo sensível as determinações certas e válidas desde sempre. Quando capta a verdade, o faz através da intuição, à vista imediata do essencial. O pesquisador, neste ponto, passa ao conhecimento.

Tomo um primeiro desvio neste itinerário, um obstáculo já denunciado por Platão. Refiro-me ao fato de que "olhar" pode adquirir um sentido que não se coaduna com o Bem, muito pelo contrário. Nos olhos encontram-se duas formas de atenção ao que se apresenta diante de nós: a pesquisa (*zetesis*) e a curiosidade, a chamada *polypragmosine*. Enquanto o investigador usa os olhos para captar o permanente, atingindo um conhecimento dificilmente comunicável, o curioso atarefado recolhe informações sobre tudo e todos, sobretudo das coisas e atos sem relevância para o Bem. Ao redor da mesma imagem, vemos se produzir, na crítica do conhecimento e da moral, duas atitudes diferentes diante do mundo. A mais completa análise da *polypragmosine* encontra-se num tratado de Plutarco, com este nome[10].

A mente curiosa, afirma Plutarco, um médico que também se dedicou à cura de outras doenças da alma, se limita ao palavrório. Ela é como a Lâmia mitológica. "Quando dormia em sua casa, ela depositava os olhos num vaso. Saindo, Lâmia os colocava em seu rosto e podia ver". Todos os homens, quan-

---

8. "Wissenschaft der Logik", in *Werke in zwanzig Bänden*, Suhrkamp Verlag, t. I, vol. 5, p. 96.

9. *Hegel e os Gregos*, tradução Ernildo Stein, São Paulo, Duas Cidades Ed., p. 113.

10. Utilizo este texto na edição Belles Lettres: "De la Curiosité", traduzido por J. Dumortier. Cf. *Plutarque Oeuvres Morales*, t. VII, Première Partie, 1975, pp. 266 e ss.

do não se dedicam à pesquisa e à virtude, são Lâmias. Segundo Plutarco, "cada um de nós [...] põe sua indiscrição em sua maldade como num olho, esquecendo as próprias faltas e taras por ignorância (*agnóia*), porque não tem o meio de vê-las e de esclarecê-las" ("De Curiositate", 2).

A pesquisa leva ao descobrimento de tudo, trazendo para a luz dos olhos as formas permanentes das coisas. A curiosidade também procura tudo revelar, sobremodo no plano ético. "A curiosidade", adianta Plutarco, "é a paixão de se conhecer o escondido e o dissimulado. Mas ninguém esconde o bem que possui. Às vezes nos atribuímos um bem que não temos. O curioso, em seu desejo de saber o que vai mal entre os demais, é tomado pela paixão da maldade, irmã da inveja e da calúnia. Porque a inveja é a tristeza causada pelo contentamento alheio e a maldade é alegria pela sua infelicidade. Ambas nascem de uma cruel paixão, a ruindade" ("De Curiositate", 6).

Plutarco tem uma cura para a curiosidade: a própria pesquisa. Quem se acostumou ao mal curioso, deve curá-lo, de modo homeopático, com ele mesmo. A cura consiste em "transferir a curiosidade, transformando-a em gosto da alma por assuntos honestos e agradáveis". E arremata Plutarco: "seja curioso do que se passa no céu e na terra, nos ares e no mar [...] Pesquise as fases da lua, imagem das variações humanas [...] Estes são segredos da natureza, e esta não se enraivece porque eles são roubados... Seja curioso para saber como as plantas são sempre verdes e floridas..." ("De Curiositate", 5).

Desde o século XVI, com a Renascença, os procedimentos ao redor do método se beneficiaram de uma saudável desconfiança no olhar, na teoria[11]. No século XVIII sobretudo, se determinou uma nova representação do espaço, não estritamente platônica. Isto conferiu ao espectador

---

11. Jurgis Baltrusaitis, *Le Miroir*, Paris, Elmayan. Le Seuil, 1978. Este autor tem sido um dos mais prolíficos intelectuais do século XX na pesquisa sobre este campo. Outro filósofo que se dedica ao tema, com muito proveito para os que se preocupam com o problema da visão e das imagens, hoje, é François Dagognet. Cf. *Philosophie de l'Image*, Paris, Vrin, 1984.

uma liberdade que antes não era pensável. Este como que se liberta do seu lugar no espaço e pode agora jogar com ele, colocando-se em todos os lugares, adotando as perspectivas e pontos de vista que lhe aprouver [...]. A óptica moderna autonomiza-se face à visão enquanto tal e passa a conceber-se como ciência objetiva da luz, a qual encontra na geometria a linguagem adequada e segura. Esta ruptura da solidariedade entre a visão e o visível invoca a distinção entre o fenômeno da consciência e a sua causa exterior, correlata, no plano óptico, da distinção [...] entre sujeito e objeto do saber[12].

Os olhos humanos não servem mais como paradigma do verdadeiro. Novos instrumentos ópticos ampliam cada vez mais a própria visão, corrigindo-a. Já Francis Bacon louvou as "próteses ópticas", o telescópio, o microscópio, instrumentos destinados a corrigir a vista. Assim, os olhos deixam seu papel hegemônico, e sofrem a concorrência dos outros sentidos. Em I. Kant e na filosofia das Luzes, especialmente na escrita de Denis Diderot, a vista é corrigida pelos demais sentidos. Isto ampliou desmesuradamente a necessidade e a importância da comunicação dos saberes.

Herder é um grande pensador do século XVIII, com importância reconhecida até hoje. Ele notava o seguinte: cada um dos nossos sentidos

tem a sua linguagem específica, os seus sinais, os seus tipos e esquemas. E, com eles, também um diferente potencial de conhecimentos e de mobilização afetiva. Cada sentido tem a sua ontologia específica. Sendo o mais universal e o mais amplo dos sentidos, a vista tem contudo as suas limitações. Depende das condições da luz e da visibilidade. Mas onde falha a luz e a visão resta ainda lugar para outras modalidades da percepção humana[13].

Tal doutrina deve-se a Denis Diderot. Contra a metáfora óptica (teórica), Diderot escreveu a *Carta sobre os Cegos*, texto nuclear na moderna demolição da metafísica. O pressuposto da *zetesis* com base visual era a permanência do objeto verdadeiro. Só o que é, e sempre será, pode ser pesquisado. A curiosidade, outro lado do sentido visual, o ruim, encarrega-se dos acontecimentos mutáveis e das coisas distantes do Eter-

12. Leonel Ribeiro dos Santos, *Metáforas da Razão, ou Economia Poética do Pensar Kantiano*. Portugal, Fundação Calouste Gulbenkian. Junta Nacional de Investigação Científica e Tecnológica, 1994, p. 510.
13. *Idem*, p. 514.

no. Isto requer a tese complementar da harmonia fundamental da natureza e da sociedade humana. Diderot recusa ao mesmo tempo o símile óptico para o conhecimento e a idéia de ordem para o mundo físico ou humano. Segundo ele, no princípio e no fim do conhecimento e da ação reside o caos.

"O sentido da vista é o mais superficial", diz a *Carta sobre os Cegos*, um enunciado que fez tremer todos os metafísicos antigos e modernos. Enquanto isto, o tato seria "o mais profundo e filosófico". A economia dos sentidos é modificada de alto a baixo. No mesmo golpe, inverte-se a busca do verdadeiro: não mais o que permanece, mas o que muda, se transforma. "O universo", diz R. Niklaus comentando a atitude filosófica de Diderot,

desde toda eternidade, toma formas diferentes num devir incessante sem começo nem fim, enquanto nosso mundo finito segue lenta mas inelutavelmente rumo ao seu próprio fim numa "depuração geral" [...]. O presente, o passado, o futuro são apenas a soma do mundo que se torna um com a eternidade. Mesmo para nós, há uma espécie de eternidade. Como diz Diderot numa Carta a D'Alembert, "Vivo, ajo e reajo em massa [...] morto, ajo e reajo em moléculas"[14].

É a mesma tese que se enuncia na *Carta sobre os Cegos*: "Que seqüência prodigiosa de gerações de efêmeros atesta nossa eternidade! Que imensa tradição! Mas nós todos passaremos, sem que se possa assinalar nem a extensão real que ocupamos, nem o tempo preciso que tivermos durado. O tempo, a matéria e o espaço talvez sejam um só ponto".

Rompe-se, a partir desse momento, outro lado importante da idéia de pesquisa e de ciência fundada na metafísica, o mimetismo especular entre o verdadeiro, captado pela vista, e os demais sentidos. Para Diderot, sobretudo a partir da *Carta sobre os Cegos* e da *Carta sobre os Surdos e os Mudos*, não existindo a supremacia dos olhos, os outros sentidos não mais imitam a vista. Não há teoria hegemônica, nem especulativa. O símile do conhecimento como reflexo, como espelho do real, não tem mais razão de ser. É preciso, portanto, a tradução ativa de um sentido para outro.

14. Cf. Roberto Romano, *Silêncio e Ruído: A Sátira em Denis Diderot*, Campinas, Editora da Unicamp, 1997.

Já se disse que os trabalhos diderotianos apenas copiam, ou só consistem em plágios de Francis Bacon. Qualquer que seja o juízo sobre este ponto, o fato é que Diderot seguiu as propostas de Bacon sobre o método, e principalmente sua crítica ao empirismo, de um lado, e ao dogmatismo intelectual, de outro. Contra a idéia de intuição, como exposta acima no campo idealista, Bacon mostrou que a visão sinótica em ciência é sempre algo transitório, relativo, a ser modificado justo pelo trabalho do pesquisador. E contra o empirismo, ele indicou que o pensamento conceitual não pode estar alheio ao trabalho empírico. De qualquer modo, a recusa da metáfora óptica é concomitante à tese do método onde os dois lados, o conceito e o empírico, seriam unidos, sempre de modo provisório e incompleto.

É célebre a imagem do pesquisador, nos textos de Bacon, como símile de animais. O puro empírico, diz ele, é como a formiga: sempre corta e recorta a natureza e os atos humanos, mas nunca os sintetiza de modo a fazer com que o conhecimento avance, sendo inteligível para os demais pesquisadores ou para o público. No outro lado o metafísico, imaginando assegurar-se pela intuição das essências, algo que só ocorre no interior do seu pensamento, sem passar pela empiria, é como a aranha, extraindo de sua própria cabeça telas operosas e finas, mas que não resistem ao sopro da menor dúvida ou contrariedade. O pesquisador correto, como a abelha, sai de suas próprias certezas, segue para o objeto exterior, o recolhe e o transforma em conhecimentos lógicos e em novos dados empíricos[15].

Bacon aproxima os pesquisadores dos animais. Estes últimos servem para corrigir erros e desvios do suposto "animal racional". Semelhante atitude, o naturalismo, tem base antiquíssima na cultura filosófica, e ainda vigora no século XVIII. Com o idealismo do século XIX, onde se instaurou uma diferença absoluta entre a subjetividade humana e a dos animais, mesmo um pensador materialista como Karl Marx assumiu

---

15. Um trabalho importante, neste sentido, é o de Paolo Rossi: "Ants, spiders, epistemologists", in *Francis Bacon, terminologia e fortuna nel XVII secolo. Seminario internazionale, a cura di Marta Fattori*. Roma, Ateneo, especialmente pp. 254 e ss.

que entre a humanidade e o campo animal existe um abismo quase intransponível. O símile dos animais na doutrina sobre o conhecimento, imagem que relativiza ao máximo a forma óptica adotada pela metafísica, vem dos pré-socráticos. Plutarco retroage a Demócrito para rastrear as bases desta imagem. "Talvez sejamos ridículos", diz ele, "quando nos vangloriamos de ensinar os animais. Deles, prova-o Demócrito, somos discípulos nas coisas mais importantes: da aranha no tecer e remendar, da andorinha no construir casas, das aves canoras, cisne e rouxinol no cantar"[16].

Karl Marx nega a proximidade entre homens e animais e instala a pesquisa e saber apenas na consciência humana:

> Uma aranha (diz ele), efetua operações parecidas com as do tecelão, e a abelha poderia envergonhar muito arquiteto, com a suas celas. Mas o que distingue o pior arquiteto da melhor abelha é que o arquiteto constrói a cela na sua cabeça antes de construí-la na cera. No final de todo processo de trabalho, emerge um resultado que já tinha sido concebido na representação do início, logo já existiria de modo ideal (*ideell*)[17].

Uma falha de nosso vocabulário filosófico é não existir, em português, algo semelhante a este *ideell* germânico, que também ocorre na língua francesa. Ele indica a diferença entre o que é Ideal, ou seja, estaria diante do olhar desde sempre, e o "ideal", aquilo que está presente apenas em nosso pensamento.

Voltemos a Diderot e à sua via para retomar o vínculo entre animalidade e humanidade, nisto seguindo o pensamento renascentista e moderno. A metáfora óptica só conseguiu se estabelecer como fonte legitimadora do conhecimento porque era colocado o sujeito humano como um "império dentro do

---

16. Cf. "Democrite", in *Les Écoles présocratiques*. Édition établie par Jean-Paul Dumont, Paris, Gallimard, 1991. O próprio Plutarco tem um pequeno texto satírico sobre a superioridade ética e racional dos animais sobre os homens. Cf. "Os Animais são Racionais", in *Moralia*, Loeb Classical Library, vol. 12, trad. H. Cherniss, e W. Hembold, pp. 481 e ss.

17. Tenho me dedicado à análise destas passagens marxistas, desde *O Conservadorismo Romântico*. Elas são lugares privilegiados para se compreender o caminho que levou o marxismo à dogmática estalinista, de um lado, e à superação do idealismo também dogmático, de ouro.

império" natural. Retomando a Renascença, Diderot indicou uma outra senda para a pesquisa. A comunicação entre os sentidos dos homens, e entre os próprios homens, a partir de Diderot, não pode mais ser reduzida ao nível zero, como na tentativa metafísica. Os ruídos de comunicação representam obstáculos inevitáveis, com as idiossincrasias, os idiotismos. As comunicações – social e somática – correspondem cada uma, a partir de agora, a uma arte. A primeira é inventada pelos homens, a segunda, pela natureza.

Após Diderot, a junção dos sentidos permite dizer que não há mais a idéia de espaço único, mas pelo menos cinco deles: o espaço óptico, o tátil, o sonoro, o cinésico, o olfativo. Cada um desses espaços, qualitativamente diferentes, possui estrutura própria no homem. Se os sentidos operam de modos diversos é porque eles são descontínuos. Assim, só é possível a "tradução" de uns aos outros, o que permite captar alguma simultaneidade entre nós e nós mesmos, entre nós e o mundo.

"Nossa alma é um quadro que se move, segundo o qual nós pintamos sem cessar [...] o pincel executa em longo prazo o que o olho do pintor abarca num só golpe". A partir de agora, é preciso "tatear" a alteridade a ser conhecida, sob pena de reduzi-la ao idiotismo do sujeito. Este mesmo sujeito é uma reunião instável de órgãos e de sentidos: "todos os nossos órgãos são apenas animais distintos que a lei da continuidade mantém numa simpatia, numa unidade, numa identidade geral". O eu, arremata Diderot, "resulta da memória, a qual liga um indivíduo à seqüência de suas sensações".

Desse modo, a pesquisa torna-se muito mais difícil, porque ela supõe capturar a alteridade. Para isto não é possível partir de um sentido hegemônico, mas da reunião instável de cinco sentidos. Também não é possível partir de um suposto sujeito inteiriço, mas de um sujeito caótico, que se dirige e que recebe mensagens de outros. O pressuposto das trocas de todos os indivíduos humanos é o caos. A ciência e a cultura, desse modo, tornam-se mais exigentes, incertas. Rompe-se com a suposta harmonia, ou o cosmos. A beleza é fruto do ser humano. Não se esqueça que *kosmos* liga-se ao mesmo vocábulo que na língua grega significa "por em ordem", aproximando-se também de "enfeitar". Cosmos e cosmético têm fontes comuns. É este belíssimo artifício, ou ilusão, que desaparece com o fim da metafísica no século XVIII. Os artifícios da beleza, doravante, não se encontram no exterior do trabalho humano, mas ela é seu fruto. O mesmo para o verdadeiro e para o Bem. O conhecimento em física, em moral, em política, é atingido, mas o dogmatismo é refutado na sua raiz.

É impossível "resolver", na proposta filosófica de Diderot, os dilemas da pesquisa e de sua comunicação entre os homens. Como a unidade não é originária, mas resulta do trabalho de tradução de um sentido para os outros, o equívoco, os ruídos, sempre existirão. Não por acaso Diderot procurou investigar os surdos e os mudos, além dos cegos. Seu alvo era definir alguns elementos para a tradução dos sentidos. O remédio para a falta de comunicação entre os homens não seria encontrado, pensa ele, fora da cultura, ela mesma resultado de uma arte, a de traduzir o caos em cosmos efêmero, passageiro.

A universidade, nesta linha, permitiria formar o maior número possível de indivíduos numa comunicação com força para reduzir os ruídos ao máximo. Mas, para isto, não poder-se-ia esquecer nunca a dificuldade da pesquisa, devida ao elemento caótico. Na sua proposta de universidade para a Rússia, Diderot propõe um *campus* onde nenhuma arte, e nenhum sentido, nenhuma ciência, poderiam exibir hegemonia. Todos deveriam ser cultivados ao mesmo tempo. E isto leva Diderot à proposta de uma junção entre saber erudito e saber destinado à cidadania. Ele procura aproximar a linguagem comum da utilizada nas universidades: "se queremos que os filósofos sigam em frente, aproximemos o povo do ponto em que os filósofos estão".

Diderot tem plena consciência de que nunca o público e os pesquisadores utilizarão uma só linguagem: "sempre existirão obras acima do alcance comum dos homens" escreve ele. Mas para o filósofo trata-se mais de saber se convém dar à filosofia (moral e ciências) "uma linguagem, uma forma, uma expressão que a torne acessível a todos, ou pelo menos a todos que se interessem por ela ativamente". Diderot, pois, se preocupa com a publicidade do saber. Mas, antes de tudo, as modificações realizadas por Diderot na economia dos sentidos ajudaram a diminuir as distâncias entre as ciências, as artes, as técnicas. Com os instrumentos que surgiram recentemente na comunicação dos saberes, temos um desequilíbrio acentuado entre os sentidos humanos, novamente em proveito da vista, contra os demais.

Tomemos o caso dos computadores e do livro em cd-rom, partes estratégicas da chamada "Information Technology". Em pequenos discos podem ser reunidos todos os traços relevantes da cultura humana. Os filósofos, da Grécia aos nossos dias, os artistas, os pesquisadores em todos os ramos da ciência, tudo pode estar disponível, aos olhos dos estudantes e professores, bem como do público em geral. Nada disto seria viável sem o concurso de todos os sentidos. Voltemos um pouco a Diderot. Este, convicto popularizador do saber, não dispensava a pesquisa mais profunda, por intelectuais, pelo contrário. A sua *Enciclopédia* das ciências, artes e ofícios era *raisonnée*. Ou seja, cada um dos artigos podia ser lido pelos que desejavam se introduzir num determinado conhecimento, mas traziam informes preciosos para os eruditos e técnicos. Desta face dupla vem a enorme repercussão da mesma *Enciclopédia* na vida moderna, ao contrário da universidade, presa aos rígidos procedimentos dos especialistas, e da imprensa, comprometida com o efêmero, o que se esvai no cotidiano.

Entre a *Enciclopédia* e o jornal, resistiu o livro como instrumento de pesquisa e meditação sobre ela. Com o cd-rom ou a Internet com seus recursos, aparentemente, o nexo entre os três tenderia a desaparecer. Digamos que os apologistas do ensino e da pesquisa "do futuro" ainda precisam refrear seu entusiasmo no computador. Mesmo parasitas econômicos desses instrumentos de pesquisa, como Bill Gates, confessam com nitidez a sua insuficiência. Em volume editado em 1995, escrito com a ajuda de um físico e filósofo, Natan Myhvold, e de um jornalista, Peter Rinearson, confessa Bill Gates: "O livro, a revista ou o jornal baseados no papel ainda tem vantagens diante do seu correspondente digital. Para ler um documento digital ocorre uma aparelhagem informática como o PC, em confronto com o qual um livro é pequeno, leve, com alta resolução e com baixo custo". Deste modo, "para serem amplamente utilizados, os documentos digitais não deveriam limitar-se a duplicar o velho meio de comunicação, mas deveriam oferecer uma nova funcionalidade"[18].

Para que surja a requerida "nova funcionalidade", entretanto, é preciso um trabalho de invenção, o qual não aparece de repente, como algo criado por um ser divino. E para que exista invenção, é preciso empréstimo do passado e dos povos entre si, além de um ativo trabalho da imaginação coletiva[19]. Com as novas formas de apropriação cultural, é possível se buscar um novo equilíbrio entre os sentidos, e por conseguinte entre as artes e as ciências, bases da pesquisa real nas universidades. Se não houver uma profunda meditação sobre os vínculos da arte e das ciências, as primeiras podem ser tragadas pelo uso rotinizado das segundas, em detrimento justamente da imaginação e da sensibilidade, as quais coexistem com a inteligência técnica em íntima dependência. As tentativas de se diminuir o abismo entre teoria e arte, administrando os cinco sentidos para que eles colaborem na formação dos novos pesquisadores, e não apenas consumidores do que já foi feito por outros, até hoje, ou fracassaram ou não tiveram divulgação ampla.

Um caso exemplar é o MIT. Fundado em 1865, só em 1945 ele apresentou propostas de ensino de elementos artísticos unidos à pedagogia para engenheiros. Nele, até pelo menos 1970, a história da arte, as ciências humanas e sociais, foram estabelecidas para educar os olhos dos futuros técnicos em engenharia. Como diz um idealizador desta reforma educacional, era preciso, com o cultivo maior, fazer com que rapazes e moças diplomados no MIT deixassem de ser "visualmente iletrados". Dentre os que propunham esta educação humanística além da técnica, estavam pessoas respeitáveis no mundo científico, como Cyril Stanley e Philipp Morrison, implicados nas experiências nucleares norte-americanas, que até hoje espantam as mentes e corações éticos.

---

18. *The Road Ahead*, Penguin Books, 1995, p. 143. Cf. Leone Montagnini, "Comunicazione 'Ipermediale' e cultura umanística", in *La Critica Sociologica*, n. 127, 1998, pp. 13-27.

19. Cf. Bruno Martinelli, "Après André Leroi-Gourhan: les chemins de la technologie", in *André Leroi-Gourhan ou les voies de l'homme*, Actes du Colloque du CNRS, mars 1987, Albin Michel, 1988.

Mas um instituto de engenheiros ligados à indústria e à produção militar dificilmente pode romper estes vínculos. Hoje, como enuncia uma pessoa que analisa o MIT, alguns artistas são convidados a utilizar as tecnologias, sobretudo em música. Eles são poucos, mas seu estatuto é muito mais oficial do que antes. Ele se tornou mais próximo ao usufruído pelos cientistas; eles são reconhecidos e integrados na instituição: são artistas-engenheiros. Este estatuto se justifica em parte pelo fato de existir um aprendizado técnico relativamente aprofundado, indispensável para o uso do computador. Mas tem-se a clara impressão de que os artistas afiliados ao *Media Lab* são convidados para estar a serviço da tecnologia, para mostrar quais aplicações podem dela serem feitas. A arte tornou-se um *álibi*. É claro que não se trata de um reconhecimento da arte enquanto tal, mas de um reconhecimento da utilidade das aplicações artísticas como um traço, entre outros, dos rendimentos e aplicações tecnológicas".

Desse modo,

o MIT retornou hoje ao que era antes da última guerra: um instituto onde são formados engenheiros, ligado à indústria e à produção militares. As virtudes morais da estética não são mais invocados ali. Os discursos sobre a necessidade de humanizar a vida social tecnocrática e alargar a sensibilidade do engenheiro não têm mais vez na fala da administração.

Além disso,

as explorações informáticas ligam-se às aplicações militares, sem que isto levante contestações. O fascínio pela informática substituiu a ameaça nuclear de uma destruição humana extensa, com conseqüências de longo prazo e sem limites controláveis pela humanidade toda. A informática parece menos ameaçadora porque suas aplicações são múltiplas, ligadas a jogos como o Nintendo e à robótica doméstica. As novas tecnologias militares se caracterizam pela sua precisão nas delimitações dos alvos. Isto fornece guerras "limpas" e jornalísticas. A transformação do militar em jornalismo tem uma tal capacidade de enceguecimento dos homens, que certos intelectuais europeus e americanos analisam este fenômeno sem por em causa a realidade dessas guerras[20].

20. Judith Epstein, "Contrechamp outre Atlantique: le dérives d'une politique", in *Autrement*. Número especial: "Chercheurs ou artistes? Entre Art e Science, il rêvent le Monde", out., 1995.

A tragédia que se desenvolveu na Iugoslávia, com os Estados Unidos da América exercitando seu imperialismo sob a máscara de *sheriff* do mundo, exemplificam o que enunciei.

O conhecimento visual, que opera na mídia e nos instrumentos como o computador, nega hoje a sua origem platônica como via de pesquisa. Os cegos, que diante de uma TV, ou de um PC, assistem impassíveis o bombardeio de países, elogiando a "precisão" dos mísseis, sem olhar para os corpos estraçalhados por eles, tornam-se cativos da opinião, e negam a ciência e a pesquisa. Assim, se quisermos uma universidade, ou qualquer instituição que a substitua no próximo século, onde exista pesquisa, isto é, não conformismo com a mentira e a feiúra imperantes hoje em dia, um bom caminho é unir, sempre, os nossos cinco sentidos, as artes e as ciências, a política e as técnicas.

6. GÉRARD LEBRUN, PENSADOR DIALÉTICO*

Nullius addictus jurare in verba magistri (Hor. Epist. L. I i). Este preceito horaciano, de ordem ética e teórica, é difícil de acolher, dado que o trabalho filosófico enfrenta a tarefa de pensar a natureza, a sociedade humana, os deuses, a beleza, o verdadeiro. Neste oceano de problemas, raros são os intelectos que se arriscam sozinhos. Quase todos entram para uma seita que os ajuda na elaboração do raciocínio.

Ao contrário dos teólogos, cuja aventura intelectual tem como base a verdade revelada por Deus, o filósofo não possui um apoio sólido quando pesquisa. Deste modo, apenas os capazes de suportar a solidão, iniciando novos modos de ver, podem ser dignos filósofos, amigos da sabedoria. Os outros, bem, os outros constituem a grande massa dos ideólogos (na cortante descrição de Jean Paul Sartre), ou dos ideósofos, na feliz invectiva de Maritain.

* Publicado no *Jornal da Unicamp*, fev. 2000, p. 3.

A história da filosofia exibe a crônica de poucos nomes, todos eles em luta contra o saber estabelecido, abrindo sendas difíceis no mundo noético. Eles produzem o alimento que nutre a legião dos parasitas espirituais aboletados nas cátedras, imersos nas quadrilhas acadêmicas, no Estado ou nas igrejas. Todos, com suas certezas, fórmulas torturadas e extraídas dos pensamentos realmente especulativos, estão sempre a um passo de se tornarem os censores do espírito, guardiões de uma ortodoxia (grande ou pequena), queimadores de livros. Na tarefa de impor seu modo filistino de vida, semelhante malta usa todos os recursos pouco nobres, entre eles o de bajular colegas ou estudantes, enodoando a existência dos que não se conformam com os dogmas das capelas universitárias.

Gérard Lebrun foi um filósofo. Lendo-se todos os seus escritos, nenhuma frase é encontrada onde possa aninhar-se à intimidade do pensador por ele discutido. Em *A Paciência do Conceito*, livro em que procura demonstrar as dificuldades trazidas pelo juízo sobre o suposto dogmatismo de Hegel, Lebrun foge das respostas imediatistas, como os patéticos ensaios de Jacques D' Hondt. Este último, para rebater as críticas à legenda sobre Hegel (ideólogo do Estado prussiano) gasta livros e livros repetindo que o pensador seria um jacobino disfarçado... Nada disto em Lebrun. As análises sobre o dogmatismo hegeliano, nele, nunca descem para os ataques ou desculpas subjetivas. O mesmo ocorre no caso de *Kant e o Fim da Metafísica*. A vida de Kant é prato cheio para todas as hienas acadêmicas ou para os piedosos apologetas. Lebrun discute, *sine ira et studio*, o pensamento estético de Kant, com as conseqüentes mudanças que produziu na política e na história.

Nessas duas obras-primas de hermenêutica filosófica, Lebrun pergunta, demonstra, sugere, mas sobretudo conversa com os leitores e com os autores originais. Esta marca de seu estilo surge de modo mais evidente nas aulas, conferências, seminários de que participou. Seu método, poder-se-ia dizer, é efetivamente dialético. Nunca aceitou verdades estabelecidas, mas também jamais atacou a pessoa dos adversários. Em certos escritos, como os reunidos em *Passeios ao Léu*, a sua mente polifacetada e crítica mostra-se em plenitude. Tendo sido um dos que mereceram sua análise, sobre um livro explosivo que tratava das relações entre Igreja e Estado, pude constatar que Lebrun ia direto às fraquezas e forças de seus autores. Ele notou, no meu caso, algo que a maioria dos pares e inimigos sequer suspeitavam, a inspiração mais próxima de Nietzsche do que das vulgatas ortodoxas, na interpretação dos discursos religiosos.

Alguns de seus textos merecem reedição crítica, até mesmo no plano gráfico. O livrinho sobre Pascal, um dos escritos mais agudos e inteligentes sobre o solitário de Port-Royal, foi publicado com lamentáveis erros tipográficos. Tive a sorte de receber, do próprio Lebrun, um exemplar corrigido. Em algumas páginas, o azul da tinta corretiva suplanta o negro das letras de imprensa.

A maior característica de Gérard Lebrun foi a generosidade, algo raro no mundo acadêmico. Esta marca determinou sua presença na universidade brasileira, no instante em que um cordão de isolamento foi definido, como sempre à socapa, pela "comunidade" internacional de intelectuais. A partir das cassações de professores, pela ditadura, permaneceram na USP docentes que lutavam para preservar a universidade como espaço de pensamento e de oposição crítica. Informados de modo tortuoso, não raro pelas forças ditas "socialistas" brasileiras, os intelectuais europeus assumiram como "fato" a suposta adesão generalizada à ditadura dos que não foram cassados. Foi preciso a presença de Jean Pierre Vernant (homem de esquerda, respeitado ética e cientificamente em termos mundiais) no Departamento de Filosofia da USP para que o cordão estulto de isolamento começasse a ser rompido.

Gérard Lebrun jamais aderiu à pequenez de juízo exibida pela comunidade intelectual européia no fim dos anos de 1960 em relação à universidade no Brasil. Continuou sua colaboração com o Departamento de Filosofia, assegurando-lhe o peso acadêmico de seu nome. Não aceitando os pressupostos do pensamento de esquerda, ele soube ser solidário na luta silenciosa e trágica que visava manter em nossa terra o digno espírito da pesquisa livre. Só isto deveria garantir o respeito e a gratidão dos seus pares brasileiros. Mas a maior parte deles vive para o instante, e tenta apagar da memória coletiva tudo e todos que fogem à lógica das capelas. Com isto, sapam os fundamentos sólidos de sua própria existência e respeitabilidade social ou ética. Eles visam apenas à expansão do próprio nome. Assim, cabe-lhes perfeitamente o dito célebre de Alexandre Kojève sobre o hegeliano "reino animal do espírito": "eles são os ladrões roubados".

Ao contrário daqueles pequenos espíritos, com autonomia de pensamento, exibindo uma coragem teórica como poucos no século XX, Lebrun ajudou a ampliar as técnicas de análise filosófica, na França e no Brasil. Com o seu desaparecimento físico, fica o legado maior deste irrequieto dialético, a sua confiança no pensamento, a sua permanente denúncia dos fanatismos, o seu decoroso respeito, sobretudo na imprensa, pelos semelhantes.

O que mais chocou a consciência moral dos leitores, por ocasião de sua morte, foi o tremendo filistinismo de alguns colegas brasileiros, algo que foi além da figura pequena que habitualmente exibem os oligarcas do mundo espiritual brasileiro. Eles, para nossa vergonha, ignoraram na ocasião, frontalmente, o trabalho de Lebrun, entrando de modo sórdido na sua existência íntima, sob pretexto de amizade. Isto foi indigno dos que assim agiram, dos leitores e, sobretudo, da filosofia. A Unicamp, que muito se beneficiou com o desvelo daquele pensador, poderia lhe prestar uma homenagem, por exemplo, um seminário sobre os seus livros. A única exigência é que os participantes falem de suas idéias, de permanente interesse no campo teórico, não de sua alcova.

7. SPINOZA E O MEDO*

> *Não é para manter o homem no medo e fazer com que ele pertença a um outro que o Estado foi instituído. Pelo contrário é para liberar o indivíduo do medo, para que ele viva tanto quanto possível em segurança, isto é, conserve, tanto quanto puder, sem prejuízos para os demais, seu direito natural de existir e de atuar. Não, eu repito, o fim do Estado não é de fazer com que os homens passem da condição de seres racionais ao de bestas brutas ou de autômatos. Pelo contrário, ele é instituído para que sua alma e seu corpo cumpram todas as suas funções, para que eles mesmos usem uma razão livre, para que não lutem por ódio, cólera, astúcia, para que eles se suportem sem malignidade uns aos outros. O fim do Estado é, realmente, a liberdade.*
>
> *Tratado Teológico-político*, ch. XX.

---

* Aula inaugural do curso sobre Razão de Estado no Pós-Guerra em Filosofia, Unicamp, 2002.

> *Nenhuma divindade, ninguém mais do que o invejoso, encontra prazer na minha impotência e no meu sofrimento. Nenhum outro considera virtudes as nossas lágrimas, nossos suspiros, nosso medo e outras marcas de impotência interior; pelo contrário, maior é a alegria pela qual somos afetados, maior a perfeição à qual passamos, mais necessário é que participemos da natureza divina.*
>
> Ética, IV, escólio da proposição 45.

Segundo um autorizado analista do pensamento spinozano, Alexandre Matheron[1], a teoria política do pensador pode ser deduzida de sua exposição das paixões humanas. Os movimentos apaixonados permitem dar conta das causas e bases da sociedade política, bem como de suas disfunções. Afirma ainda Matheron que o objetivo de Spinoza é encontrar os instrumentos para estabelecer uma sociedade estatal com instituições sistemáticas perfeitamente auto-reguladas. É o que o mesmo autor expõe em artigo da coletânea dirigida por Christian Lazzeri[2], cujo título é revelador: "Passions et institutions selon Spinoza". Nas próximas linhas seguirei quase literalmente o comentário de Matheron, sem modificá-lo. No *Tratado Político* Spinoza mostra que o Estado não pode ser deduzido da razão, mas "da natureza ou condição comum dos homens". Trata-se dos homens submetidos às paixões. Quais paixões? Em primeiro lugar, o desejo de bens materiais (*avaritia*, paixão universal e constante). Além disto, os homens são supersticiosos.

O desejo de possuir bens materiais é explicado na primeira metade do livro III da *Ética*, independente das relações de indivíduo a indivíduo. Nós nos esforçamos por perseverar em nosso ser. Assim, "nenhuma coisa pode ser destruída a não ser por uma causa externa". Coisas de natureza contrária não podem estar num mesmo sujeito na medida em que uma pode destruir a outra". Cada coisa, tanto quanto está em si, se esforça por perseverar em seu ser, nada é fora da essência atual das coisas; tal esforço não envolve nenhum tempo finito,

---

1. *Individu et communauté chez Spinoza*, Paris, Minuit, 1969.
2. *La raison d'État: politique et rationalité*, Paris, PUF, 1992.

mas um tempo indefinido. "A potência de existir é divina. Se não existe, e não pode existir causa externa a Deus, então o tempo da coisa não pode ser finito, mas indefinido. A mente, enquanto tem idéias claras e distintas, e enquanto ela tem idéias confusas e obscuras, se esforça por perseverar em seu ser, por uma duração indefinida, e tem consciência de seu esforço."

Quando o *conatus* é favorecido por causas exteriores, ele é alegria (*Ética*, III, 11, escólio). "Se alguma coisa aumenta ou diminui, secunda ou reduz a potência de agir de nosso corpo, a idéia desta coisa aumenta ou diminui, secunda ou reduz nossa potência de cogitar. Logo, a alma é sujeita quando passiva a grandes mudanças e ruma para uma perfeição maior, ou menor. Estas paixões nos explicam as afecções da alegria e da tristeza. Por alegria, entendo uma paixão pela qual a mente passa à uma perfeição maior. Tristeza, quando a mente passa para um perfeição menor. Chamo afecção da alegria, relacionada à mente e ao corpo, cócegas e hilaridade. A de tristeza, dor ou melancolia". Note que a cócega e a dor se relacionam com o homem, quando uma parte dele é afetada mais do que as outras, a alegria e a melancolia, quando todas as partes são igualmente afetadas.

Quando a alegria se acompanha da idéia da causa exterior que lhe atribuímos, ela torna-se amor por esta causa exterior (*Ética*, III, 12-13, escólio). A mente, tanto quanto ela pode, se esforça por imaginar o que aumenta ou secunda a potência de agir do corpo. Quando imagina o que diminui ou reduz a potência de agir do corpo, ela se esforça, tanto quanto pode, por se recordar de coisas que excluem a existência daquilo que ela imagina. E no escólio:

> Conhecemos claramente o que é o amor e o que é o ódio. Amor nada mais é que uma alegria concomitante à idéia de uma causa exterior. Ódio nada mais é que a tristeza concomitante à idéia de uma causa exterior. Quem ama, se esforça necessariamente por ter presente e conservar a coisa que ele ama. Quem odeia, ao contrário, se esforça por afastar e destruir a coisa que odeia.

Se amamos uma coisa, nos apegamos a ela, e queremos conservá-la. Matheron força um pouco o vocabulário, mas diz algo que faz sentido: ele afirma que, quando amamos uma coisa, nos *alienamos* inteiramente nela. Talvez Camões concordasse: "transforma-se o amador na coisa amada, a custa de muito imaginar". Mas este passo talvez leve, em demasia, Spinoza para o lado neoplatônico ou hegeliano.

A alienação pode se reportar da coisa que nos alegra para outras às quais ela se associa em nossa mente. Por exemplo aos meios para obtê-la no futuro, como o dinheiro (*Ética*, IV, apêndice, cap. 28).

> Para conseguir o necessário, as forças de cada um não bastariam se os homens não se prestassem serviços mútuos. O dinheiro tornou-se o instrumento pelo qual se proporciona verdadeiramente todas as coisas, e o resumo das riquezas, tanto que sua imagem ocupa de ordinário mais do que qualquer outra coisa na mente vulgar. Não se pode, com efeito, imaginar nenhum tipo de alegria, a não ser com o acompanhamento como causa da idéia de moeda.

Isto, entretanto, é um vício apenas entre os que estão à busca de dinheiro, não por necessidade nem para prover às necessidades da vida,

> mas porque aprenderam a arte variada de enriquecer e se fazem um ponto de honra possuí-la. Eles dão ao corpo sua pastagem segundo o costume, mas buscam poupar, porque acreditam perdida toda parte de seu haver dispendida para a conservação do corpo. Quem sabe o uso verdadeiro da moeda e regula sua riqueza segundo a necessidade apenas, vive contente com pouco.

Dinheiro ou terra, ambos podem ser causa de alienação. De outro lado, o apêndice do livro I da *Ética* mostrou como a teoria do amor permite compreender a gênese das divindades antropomórficas, a finalidade. O prefácio do *TTP* analisa o mecanismo pelo qual, quando somos entregues ao medo, (*Ética*, III, 18 e escólio 2). Ali, Spinoza analisa o medo e o insere no campo das imagens. Assim, no livro III, proposição 18, é examinada a afecção do medo entre os dois extremos da alegria e da tristeza. A imagem de algo passado ou futuro desperta em nós a mesma afecção de tristeza ou alegria, trazida pela imagem de algo presente. Todo este ponto insere-se logo após a definição da *fluctuatio animi*. Esta nasce de duas afecções contrárias. No plano do saber, a *fluctuatio* é a mesma coisa que a dúvida. O corpo humano se compõe de muitos indivíduos (*individuis*) de natureza diversa. Ele pode ser afetado por um só e mesmo corpo de modos diversos e numerosos. Como cada coisa pode ser afetada de jeitos diversos e numerosos, ela também poderá afetar uma só e mesma parte do corpo de jeitos múltiplos e diversos. Assim, um só e mesmo objeto (*objectum*) pode ser causa de afecções múltiplas e contrárias. Diante da imagem de algo passado ou futuro, podemos ter uma afecção de alegria ou de tristeza. Notemos alguma diferença de leitura das paixões, em relação aos estóicos, para os quais a paixão deve ser vista como um obstáculo para o agir racional[3].

Vejamos uma doutrina da afecção diferente da que é assumida por Spinoza. Segundo Zenão, o estóico define a afecção como "um movimento irracional e inatural da alma" (*alogos kai pará physin kínesis psiquês*) ou então como "um instinto que excede a natureza". Os instintos derivam de uma atividade autônoma, alógica da alma. Isto não é problema para os estóicos. A vida instintiva, no homem, normalmente, é determinada pelo *logos*. Este é dado pela natureza ao homem como artífice do instinto. Qualquer representação só age eficazmente sobre a alma apenas quando o *logos* a reconhece válida. Se à representação que lhe assinala o objeto, como um bem ou mal, o *logos* recusa a sua aceitação, o instinto que foi provocado pela representação cessa por si mesmo. O instinto do ganho, justificado nos limites do *logos*, pode se transformar em "desmesurada" cupidez, e o que era um movimento alógico, apenas porque tinha a sua origem fora do *logos*, se torna um "movimento irracional e inatural" porque foi abolida a soberania natural do *logos* sobre os instintos. *Pathos*, sofrimento, tudo o que se dá em nós vindo de fora, quando temos um comportamento passivo, pode ser físico ou psíquico. Na retórica, e na poética, trata-se de suscitar, do exterior do sujeito, sentimentos de ira, compaixão, medo. Para Zenão, o *pathos* era o maior perigo para a autodeterminação do *logos* e da vida moral. As percepções e sensações são a porta pela qual o externo entra no homem. São processos fisiológicos, que assumem im-

---

3. Para uma análise interessante da *fluctuatio*, cf. H. Maillochon, "La notion de *fluctuatio animi* chez Spinoza", in http://www.ac-reunion.fr/pedagogie/philo/Spinoza.htm.

portância para a alma só através da phantasia, algo que se passa na consciência. Só quando se forma a representação – se uma comida é gostosa, ou se uma dor é ruim – se determina na alma um movimento rumo ao objeto representado, um sentimento ou apetição, cujo nome é "instinto" (*hormé*). Este tem origem na alma, numa faculdade, mas apenas se desenvolve se o *logos*, com o seu assentimento, reconhece como válida a representação. Sendo o *logos* são e forte, aprovará sem problema a representação que mostra o alimento como conforma à natureza e a dor como contrastando com a natureza animal. Mas ele não formulará nunca o juízo de que se trata de um bem verdadeiro ou um mal verdadeiro, de tal modo que deva ser buscado ou evitado de modo absoluto. Se o *logos*, por falta de força, faz isto, tem-se um assentimento fraco, uma *doxa*. O instinto que se desenvolve desta *doxa* é irracional, não apenas porque brota de uma faculdade alógica da alma, mas porque suprime a natural preeminência do *logos*. É um "movimento irracional e inatural da alma" (*alogos kai pará physin kínesis psiquês*). Porque ultrapassa os limites do *logos* sadio, é um instinto "que ultrapassa a medida". Assim, o instinto decai em *pathos*, no sofrer, no qual o *logos* renuncia à sua liberdade, rende-se à impressão externa e lhe concede uma influência dominante sobre a alma, sobre seus sentimentos e ações.

O *pathos* é provocado pela representação de um bem ou de um mal, e ela pode referir-se ao presente ou ao futuro. São quatro afecções fundamentais: prazer (*hedoné*), dor (*lipé*) diversa da dor física (*ponos*), o desejo (*epitimia*) e o medo (*phóbos*). O desejo entra no rol, pois à representação de um bem futuro se associa o impulso de possuí-lo. Filon de Alexandria, recolhendo o ensino estóico, diz que as afecções de ira, medo etc., podem ser louváveis numa pessoa piedosa, mas não se conciliam com a natureza de Deus, e devem ser combatidas pelo homem, para que o *Nous*, a razão, não seja atraído para o campo sensível. Poderíamos continuar indefinidamente comentando esta doutrina, das mais relevantes para a ética, tal como a conhecemos; para tanto leia-se o clássico de Max Pohlenz, *Die Stoa*[4].

---

4. Uso a tradução italiana: *La Stoa*, Firenze, 1959, 2 vols.

Spinoza, longe de pensar no combate às paixões, ou recusar a sensibilidade humana, afirma a preponderância das mesmas na vida, e na política particularmente. Assim, a paixão do medo não será atenuada por intermédio de uma ascese, ou do exercício racional, apenas, mas sobretudo com o aumento da potência de uma outra paixão, a proporcionada pela alegria. Combater o medo com a esperança é permanecer no mesmo campo, sem mudar o terreno das opções que o desejo encontra na vida natural e na sociedade civil ou política.

Descartes já refere-se à perfeita alegria e afirma que esta, mesmo para os estóicos, embora sendo uma paixão, pode ser mantida. Alegria na alma e no corpo: "É evidente que a alegria não pode deixar de ser boa, nem a tristeza, de ser má [...] se estivéssemos desprovidos de corpo, ouso dizer que não poderíamos nos abandonar demasiado ao amor e à alegria [...] mas os movimentos corporais que os acompanham podem ser nocivos à saúde, quando muito violentos...". Os sentidos saudáveis causam satisfação, sobretudo "quando o tempo é mais sereno do que habitualmente"[5].

O painel aberto por Spinoza é mais amplo do que o enunciado pelo estoicismo ou pela moral cartesiana. Para o pensador judeu, é preciso analisar ao mesmo tempo os dois extremos, a tristeza e a alegria. Quando temos a imagem de algo, o consideramos presente, mesmo que ele não exista. E o imaginamos como passado ou futuro apenas enquanto a sua imagem está unida à imagem do tempo pretérito ou que virá. Considerada em si mesma, a imagem de algo é a mesma, seja unida ao passado, seja ao futuro, ou ao presente. Em qualquer destas situações, a alegria ou tristeza será a mesma, coisa passada ou futura: enquanto somos ou seremos afetados por ela, se algo que comemos nos fez mal, ou nos fará etc., nosso corpo não experimenta nenhuma afecção que exclua a existência da coisa. Nosso corpo é afetado pela *imagem* da coisa, como se ela estivesse presente. Como temos várias experiências, quando consideramos uma coisa passada ou presente, *flutuamos* e não

---

5. Toda esta passagem empresto de meu livro, *O Caldeirão de Medéia*, São Paulo, Perspectiva, 2001, no capítulo sobre a noção de guerra em Hegel e Holderlin.

conseguimos nos manter firmes, vendo como duvidosa a resolução do dilema. As afecções nascidas das imagens que flutuam em nós, também flutuam segundo as imagens de coisas diversas, até que se tenha adquirido alguma certeza a respeito da solução do nosso relacionamento com a coisa.

Assim, podemos conhecer a esperança, o medo (*metus*), a segurança (*securitas*), o desespero, o contentamento (*gaudium*) e o remorso.

> Esperança é alegria inconstante nascida da imagem de algo futuro ou passado cuja saída consideramos duvidosa. O medo, pelo contrário, é uma tristeza inconstante nascida igualmente da imagem de algo duvidoso. Se destas afecções extrairmos a dúvida, a esperança se transforma em segurança, e o medo se transforma em desespero. Falo de uma alegria ou tristeza nascidas da imagem de algo que nos afetou de medo e de esperança. O gáudio é uma alegria nascida da imagem de algo passado cuja saída foi considerada por nós como duvidosa. O remorso é a tristeza oposta ao gáudio.

A partir desse conceito de flutuação da alma, vejamos o que enuncia, logo no seu portal, o *Tratado Teológico-político*:

> Se os homens fossem capazes de governar toda a conduta de sua vida por um objetivo regrado, se a fortuna lhes fosse sempre favorável, sua alma estaria livre de toda superstição. Mas como eles estão sempre postos num estado incômodo que não lhes permite tomar nenhuma resolução razoável, como eles flutuam quase sempre miseravelmente entre a esperança e o medo, por bens incertos que não sabem desejar com medida, seu pensamento abre-se sempre à mais extrema credulidade. Ele oscila na incerteza. O menor impulso o joga em mil direções diversas, e as agitações da esperança e do medo aumentam mais a sua inconstância. De resto, observemos os homens em outros encontros, nós os veremos confiantes no futuro e cheios de jactância e orgulho.

Deixemos Spinoza temporariamente, com a *fluctuatio* da alma, nos extremos da alegria e da tristeza, no clima de plena dúvida. Passemos a um autor contemporâneo, Elias Canetti. Nas primeiras linhas de seu monumento filosófico sobre a política, *Massa e Poder*, lemos que "não existe nada que o homem mais tema do que ser tocado pelo desconhecido". Assim, de noite, ou em locais escuros, o terror diante de um contato inesperado pode converter-se em pânico. O corpo, como em Spinoza, é o grande ator e paciente neste jogo do medo. Nem as roupas, diz Canetti, protegem, nem as casas. O medo do ladrão não se liga apenas às suas intenções de assalto, mas a um temor de ser tocado num ataque vindo das trevas. O medo de sermos tocados em nosso corpo permanece quando estamos em "sociedade", na rua, nos restaurantes etc. Só agimos de outro modo, sem medo, quando a pessoa nos agrada.

Só quando imerso na massa o homem pode escapar do temor do contato. O medo se transforma em segurança. A massa precisa ser densa, o corpo, nela, se estreita contra outro corpo. Densa também a alma, quando não mais interessa saber "quem nos aperta". Na massa, todos são iguais, formando um só corpo. A inversão do medo de ser tocado faz parte da massa. Nela se propaga um alívio enorme. Esta alegria faz com que o momento feliz da descarga seja quando cada um deixa de ser ele mesmo e se integra na massa.

Leiamos agora o *TTP*:

> A maioria dos homens vive na ignorância de si mesmos. Ninguém, repito, viu os homens sem notar que, ao estarem na prosperidade, todos se gabam, tão ignorantes quanto possam ser, de uma sabedoria tal que julgariam uma injúria receber um conselho. No dia da adversidade, surpreendidos, não sabem qual partido escolher: vemos que eles mendigam ao primeiro que aparece, e por mais inepto, absurdo e frívolo que se imagine um conselho assim, eles o seguem cegamente. Mas logo, a partir da menor aparência, recomeçam a esperar um futuro melhor ou temer as piores infelicidades. Que lhes ocorra, com efeito, quando estão presas do medo, algo que lhes recorde um bem ou mal passado, eles dizem logo que o futuro será propício ou funesto. E cem vezes enganados pelo evento, eles não deixam de acreditar nos bons e maus presságios. Se testemunham um fenômeno extraordinário e que os fere de admiração, aos seus olhos trata-se de um prodígio que anuncia a cólera dos deuses, do Ser Supremo. E não dobrar sua cólera através de preces e sacrifícios é uma impiedade para estes homens conduzidos pela superstição e que desconhecem a religião. Eles querem que toda a natureza seja cúmplice de seus delírios e ficções ridículas, eles a interpretam de mil modos maravilhosos.

O medo, para Spinoza, é desejo de evitar um mal maior, que tememos, por outro, menor (*Ética*, III, 39). Assim, definem-se todos os passos seguintes na *Ética*, como a audácia, desejo que excita alguém a fazer alguma ação correndo o perigo que os seus semelhantes temem enfrentar. A pusilanimidade é o desejo reduzido pelo medo do perigo que as pessoas semelhantes ousam enfrentar. A pusilanimidade é só o medo de um mal que a maioria não costuma temer. Por isto Spinoza não a coloca entre as afecções do desejo. A explica apenas, porque ela se opõe realmente à audácia, tendo em vista o desejo que ela reduz.

> A consternação diz-se daquele cujo desejo de evitar um mal é reduzido pelo espanto do mal de que ele tem medo. Consternação seria um modo de pusilanimidade. Mas ela nasce de um duplo medo e pode ser definida mais comodamente como o medo que contém de tal jeito um homem ferido de estupor ou flutuante, que ele não pode afastar o mal de si. Digo ferido de estupor, enquanto concebemos seu desejo de afastar o mal como reduzido pelo espanto. Digo flutuante, enquanto concebemos este desejo como reduzido pelo medo. Medo de um outro mal que também o atormenta. Donde vem que ele não saiba qual dos dois contornar.

Retomo Elias Canetti e o exemplo da massa em estado de medo (o que é a condição mesma de sua gênese). Um incêndio na sala fechada: o fogo é perigoso e constitui o mais antigo símbolo de massa. A percepção do perigo leva a limites nunca suspeitados entre os espectadores. Diante da morte comum, surge o medo de todos. O fogo produz a massa de homens igualizados pelo medo. Num recinto sem saída, a massa deve desintegrar-se do modo mais violento possível. As portas permitem a passagem de poucas pessoas de cada vez. Entre as filas de cadeiras, só pode passar uma pessoa, separada de seu vizinho. A distância até a porta é diferente para cada um. Todo o corpo, de todos, é limitado. O grito "fogo" é respondido pela impossibilidade de um movimento comum. A porta passa a ser a moldura de uma imagem que logo domina cada um dos presentes em fuga. A massa é forçada a se desintegrar violentamente. Cada um empurra, golpeia, pisoteia a todos, e vice-versa. Desaparecem as diferenças de sexo, idade, condição física. Na massa, todos são iguais no pânico.

O que é o medo pânico? Uma desintegração da massa dentro da massa. O indivíduo *flutua* entre dois pontos. De um lado, ele quer sair da massa. Mas como ainda está nela, precisa lutar contra ela, pois deixar-se levar significa morrer com a massa. O que percebe o indivíduo sobre si mesmo? Que ele recebe golpes e golpeia. E quantos mais golpes der ou receber, mais sentir-se-á ele mesmo nos seus limites. A massa é o fogo em movimento, ela é ígnea. O fogo é massa hostil. Como evitar o pânico? Prolongando-se o estado original do medo unitário da massa. Isto pode ser provocado, por exemplo, numa igreja que esteja ameaçada. Numa situação de medo comunitário, reza-se a um Deus comum a todos, em cujas mãos está o poder de extinguir o fogo por meio de um milagre. Vejamos alguns aspectos do pânico, a partir do mito de Pan.

Sócrates refere-se a Pan como o filho de Hermes com dupla natureza. Eco tentou escapar dele, mas Pan causou tal medo entre os pastores que estavam perto dela que a destruíram, cortando-a, só deixando a sua voz. *Panikon* significa "medo de Pan". Na peça *Medéia*, Eurípides diz que uma velha supôs que o medo de Pan, ou de outros deuses, dela se apoderou. Os romanos associavam Pan com o deus Fauno (o que favorece). Sua mulher era Fauna – cultuada pelas mulheres como a "boa deusa". Os filhos de Fauna e Fauno eram os Fatui, espíritos dos campos e florestas, que poderiam fornecer profecias, ou pesadelos, nos sonhos. Pan é associado e não raro absorvido nos cultos a Dioniso, deus da fertilidade, vegetação, vinho, que também assumiu os caracteres dos Silenos, e Baco, e talvez das Mênades, o lado mais selvagem das ninfas. *Iacchos* era o lado místico de Dioniso. Nas *Bacantes* se desencadeia a fúria de Dioniso, o deus despedaçado e que dilacera. Um aspecto desta divindade, analisado por Maria Daraki, é a circulação. "Dioniso não é o deus que 'sofre' mas que circula. Suas partidas e chegadas inscrevem-se num percurso circular que estabelece a junção entre o mundo dos mortos e o dos vivos."

É importante a conclusão do enunciado acima, em Maria Daraki: "O dionisismo é o campo de uma lógica circular que maneja perfeitamente a 'oposição binária' mas [...] em vez de opor os termos antagônicos [...] os liga, assegura sua união em circuitos repetitivos que se reagrupam num sistema rigoroso" (*Dionysos*). Circulação, sobretudo das desgraças. O deus louco, embriagado, age através dos cidadãos, por pessoas instrumentalizadas. Lembra Walter Otto: quando Dioniso chegou em Argos, e os habitantes não quiseram adorá-lo, ele jogou as mulheres no delírio, e elas devoraram a carne de seus próprios filhos ("A Tenebrosa Demência", in *Dionysos*).

Nas *Bacantes*, as Mênades precipitam-se sobre um rebanho de bois, matam os animais poderosos, e lhes arrancam os membros. Orestes e Pylades, que se apossaram de Hermione, são comparados às Bacantes carregando um animalzinho. O verbo *nebrizein* finaliza Walter Otto, "é usado para descrever o despedaçamento de jovens cabritos pelas Mênades". A folia dionisíaca, que se efetiva na música, na dança e no vinho, mostra-se como "união de opostos [...] de espantosa violência", diz o mesmo autor. De qualquer modo, a loucura da peça mostra a distância infinita entre "o nada do espírito humano e a exigência total, inelutável, afirmação terrível do divino" (H. Jeanmaire, *Dionysos*). Ela indica permanente dissolução.

O comentário de René Girard sobre as *Bacantes* traz o problema da instauração societária. O linchamento, internamente, cumpre o que a guerra realiza nas relações entre os povos. Furor originariamente homicida, a embriaguez dionisíaca, sacrifício que funda a comunhão, faz do coletivo o grande sacerdote, e das partes, vítimas potenciais permanentes. "A metamorfose dos pacíficos cidadãos em bestas feras é demasiado atroz e passageira para que a comunidade aceite nela se reconhecer, para que ela acolha como seu o estranho e terrível rosto que, aliás, só foi visto de relance" (H. Jeanmaire, *A Violência e o Sagrado*). Este último trecho também se encontra em meu livro *O Caldeirão de Medéia*.

Soldados gregos cultuaram Pan, com ele se identificavam, oferecendo-lhe sacrifícios para que ele os ajudasse, transferindo o pânico para os seus inimigos. Temos, nesta pequena inspeção sobre o deus Pan, elementos para pensar o medo. A experiência medrosa trazida pelo nome de Pan, no Ocidente, liga-se muito ao relato de Plutarco sobre a morte do deus:

Uma vez, em viagem pela Itália, um mestre embarcou num navio. Já vinha a tarde quando [...] o vento parou e o navio deteve-se perto de Paxi. Muitos estavam acordados, e muitos ainda não tinham libado seu vinho servido após o jantar. De repente, da ilha de Paxi ouviu-se a voz de alguém chamando fortemente por Thamus, e todos ficaram espantados. Thamus era um piloto egípcio, não conhecido pelo seu nome por muitos que estavam a bordo. Ele foi chamado duas vezes, sem resposta, mas na terceira ele respondeu. E o que chamava, erguendo sua voz, disse: "quando você passar por Palodes, anuncia fortemente que o grande Pan morreu". Ouvindo isto, todos ficaram estupefatos e raciocinavam entre si se era melhor esquecer a ordem ou a recusar. Nessas circunstâncias, Thamus decidiu que se houvesse uma brisa, ele velejaria quieto, mas sem vento, e num mar calmo, ele proclamaria o que ouviu. Em Palodes não havia bem vento nem ondas, Thamus gritou olhando a terra: "O grande Pan morreu". Quando a última palavra deixara os seus lábios, subiu da ilha um grito de dor não de uma pessoa, mas de muitas, misturadas com exclamações de desespero (*De defectu oraculorum*, 419b-e).

Numa sala em fogo, retomando Canetti, se ela for um teatro, secularizada, onde não existem numes pois o grande Pan morreu, brota o pânico. Numa igreja, com um Deus comum, se reitera a crença no milagre. Num caso, temos o estupor, o medo duplo. No outro, a esperança supersticiosa. Retomo Spinoza:

> Os sentimentos de esperança e de medo não podem ser bons por eles mesmos. Não há medo ou esperança sem tristeza, pois o medo é uma tristeza, e não existe esperança sem medo. Logo, estas afecções não podem ser boas em si mesmas, mas apenas elas podem reduzir um excesso de alegria. O medo e a esperança indicam uma falta de conhecimento, impotência. Também a segurança, o desespero, o gáudio, o remorso são sinais de impotência interna. Embora a segurança e o gáudio sejam afecções da alegria, eles supõem uma tristeza antecedente, ou seja, a esperança e o medo. Quanto mais nos esforçamos por viver sob a razão, nos esforçamos por nos tornar menos dependentes da esperança, nos libertar do medo, comandar a fortuna tanto quanto possível, dirigir nossos atos segundo um conselho certo da razão (*Ética*, 4, proposição 47).

Como os homens raramente vivem sob o comando da razão, a esperança e o medo proporcionam mais vantagens do que inconvenientes. Como é preciso cometer a falta, mais vale fazê-lo neste sentido. Pois se os homens que possuem alma impotente fossem todos igualmente orgulhosos, não tivessem vergonha de nada e nada temessem, quais elos os poderiam unir e conter? "O vulgo é terrível quando não teme", lembra Spinoza. Assim, não é espantoso que os profetas, preocupados não com a utilidade para o pequeno número, mas com a utilidade comum, tenham recomendado tanto a humildade, o arrependimento, o respeito. E na verdade os que estão submetidos a estes sentimentos podem, melhor do que os outros, ser conduzidos a viver enfim sob a conduta da razão, isto é, sendo livres e gozar a vida dos beatos.

Adiante, na mesma *Ética* (livro IV, proposição 63), Spinoza afirma: "quem é conduzido pelo medo e faz o bem para evitar o mal não é conduzido pela razão. Todos os sentimentos que se ligam à mente enquanto ela é ativa, ou seja, à razão, são apenas afecções de alegria e desejo. Quem é dirigido pelo medo e faz o que é bom por medo não é conduzido pela razão. Os supersticiosos, que sabem invectivar os vícios mais do que ensinar as virtudes, e buscam não conduzir os homens pela razão, mas contê-los pelo medo, os fazem fugir do mal sem amar as virtudes, só tendem a tornar os homens miseráveis, como eles. Não é espantoso, pois, que eles sejam o mais das vezes molestos e odiosos para os homens".

Spinoza afirma que podemos nos liberar do medo, pois somos eternos. No livro V, proposição 39, diz ele que "quem possui um corpo apto ao maior número de ações tem a mente da qual a maior parte é eterna". Quem possui um corpo capaz de muitas ações é menos dominado pelos sentimentos contrários à nossa natureza. Ele pode ordenar e encadear as afecções segundo uma ordem conforme ao intelecto e fazer com que todas as afecções sejam relacionadas com a idéia de Deus. Ele estará afetado em relação a Deus por um amor que ocupa a maior parte da mente, e, por conseguinte, ele possui uma mente cuja maior parte é eterna.

Quanto mais uma coisa tem perfeição, mais ela age e menos é passiva. Inversamente, mais ela age e mais ela é perfeita. O fundamento primeiro e único da virtude ou da reta conduta da vida consiste em buscar o que é útil, o que nos é próprio. A mente é eterna. Mas a persuasão do vulgo mostra-se outra. A maioria, nele,

parece acreditar que é livre na medida em que é lhe permitido obedecer à sua libido. Então abandonam sua independência na medida em que são obrigados a viver segundo a prescrição da lei divina. A moralidade, a religião, e tudo o que sem restrição se relaciona com a força da alma (*animi fortitudinem*), eles as tomam como fardos que esperam depor após a morte, para receber o prêmio da servidão (*pretium servitutis*), a saber da moral e da religião. Não é apenas a esperança, mas também o medo de serem punidos com horríveis castigos após a morte, que os empurram a viver segundo a lei divina, tanto quanto lhes permite a sua pequenez e sua alma impotente (*tenuitas et impotens animus*). E se os homens não tivessem esta esperança e este medo, se acreditassem pelo contrário que a mente perece com o corpo, e não restasse aos infelizes esgotados pelo fardo da moral nenhuma sobrevida, eles voltariam ao seu natural, querendo tudo governar segundo suas inclinações e obedecer à fortuna, mais do que a si mesmos. Isto não me parece menos absurdo do que um homem, porque não acredita poder alimentar seu corpo eternamente com bons alimentos, preferiria se saturar de venenos letais. Ou então, porque ele vê que a mente não é eterna ou imortal, prefere ser demente (*amente*) e viver sem razão. Um tal absurdo mal merece ser notado.

É útil aos homens atar relações entre si, forjar liames que os tornam mais aptos a constituir, juntos, um só todo, e fazer sem restrições o que contribui para afirmar as amizades (livro IV, capítulo 12). A concórdia nasce da justiça, eqüidade, honestidade. Os homens suportam dificilmente, além do que é iníquo e injusto, o que se considera vergonhoso. Eles suportam mal testemunharem o desprezo dos costumes recebidos no Estado. No capítulo 16 lemos: "a concórdia, ordinariamente, tem por origem o medo, mas sem boa fé (*sed sine fide*)". Acrescentemos que o medo nasce da impotência da alma, e não pertence ao uso da razão, não mais do que piedade, embora esta última tenha a aparência da moralidade. Retenhamos a expressão "sem boa fé". Ela é capital para entender a tese de Spinoza, eivada de maquiavelismo, na questão do pacto social e do direito natural. O pacto, para ser válido, e durável, deve seguir algumas condições. É uma lei universal da natureza que ninguém renuncia ao que considera ser um bem, salvo na esperança de um bem maior, ou no medo que resulte indiretamente num prejuízo. Ninguém aceita um mal, a não ser para evitar um pior, ou na esperança de um bem. Trata-se daquilo que ele considera melhor ou pior, sem que necessariamente o seja de fato. Esta lei está escrita em caracteres tão fundos na natureza humana que é preciso considerá-la entre as verdades eternas, às quais ninguém pode fugir.

Conseqüência: ninguém pode prometer, sem engodo, alienar-se do direito do qual goza em todos os domínios, nem se decidir a manter esta promessa, a menos que tenha um medo de um mal maior ou da esperança de um bem:

> Um ladrão me constrange a lhe prometer a lhe entregar tudo o que é meu. Meu direito natural é determinado apenas pela minha força. Se posso escapar do ladrão por uma promessa enganosa, estou autorizado pelo direito natural. No meu interior, posso perfeitamente não ter a intenção de manter a promessa. Ou se prometo a alguém que passarei vinte dias sem comer. Se percebo a estupidez desta promessa, estou na obrigação de escolher entre dois males, o menor.

Dentre as fontes de Spinoza, neste passo, uma é certa: Maquiavel, na *Primeira Década de Tito Livio*, livro III, capítulo 42: "não existe vergonha em violar as promessas arrancadas pela força. Serão rompidas sem desonra as convenções pelas quais se empenhou a nação todas as vezes que a força que a obrigou a contratá-la não existe mais".

No Artigo 5 do capítulo 1 do *TP*, pode-se ler que as relações entre os homens, ou a unidade em forma social, trazem o selo de origem das paixões. A piedade, ambição de glória, ambição de dominação, inveja:

> Só pelo fato de sua constituição, eles lamentam os seus semelhantes infelizes, e os invejam quando felizes, inclinando-se à vingança e pouco à misericórdia, cada um querendo fazer com que os demais adotem a sua regra pessoal de vida, aprovar o que aprova, recusar o que rejeita. Tais homens querem, assim, ser os primeiros, entram em rivalidade, e tentam, na medida de seu poder, esmagar uns aos outros. O vencedor, após a luta, se gloria mais de ter causado prejuízo ao outro do que ter ganho algo para si. Sem dúvida, assim agindo, todos permanecem convictos de que a religião lhes ensina algo diferente. Ela ensina a amar seu próximo como a si mesmo, isto é, se fazer tão ardente campeão do direito do outro quanto do seu. Mas esta convicção, como vimos, não tem efeito sobre os sentimentos. No máximo, ela influi na hora da morte, quando a doença triunfou sobre os sentimentos e o ser humano jaz inerme, ou nas igrejas, onde os homens não têm relações entre si. Mas ela não prevalece no tribunal nem nas casas dos poderosos, enquanto a sua necessidade seria certamente sentida. É verdade que a razão é capaz de combater sentimentos e moderá-los consideravelmente. Entretanto, a via indicada pela razão nos pareceu muito árdua. Não iremos, pois, acariciar a ilusão de que seria possível conduzir a multidão, nem os homens públicos, a viver segundo a disciplina exclusiva da razão. Neste caso, estaríamos sonhando com uma poética da idade do ouro, uma história fabulosa.

As paixões que definem a política têm origem comum naquilo que Matheron chama, seguindo o próprio Spinoza, "imitação afetiva", deduzida na *Ética*, III, 27. O item imediatamente anterior à proposição 27 refere-se ao orgulho, alegria que nasce do fato de que um indivíduo se estime de modo mais do que o justo, ele se considera melhor do que é. Aliás, o orgulho é definido como delírio, porque nele o homem sonha com os olhos abertos. Nele o indivíduo julga poder tudo o que abarca a sua imaginação. A partir daí, Spinoza diz que "da imaginação que uma coisa semelhante a nós (e que antes nos era indiferente) prova por nós algum afeto, também nós experimentamos, por isto mesmo, um afeto semelhante".

Para demonstrar essa tese, Spinoza indica que as imagens são afecções do corpo humano, cujas idéias nos representam os corpos externos como se fossem presentes a nós. Estas idéias envolvem a natureza de nosso corpo e ao mesmo tempo (*simul*) a natureza presente de um corpo exterior. Se a natureza de um corpo exterior é semelhante à de nosso corpo, a idéia do corpo exterior que imaginamos envolverá uma afecção de nosso corpo semelhante à do corpo exterior. Por conseguinte, se imaginamos alguém semelhante a nós afetado de alguma afecção, esta imaginação envolverá uma afecção semelhante de nosso corpo. Pelo próprio fato de imaginarmos que alguma coisa semelhante a nós experimenta alguma afecção, experimentamos uma afecção semelhante à sua. Se, ao contrário, odiássemos uma coisa semelhante a nós, experimentaríamos na medida de nosso ódio uma afecção contrária e não semelhante à sua. E no escólio, esta imitação das afecções, quando ela ocorre diante da tristeza, chama-se comiseração, mas se é a respeito de um desejo, ela torna-se emulação, que nada mais é que o desejo de uma coisa engendrado em nós pelo motivo de que imaginamos que outros seres semelhantes a nós também a desejam.

Indica um comentador italiano de Spinoza (Tiziano Salari, *Spinoza e il mimetismo del desiderio*) a grande superioridade da intuição spinozana sobre as cartesianas *Paixões da alma*, a de sujeitar as paixões, que eram discutidas como separadas uma da outra, a um princípio unificador: o desejo (*cupiditas*) como "a própria essência do homem, enquanto ela é concebida como determinada a fazer algo por um afeto qualquer, dado nela". Desejo é o apetite com consciência de si mesmo, é o fazer coisas que sirvam para a conservação de si. Cf. *Ética*, III,

Definição das Afecções. O mimetismo do desejo funda a comunidade política, e nesta fundação o medo adquire relevo. Segundo Lucia Nocentini (*Il fondamenti della civitas: La concezione spinoziana dello Stato, individuo di individui*), a união estatal forma uma individualidade, só distinta das individualidades que a compõem em quantidade e força. O indivíduo Estado (*imperium*) e o complexo da individualidade político-social (*Civitas*) se cortam, segundo um duplo relacionamento. Ao mesmo tempo que as subjetividades concretas determinam a existência do Estado e o setor governante e institucional, segundo uma linha ascendente, de modo paralelo os institutos descem até às subjetividades concretas segundo uma comunicação biunívoca de cujo equilíbrio dependem a sobrevivência e a estabilidade de todo o corpo social.

Há uma relação de reciprocidade: "Para conservar a si mesmos os indivíduos precisam uns dos outros; devem pois ser conduzidos, através da busca de seus próprios interesses, a desejar a conservação do Estado" (*TP*, VII, 4, 22; VIII, 24, 31; X, 6). Sua constituição natural, diz Spinoza, conduz os homens a procurar apaixonadamente seu interesse próprio e a julgar a justiça das leis com parcialidade, segundo elas contribuam ou não para preservar o crescimento de seus bens. Sabe-se também que eles só tornam-se campeões da causa alheia na medida em que acreditam, por este meio, defender seus próprios negócios. E "reciprocamente o Estado, para se conservar, deve tender a conservar os indivíduos, garantindo-lhes a segurança que é a condição fundamental da obediência cívica: em um Estado dominado pela anarquia, ou sujeito à potência dos seus inimigos, desaparece a lealdade (*TP*, X, 9-10; e *tutto il* cap. VI)". Em verdade, se um corpo político pode assegurar sua eterna conservação, diz Spinoza, quando analisa a aristocracia, será necessariamente aquele cuja legislação, uma vez estabelecida sob forma conveniente, permanece protegida contra todo atentado. Pois a legislação é a alma do Estado. Se ela dura, o Estado de seu lado preserva-se. Ora, qual deve ser a legislação para resistir a todas as mudanças? Ela deve se apoiar ao mesmo tempo sobre a razão e sobre a disposição apaixonada própria aos humanos. Se ela só tivesse o sustento da razão, seria fraca e sucumbiria facilmente. Jogo das paixões. Um sentimento é vencido por outro:

> Não se vê, com freqüência, o medo da morte ser vencido pela violência de um desejo aos bens externos? Ou então, alegar-se-ia, os que fogem com medo do inimigo não seriam mais detidos por nenhum outro medo? Eles se precipitam nos rios ou penetram num braseiro, para evitar o ferro do inimigo. Uma nação pode ser bem organizada e suas leis excelentes, tanto quanto se quiser. Entretanto, assim como demonstra a história, os habitantes são por vezes tomados, em situações críticas para o Estado, de um terror pânico (*terrore quodam panico*) que nada mais enxerga senão o medo (*metus*) que se experimenta no presente. Sem nenhuma consideração pelo futuro, nem pela simples legalidade, todos os olhos se dirigem para um homem de guerra famoso. Ele é desligado da obediência comum às leis, decisão desastrosa lhe prolonga o seu comando ao exército e a salvação coletiva é totalmente posta em suas mãos. A resposta a toda esta objeção do pânico é fácil. Numa coletividade pública bem organizada, um terror daquele gênero não teria nascido sem motivo verdadeiro. De modo que o terror e a confusão, se instalam numa tal república, só decorreriam de uma causa, imprevisível mesmo para a maior sabedoria.

O corpo político, como os demais corpos vivos, é sujeito a coisas externas e à instabilidade interna. Estas ações podem aumentar o seu *conatus* ou diminuí-lo. Este é o tema do capítulo 10 do *TP*.

> Desde que os homens se fazem dirigir pelas paixões mais do que pela razão, uma multidão de pessoas é conduzida, por natureza, a unir-se numa só mente, não dirigida pela razão, mas por algum afeto comum, ou seja (como dissemos no artigo 9 do capítulo 3), por uma esperança comum, ou medo ou desejo, de vingar um dano. Porque de fato o medo da solidão é ínsita em todos os homens, do momento em que nenhum deles, por si só, tem força para defender-se e dar-se o necessário para viver, assim, os homens tendem, por natureza, ao estado civil, e não ocorre nunca que eles o destruam totalmente (*TP*, VI, 1).

Segundo Lucia Nocentini[6] todas as causas possíveis das crises políticas são conduzidas, em geral, a exemplo de Ma-

---

6. A autora cita Matheron: "Nenhuma diferença, por conseguinte, entre as leis jurídicas e as leis físicas: umas e outras são as regras uniformes pelas quais se exprime a vida de uma essência individual [...] o imperium, não mais do que o homem, não é império num império; mas, como o homem, e como não importa qual ser, ele constitui uma totalidade fechada em

quiavel, ao distanciamento e separação diante do princípio originário constitutivo. É a perda ou acréscimo de elementos ao corpo político que produzem o desequilíbrio ou reequilíbrio do todo.

> A causa principal de desagregação dos Estados é a que que observa o agudíssimo florentino no primeiro capítulo do livro terceiro dos *Discorsi sopra la Prima Deca di Tito Livio*, ou seja, que ao Estado, como ao corpo humano, se acrescenta algo que, por vezes, faz necessária uma intervenção curativa; e por isto, diz ele, é preciso que por intervalos o Estado seja reconduzido ao princípio sobre o qual foi instituído originariamente.

O trecho de Maquiavel citado por Spinoza[7] assume claramente a metáfora médica para manter a saúde do corpo político. Mais particularmente, o florentino cita um enunciado em latim, que diz *Quod quotidie aggregatur aliquid, quod quandoque indiget curatione* ("Que se acumula cada dia algum humor maligno o qual, de tempos em tempos, precisa ser purgado"). No décimo capítulo do *TP* são especificadas as causas possíveis da desagregação dos organismos políticos. A crise estatal não é definida unilateralmente, face aos cida-

---

si e dotada, por esta razão, de uma autonomia relativa [...] compreendemos, assim, as relações entretidas pelo indivíduo humano com o indivíduo Estado onde ele se integra. Estas relações são duplas. De uma parte, os súditos são a causa imanente da sociedade política [...]. Este movimento ascensional pode se efetuar mais ou menos bem, mas sua parada completa significaria a destruição do corpo social. Se o Estado existe, em definitivo, é apenas na medida em que os seus membros o desejam; que eles deixem de aceitá-lo, e logo ele desaparecerá. Mas de outro lado, o Estado, uma vez produzido, apresenta-se aos súditos sob a forma da transcendência [...]. Transcendência e imanência [...] devem achar um justo equilíbrio. Tal é o papel das instituições [...]. Um excesso de imanência nos conduziria ao estado de natureza. Um excesso de transcendência igualmente, pois ele significaria tirania, descontentamento e revolta". Cf. A. Matheron, *Individu et communnauté chez Spinoza*, Paris, Les Editions de Minuit, 1969, pp. 348, 350.

7. O debate sobre o "maquiavelismo" de Spinoza consome imensos rios de tinta. Para uma discussão recente, leia-se Paolo Cristofolini, "Spinoza e l'acutissimo fiorentino" (2001), in http://www.fogliospinoziano.it/artic9b. Veja-se a consideração crítica deste trabalho em Wim Klever, *Imperium Aeternum: Spinoza's Critique of Machiavelli and it's source in Van den Enden*, mesmo endereço eletrônico.

dãos, mas sobretudo diante da legitimidade do mando, a partir do *metron* trazido pelo consenso. A vida do Estado só vale na medida em que valem a vida dos que o compõem, esta é a sua razão de ser, esta é a soberania do corpo social. Quanto mais ampla a alegria, mais diminui o medo. A democracia efetiva é, de fato, o único remédio eficaz contra o pavor mútuo dos indivíduos. Esta é a grande réplica de Spinoza ao pensamento dos que, a exemplo de Hobbes, multiplicam o pânico e a insegurança, por força de reprimir a liberdade pública dos cidadãos.

DESAFIOS POLÍTICOS

Alguns teólogos dizem que o divino imperador Antonino não era virtuoso; que ele era um estóico muito cabeçudo e que, não contente de comandar os homens, queria ainda ser por eles estimado; que ele atribuía a si mesmo o bem que fazia ao gênero humano; que durante a sua vida inteira ele foi justo, trabalhador, benfazejo, por vaidade, e que ele apenas enganou os homens com suas virtudes; grito então: Meu Deus, dai-nos com mais freqüência semelhantes ladrões!

1. CIÊNCIA E TECNOLOGIA NO BRASIL: QUESTÕES DE ESTADO

Estamos frente à natureza violenta, forte o bastante para amedrontar. Ela nos força e apresenta a morte em cada clareira. A guerra que domina o mundo de modo permanente nos alerta: precisamos produzir, com nossas mãos, instrumentos para viver, na coletividade brasileira, um pouco mais, um átimo pelo menos. Com isto, nosso pensamento eleva-se e domina o espaço, durante tempo limitado, é verdade. Parece impossível, no Brasil, deixar o estado de natureza onde os homens são lobos. A violência que perpassa os momentos da nossa sociedade, cheia de corrupção, mortes determinadas pela busca de lucro, o que inclui os narcóticos, somada à recrudescente barbárie das superpotências, todos esses pontos integram a pauta dos temas que devem ser encaminhados nas universidades brasileiras, das salas de aula aos laboratórios e às bibliotecas e arquivos.

Que outro quadro podemos apresentar, diferente do pandemônio brasileiro, o exato contrário de um cosmos, onde povos erram sem eira nem beira, conduzidos pela propaganda de elites alheias ao presente, e chegam ao confisco de corpos e almas, atingindo humanos aos milhões? Gostaria de introduzir em nosso debate certos pontos teóricos sobre a produção científica e tecnológica. Somos universitários. Sem parâmetros de pensamento, perdemos nossa identidade, reduzimos nossa consciência e atos à simples recusa ou aplauso dos que exercem o poder.

Retomo algumas teses enunciadas por Andre Leroi-Gourhan, um dos maiores etnólogos de nosso tempo, dedicado ao estudo da origem e desenvolvimento das técnicas e dos saberes humanos, desde a pré-história até o século XX. Como não se trata de um tratado sobre as teorias de Gourhan, apenas assinalarei os pontos essenciais de sua análise. Em seu escrito intitulado *Evolução e Técnica*[1], Gourhan examina de forma meticulosa o conjunto das artes humanas de fabricação, aquisição ou consumo de saberes. Ali, de modo rigoroso, ele expõe o quanto o elemento tecnológico é determinante, em última instância, de toda a vida social. Gourhan mostra a existência forjada pela técnica como um sistema onde, dado um traço, todos os demais se definem, com maior ou menor densidade e coerência. Todo sistema de ciências e técnicas ergue-se contra o elemento que desafia os homens desde os seus primeiros instantes enquanto gênero: a contingência, o aleatório, o acaso. Assim, "o processo humano, surgido dos constrangimentos biológicos, desenvolvendo-se na ordem dos signos, apressado pela indústria e figurado pelas técnicas da comunicação, é um processo cumulativo. O passado da espécie condiciona o futuro da etnia"[2].

Desse modo, todas as partes do processo tecnológico e científico foram conquistas lentas da humanidade, ao longo dos milênios: a postura ereta, a linguagem, a imaginação, a

---

1. *Evolution et Technique*, Paris, Albin Michel, 1973.
2. Michel Guerin, "Leroi-Gourhan, notre Buffon", in *Révue de Métaphysique et de Morale*, 2, 1977, p. 174. Para efeito de comodidade, seguirei passo a passo este comentário de Guerin aos trabalhos de Leroi-Gourhan. Deste modo, seja em paráfrases, seja diretamente entre aspas, esta parte de minha exposição usa diretamente o artigo citado.

memória. Gourhan aceita a idéia de que o aumento de nosso cérebro vem da solidariedade funcional entre ele e as mãos. O primeiro ganhou com os progressos da adaptação locomotora, e não a provocou. Afirma Gourhan: "Tudo se passa como se o cérebro viesse progressivamente ocupar os territórios anteriores, na medida que eles se liberavam dos constrangimentos mecânicos da face"[3]. Cede o prognatismo, o qual diminui progressivamente "em coesão estreita com a base de sustento do edifício craniano". Com a regressão dentária, segue-se a expansão cerebral. Numa frase sintética, mas viva: "somos inteligentes porque ficamos de pé. Também por este motivo, nossa mão pode segurar e transformar". E como ficamos erguidos? Por adaptação. Este é o traço constante no processo evolutivo. Comenta o filósofo Michel Guerin: "o técnico comporta-se frente à matéria, que ele ataca, em função de certos meios de atividade, do mesmo jeito que o ser vivo, no interior de seu meio". Assim, só há produção, para o ente vivo, para a técnica, para as sociedades, sob o constrangimento. A evolução transforma este constrangimento em tendência adquirida pela espécie. Todas as faculdades mobilizadas pelo cérebro e pelas mãos, durante milênios, tornam-se algo próprio, tendências de inconscientes, mas ativas nas sociedades humanas.

As teses de Gourhan têm um imenso pretérito de reflexões atrás de si. De Aristóteles até Hegel, chegando a Marx e aos antropólogos modernos, a reflexão sobre o elo entre a capacidade mental e as mãos, entre ciência e técnica, é uma constante. Certos críticos do pensamento ocidental, como Heidegger, enxergam na técnica a metafísica que aprisionou o humano, exilando-o do Ser. Não sigo esta vertente do pensamento, apenas a indico pela sua valorização negativa da técnica. Adepto das Luzes e da ciência, eu valorizo positivamente as artes, as técnicas, os saberes científicos.

As mãos, pensam os filósofos do ocidente, constituem o primeiro instrumento técnico que abre o homem para o convívio com a natureza e com seus iguais, ou para a guerra permanente, tanto contra o cosmos quanto em detrimento do coletivo humano. As mãos podem seguir rumo a direções as mais di-

---

3. Gourhan, *Le Geste et la Parole*, t. I, Paris, Albin Michel.

versas. Se ignorarmos Platão, o grande cantor da origem mecânica do universo e da política (a *República* é um autêntico projeto de certa máquina para se viver coletivamente) vemos, em Aristóteles, no *De partibus animalium* (1453b 4), que o homem, porque é o mais inteligente dos animais, possui mão. Esta é "polimorfa e multifuncional, sua técnica é uma politécnica. 'A mão parece bem ser não um instrumento, mas muitos' " (687a 20). A natureza dotou os outros animais com uma arma, mas uma apenas, da qual, aliás, eles não podem se desfazer, donde a rigidez de sua conduta: "Eles são forçados, por assim dizer, a manter suas sandálias para dormir ou para fazer qualquer coisa, e nunca devem depor a armadura que têm ao redor de seu corpo, nem mudar a arma que receberam". A mão do homem, pelo contrário, é um instrumento que potencialmente reúne vários instrumentos, um instrumento para se servir de instrumentos. Sua morfologia lhe permite todas as transformações: "A mão se torna garra, serra, chifre, lança ou espada" (687b 3). A mão tátil, e não apenas a mão motora, "torna-se o símbolo do homem inteligente"[4].

As mãos definem um campo de troca do corpo humano com a natureza, que os demais sentidos não asseguram integralmente. Elas são estruturadas fundamentalmente pelo tato. Este sentido, embora presente em todo o corpo, torna-se mais ativo nas mãos. No *De anima*, Aristóteles declara que o tato é a "sensação mais precisa no homem". É pelo tato que o ser humano ultrapassa os outros animais. "Nos outros sentidos, o homem se distancia em muito dos animais, em troca, no tato ele ultrapassa em muito a precisão dos animais" (*De anima*).

Nesse elogio das mãos notemos o símile posto por Aristóteles, entre elas e os instrumentos de morte, que nos animais constituem apenas um. No homem, as mãos se diversificam indefinidamente. Quanto mais precisão das garras, mais inteligência. Isto pode conduzir à vida, com os instrumentos que servem ao conhecimento científico, às artes liberais, ou pode conduzir à morte, com as lanças etc. *Tool making animal*, o

---

4. Cf. G. Romeyer-Dherhey, "Voir et toucher. Le problème de la prééminence d'un sens chez Aristote", in *Révue de Métaphysique et de Morale*, 4/1991.

homem reproduz, com engenho e arte, a partir dos olhos e das mãos, o mundo onde vive ou morre. Cada homem tem acesso à ciência e à tecnologia da morte, e da vida. No século XVIII, durante as Luzes, quando mais se louvou a ciência e a técnica ao alcance do maior número de massas humanas, a doutrina de Aristóteles foi retomada por Condillac, Diderot e outros amigos do saber. Junto com o entusiasmo pelas mãos polivalentes, veio o elogio do tato e a tese de que o conhecimento técnico e científico constituem *conditio sine qua non* para que o povo seja soberano de fato, e não apenas de direito. Mas o século XVIII não acreditou unilateralmente nos benefícios da arte e da técnica. Ele sabia que desde o início ambas podem seguir para campos diversos e conflitantes, a vida e a morte dos indivíduos e das coletividades humanas.

Semelhante percepção é retomada, com vários senões, no século XIX, por Hegel quando ele diz que "todo ser vivo visto isoladamente permanece na contradição de ser para si mesmo como esta unidade fechada, mas de depender ao mesmo tempo dos outros. A luta para a solução da contradição não sai desta procura e continuidade da guerra permanente" (*Lições sobre a Estética*). Na *Lógica* (Livro III, 1 b) hegeliana, quando ainda se descreve o processo vital, o impulso de eliminar toda alteridade conduz o ser vivo ao choque entre sua interioridade e o mundo externo de que ele depende. O sentimento desse embate é a dor. "Quando se diz que não é possível pensar a contradição, lembremos que ela o é, entretanto, sobretudo na dor do ser vivo, onde ela surge como uma existência efetiva". A violência já se define, pois, no encontro entre o ente vivo e a natureza. A marca dolorosa, cujo apaziguamento é sempre passageiro, segue o itinerário humano rumo à cultura, mundo intelectualizado, "reino animal do espírito".

Hegel discute a posse e mostra que esta, ainda não pleno direito de propriedade, dá-se através das garras humanas. A posse, eu a exerço com as minhas mãos, mas seu domínio deve ser ampliado. "A mão é este grande órgão não possuído por nenhum animal. O que eu pego com ela pode também se transformar num meio com que eu *agarro* outra coisa" (*Lições sobre a Filosofia do Direito*, § 55 e adição). Aí temos a idéia do conceito (*Greifen Begriff*) enquanto capacidade noética de agarrar o mundo objetivo e espiritual. Dentre os principais instrumentos para ampliar minha posse e poder sobre os outros, sublinha Hegel, estão as "forças mecânicas e as armas".

No século XX, um grande pensador, Elias Canetti, no monumento de filosofia política e de antropologia intitulado *Massa e Poder*, analisou detidamente a mão humana, fonte do aperfeiçoamento animal que produziu o homem e, neste último, conduz ao convívio e à produção técnica para a vida e para a morte, na indústria, no comércio, na guerra. Canetti põe a imaginação para capturar a essência dos atos técnicos e a gênese antropológica. A mão teria sido produzida pela vida nas árvores. Sua primeira marca de origem é a separação do polegar. A forma vigorosa daquele dedo, o maior espaço entre ele e os demais, permitem o uso do que antes era "apenas garra para segurar nos galhos". As mãos, com tal ajuda, permitem aos animais conhecidos como macacos o deslocamento em todas as direções, nas árvores. Mas um detalhe é relevante, pensa Canetti. As mãos, assim liberadas, adquirem uma função nova. As duas mãos podem fazer a mesma coisa num só momento. Enquanto uma busca alcançar o galho seguinte, a outra segura o anterior. Note-se esta passagem estratégica: antes, um ato vem depois do outro. Agora, o sincronismo permite modificar o movimento no espaço e *no tempo*. Isto permite a rapidez sincronizada nos atos dos animais. A mão que segura não pode soltar o corpo. Ela adquire uma tenacidade inédita, mas precisa soltar o corpo rapidamente, seguindo a velocidade da outra mão, a que agarra o próximo galho. "Portanto, é o soltar com a rapidez de um relâmpago a nova aptidão que se agrega à mão; antes a presa nunca era solta, a não ser sob coerção extrema e de forma pouco habitual. Assim pegar e soltar se sucedem, e conferem aos macacos a leveza que tanto admiramos neles".

Nós conservamos essa propriedade das mãos, e isso possibilita que uma faça sempre o jogo da outra. E dessa faina manipulativa surge, pensa Canetti, o comércio. Nele, enquanto a mão segura um objeto, a outra é estendida, cheia de desejo, rumo a ele. "A alegria difundida e profunda que o homem encontra no comércio em parte pode ser explicada porque perpetua uma de suas mais antigas configurações de movimento sob a forma de atitude psíquica. Em nada o homem ainda está tão próximo do macaco como no comércio". Mas voltemos, diz Canetti, a um instante anterior na gênese do ser humano. Porque as mãos puderam aprender a agir simultaneamente, em sincronismo, vencendo as primeiras barreiras da existência diacrônica?

> Nos galhos das árvores a mão aprendeu um modo de segurar que já não tinha mais a finalidade da alimentação imediata. O caminho curto e monótono da mão para a boca foi interrompido dessa maneira. Quando o galho se quebrou na mão, nasceu o porrete, um instrumento com o qual se consegue criar distância. Assim como a postura ereta jamais perdeu sua característica patética, da mesma forma o porrete, com todas as suas transformações, jamais perdeu sua função primária: como vara mágica e como cetro, ele se manteve como atributo de duas importantes formas de poder.

Essas afirmações de Canetti são ilustradas num dos mais belos filmes já produzidos, um verdadeiro poema trágico sobre a técnica e os saberes humanos. Refiro-me a *2001: Uma Odisséia no Espaço*. Nele, se atenuarmos o exagero evolucionista e romântico, percebemos uma rigorosa análise sobre a invenção do porrete, a sua passagem para níveis sofisticados de instrumentalizacão, a sua permanência enquanto meio, ao mesmo tempo, de vida e morte. Macacos reunidos mostram medo. Outro grupo de símios se aproxima. Começa a luta corpo a corpo. De repente, um indivíduo agarra certo osso (não um galho, como em Canetti) e o bate sobre o corpo macio de um outro. E o mata. O duro osso, na seqüência fílmica, é jogado para o alto, e surge uma nave que segue pelo cosmos e cuja forma é a de um fino e elegante porrete. O foco da máquina de filmar passa para o interior do meio de transporte e agora uma caneta, finíssimo porrete, flutua no ar e depois é recolhida por uma aeromoça. A sombra da guerra entre os homens vai do início ao final da película. A cena derradeira, um quarto barroco imaculadamente branco onde alguém come e bebe, se quebra numa taça de cristal. A pessoa morre. A frágil vida humana, no ciclo do embrião às mais sofisticadas formas de morar e se alimentar, é simultânea à morte. Todos os instrumentos gerados ao longo da diacronia buscam afastar o nada e conservar o ser. Na cultura barroca, sabemos, a morte sempre se apresenta, em anamorfose, nas pinturas da vida. Como numa fábula, não mais das 1001 noites, mas de 2001 anos, tudo fazemos para adiar a nossa execução final enquanto espécie. Mais do que nunca adquire verdade o enunciado de Spinoza: "o esforço para conservar a si mesmo é o único e primeiro fundamento da virtude" (*Conatus sese conservandi primum et unicum virtutis est fundamentum. Ethica*, p. 4, proposição 22, corolário). Não sigo adiante com o gênio cinematográfico. Escrevi, com a professora Maria Sylvia Carvalho Franco, uma análise minuciosa do filme referido, e que pensamos publicar em breve. Ali discutimos as formações mecânicas no imaginário de Stanley Kubrick, sobretudo em *O Iluminado*. Essa película é uma síntese magistral da luta entre as Luzes e o Romantismo, com uma advertência não irracionalista contra a instrumentalização crescente da vida humana.

Canetti segue sua exposição e nela indica que a grandeza das mãos encontra-se na sua paciência. "Os processos tranqüilos e compassados da mão criaram o mundo em que queríamos viver. O oleiro, cujas mãos sabem como modelar formas na argila, aparece como o Criador já no princípio da *Bíblia*". Não acompanho todos os passos de Canetti na genealogia do ser humano a partir das modificações da mão. Ele mostra o nexo entre ela e a palavra, por intermédio da mímica das mãos. O filósofo termina o exame do tema ao recordar a inocência dos atos digitais, a sua facilidade para nós, homens, fonte de nossos progressos técnicos, mas que ao mesmo tempo permite um descuido com os frutos destas mesmas progressões. A mão ágil não opera de imediato tendo em vista matar e pegar. Ela se transformou num instrumento puramente mecânico e as suas invenções têm esta marca. Por isto ela é perigosa,

---

o que ela provoca aparentemente diz respeito apenas às mãos, à sua agilidade e capacidade de realização, à sua inócua utilidade. Em qualquer momento em que essa mania mecânica de destruição das mãos, transformada num complexo sistema técnico, se associa com a intenção real de matar, ela fornece a parte automática, irreflexiva, do processo resultante, o vazio e o que existe de especialmente inquietante para nós nesse processo; uma vez que ninguém quis que isto acontecesse, tudo ocorreu como que por si mesmo.

As considerações extremas do pensador são desalentadas:

as múltiplas ramificações desse impulso de destruição mecânica vinculam-se à evolução da tecnologia. Apesar de o homem ter aprendido a dominar o duro com o duro, a mão continua sendo para ele a última instância de tudo isso. A vida independente da mão teve as mais monstruosas conseqüências. Ela foi, sob mais de um aspecto, nosso destino[5].

Tais amostras de textos filosóficos bastam para situarmos a importância das teses enunciadas por Leroi-Gourhan sobre as mãos e a mente. No entender do etnólogo, a mão encontra-se na encruzilhada dos meios naturais, a matéria, e o campo humano. A vida dos homens, em sentido estrito, começa nas técnicas de fabricação, aquisição e consumo, ordenando-se gestos que podem ser comuns. Os atos de colher, bater, cozinhar, humectar, ventilar, levantar por meio de uma alavanca, aplicam-se a vários processos. Esses itens todos são examinados no capítulo 2 de *L'homme et la matière*[6].

Os meios elementares são inicialmente as preensões em diferentes dispositivos que unem a ação direta da mão humana, depois as percussões que caracterizam a ação no ponto de encontro do utensílio e da matéria; os elementos que estendem e complementam os efeitos técnicos da mão humana, a saber o fogo, a água, e o ar. Os utensílios, em sua parte ativa, são estreitamente solidários do gesto que os anima: força motriz e transmissão.

A mão, os gestos, a palavra, a vida em comum. Esta cadeia segue um ritmo cada vez mais célere, a cada passo da humanidade no sentido de tatear as forças da natureza. "Os diferentes modos de agir empregados pela mão em seu papel preensor podem se colocar em quatro categorias de gestos: apertar com os dedos, pinçar entre os dedos (preensão interdigital), colher com a mão cheia (preensão dígito-palmar), conter nas mãos ajustadas como se fossem recipientes. Uma das características mais espantosas da evolução humana é a liberação do utensílio, a substituição dos utensílios naturais

---

5. *Massa e Poder*, trad. R. Krestan, Brasília, Editora da Universidade de Brasília, 1986, pp. 233-242.
6. Paris, Albin Michel, 1972, pp. 43 e ss.

por utensílios mais eficazes. Desde os primeiros testemunhos da atividade técnica, as ações de martelar, cortar, raspar se materializam através de utensílios, mas nada sabemos sobre os substitutos eventuais da mão na preensão, há uma trintena de milhares de anos, que objetos como o bastão furado sugerem a existência de objetos de preensão, de modo que os exemplos pertencem praticamente todos aos tempos históricos".

A viagem das mãos ao cérebro é via mestra de pensamento. O retorno, o caminho do cérebro às mãos, o mundo de instrumentos mecânicos, com toda a sua progênie eletrônica e assemelhados é o elemento fundamental de nossa vida em sociedade. Assim, não se define, muito pelo contrário, uma ruptura entre pensamento "puramente teórico" e a inovação técnica. Ambos se exigem mutuamente. Para que exista sociedade, *conditio sine qua non* é o trabalho que produz, pela técnica, os instrumentos, a linguagem, as trocas matrimoniais. Com as mãos surge o instrumento, marca-se "a fronteira particular da humanidade, por uma longa transição durante a qual a sociologia continua a zoologia". O instrumento é conseqüência da mão. "O homem não é um resultado, ele é um produto, e mesmo seu produto, um ser que soube e pode acomodar sua contingência, aproveitar a si mesmo e ao meio". Deste modo, a vida social é "uma opção biológica" estratégica, produzida pela técnica humana. Isto, para Leroi-Gourhan faz a humanidade viver, desde época remota, já num "meio técnico", cuja tendência, cada vez mais, é substituir o natural. Como Leroi-Gourhan não se chama Rousseau nem enxerga na técnica o declínio da natureza humana, ele sublinha que tanto um meio quanto outro não se exclui, nem define rupturas inevitáveis.

Se a sociedade é induzida pelos procedimentos técnicos ela, por sua vez, e de modo circular, é "a força atrativa [...] que precipita o progresso técnico". Os instrumentos tomam lugar na ampliação das condições biológicas, mesmo que eles desnaturem aquelas últimas. Desse modo inexistem instrumentos e saberes isolados, como inexistem indivíduos abstraídos uns dos outros. O primeiro caráter "social do grupo, é o de ser tecnicamente polivalente". Sem a solidariedade funcional, impossível a "passagem da espécie zoológica à espécie étnica". Ocorre uma similitude evolutiva "entre o desenvolvimento biológico do homem e o desenrolar de suas virtualidades sociais". O instrumento está na base de toda vida social. Deste modo, "a tecnologia se mantém na zona mediana entre a biologia e a sociologia, exatamente na linha instável onde, imperceptivelmente, a espécie se faz etnia".

O dado essencial é a matéria a que se apega o homem, a sua escassez e resistência que forçam a produção dos órgãos e dos instrumentos, artifícios humanos. O homem abre-se para o real por dois setores liberados de seu corpo: a mão e a face. Por eles, é possível agarrar e percutir. Os instrumentos repetem, de modo mediato, estas ações. Sem instrumentos e sem linguagem não existe acúmulo de tendências que permitem produzir o próprio homem em sociedade. Se todo homem-animal possui instrumentos, a evolução dos instrumentos e do homem só interessa ao homem.

> Ele é o único animal que constitui um meio técnico. Esta evolução, esta "humanização" do instrumento depende da linguagem. Ela se apresenta como fábrica de instrumentos dotados de linguagem ou memória, de capacidades simbólicas (programação). O instrumento e a linguagem fabricam a memória. Sua convergência dota a humanidade de um capital tecno-simbólico cuja conseqüência última é situar o futuro da espécie fora dela mesma (Guerin).

Nas palavras de Gourhan: "O fato material mais espantoso, certamente, é a 'liberação' do instrumento, mas na realidade o fato fundamental é a liberação da palavra, e esta propriedade única que possui o homem de colocar sua memória fora de si mesmo, no organismo social". Sem memória coletiva, inexiste futuro para o homem enquanto espécie e também enquanto indivíduo.

E o que se armazena na lembrança? "Cada grupo humano é animado por duas forças contrárias e, no entanto, conjugadas: uma o integra sempre mais nele mesmo, intensifica e conforta as tendências internas, força de fechamento e índice de suficiência; outra o torna permeável ao exterior, abre-o para o empréstimo, força de descompactação". Estas duas forças definem as bases e os ritmos de um crescimento técnico dos coletivos humanos. Elas orientam o processo de face dupla chamado "empréstimo", de um lado, e "invenção", de outro. Ambos contribuem para a existência de um todo social autônomo no meio tecnológico global, com seus matizes e diferenças, devidos às várias tendências historicamente adquiridas.

Emprestar instrumentos e sistemas de instrumentos, saberes e sistemas de saberes de uma outra coletividade e, ao mesmo tempo, inventar novos instrumentos e saberes não é algo contraditório. Pelo contrário, ilusório é imaginar que um grupo humano possa viver apenas de empréstimo ou de puras invenções originais. Nem todos os grupos possuem todos os instrumentos e saberes iguais, ao mesmo tempo. Uns desenvolvem certos recursos, outros aumentam sua habilidade por meio de outros. Dentro do mesmo coletivo, alguns setores possuem formas diversas de produzir e utilizar mecanismos, com grandes ou pequenas desigualdades na forma e nos alvos. Desse modo, há mais de uma técnica. Esta última "ou é politécnica, ou não existe".

Desse modo, todos os grupos emprestam, e todos são dotados de força inventiva. "Privilegiar a invenção em detrimento do empréstimo seria suprimir a História e a contingência do que advém". Por outro lado, ficar apenas com o empréstimo, significaria "afetar o grupo com uma passividade total" tornando o meio inane, por "uma permeabilidade absoluta à força externa". Esta, se é única, torna-se ruinosa para a continuidade de um povo. Empréstimo e invenção se temperam e a sua medida é a necessária adaptação do grupo às condições do meio natural e técnico anteriores, postos diante de indivíduos concretos, o que traz constrangimentos bioétnicos a serem dominados através de saberes e instrumentos novos, frutos do empréstimo e da invenção, para que o coletivo continue existindo. Para isto, o conceito de fixação é nuclear.

Através da fixação, o meio anterior – especialmente o técnico – absorve os empréstimos, tornando-se capaz de inventar. "O importante no empréstimo", segundo Gourhan, "não é o objeto que entra num grupo técnico novo, é o destino que lhe é dado pelo meio interior". Quem empresta "pode utilizar e, no limite, inventar" (Guerin). Há diferença entre "ter" um instrumento, ou um saber, e o "fixar". Só no segundo caso "o instrumento é digerido pelo meio, integrado em seu capital, porque ele é harmônico com a politécnica pré-existente do grupo. O conceito de fixação é, pois, um índice de pertinência". O importante não é saber, digamos, se um povo possui computadores ou carros, ou técnicas médicas e cirúrgicas avançadas. Importa, e muito, constatar se ele as fixou, aumentando a sua força interna, a sua tendência. Instrumentos separados do sistema pouco significam para a sobrevivência de uma coletividade.

Desse modo, não é o par "empréstimo/invenção" o que mais permite entender como um povo sobrevive e se amplia, com força biológica e técnica. O par "fixação/flutuação" é mais importante, em termos conceituais. Se a técnica é uma politécnica, esta é uma técnica *fixada*. Trata-se de um sistema. As forjas, por exemplo, no pretérito, ou os computadores hoje, não constituem instrumentos únicos, mas *complexos instrumentais de princípios tecnológicos*. "Todos os meios de ação elementar sobre a matéria encontram-se, aí, representados". Sem fixar tendências, os coletivos não continuam autônomos, deixam de ser verdadeiros indivíduos grupais diante de outros. Mas, segundo Leroi-Gourhan, de tudo o que ele observou em milênios de história técnica dos homens, pode-se dizer que "massas, grupos, indivíduos, manifestam, com os mesmos constrangimentos, o mesmo esforço de individualização". Se perde a memória e a força de inventar, se não fixa os empréstimos feitos de outros povos, produzindo novos instrumentos e conceitos, os quais, por sua vez, entram de mil modos em contacto com outros instrumentos e conceitos, num equilíbrio sempre instável mas progressivo e de refinamento, em suma, se um povo é condenado a só consumir os resultados técnicos dos outros seres coletivos, ele tende a perder sua individualidade. Com isto, realmente, ele passa à sua morte passiva.

Deixemos o etnólogo e interroguemos o significado das atitudes tomadas pelo Estado brasileiro, no plano da ciência e tecnologia. Não irei, aqui, fazer uma história das ciências e das técnicas no Brasil. Basta lembrarmos que na Colônia, proibidos de inventar e, até mesmo, de emprestar saberes e técnicas, fomos condenados ao puro e simples estrativismo do meio natural. Pedras preciosas, ouro e prata. Depois, as técnicas mais rudimentares de plantio e colheita de produtos únicos, sem politecnia e polivalência. Não por acaso, os donos do Brasil vetaram fábricas e universidades. Vivíamos em outros e para os outros, em termos técnicos. Nossa adaptação ao meio foi rudimentar se comparada à que se produziu na Europa no mesmo período. Desenvolvemos, sobretudo o nosso caipira, técnicas emprestadas dos índios, para a sobrevivência imediata. O bonito livro de Antonio Candido, *Os Parceiros do Rio Bonito*, com o qual dialogou o clássico de Maria Sylvia Carvalho Franco, *Homens Livres na Ordem Escravocrata*, traz elementos importantes sob esse prisma. Os chamados inconfidentes, pretendiam, ao mesmo tempo, fundar fábricas e universidades. Foram esmagados também nesse item.

Com a família real portuguesa no Brasil, missões científicas e artísticas aportaram em número maior nestas paragens. Com isto, bibliotecas e laboratórios toscos, salvo a biblioteca do Rei, hoje Biblioteca Nacional, começaram a se formar. Nossos estudantes, muitos futuros estadistas, foram para a Europa, formando-se em matérias que não se restringiam ao direito. O Patriarca da Independência estudou geologia, mineração e matérias afins no Velho Mundo. Mas, por força política e religiosa, nossos institutos de ensino voltaram-se especialmente para as leis, a medicina, as letras. No segundo império, tivemos a presença do ensino politécnico nas escolas militares, assegurado com hegemonia pelos positivistas. Este núcleo gerou escolas de engenharia, civil e militar, com esquadrões castrenses dedicados à construção de obras públicas em todo o Brasil. Teóricos como Pereira Barreto, positivista, foram contra o projeto de instalação, apresentado em 1881, de uma universidade no Brasil, recebendo o apoio de muitos pensadores laicos. Cito um trecho de seu pronunciamento:

é esse "monstro" que se quer recriar com a fundação de uma universidade na Corte. Nela viverão, lado a lado, escolas positivas, como a de Medicina, de Ciências Matemáticas, Físicas e Naturais, escolas metafísicas como a de Direito, e, em parte, a de Letras, e até ultramontanas como a de Teologia. [...] O país precisa não dessa instituição de caráter ambíguo e contraditório, mas sim de submeter-se às exigências do espírito moderno. [...] É preciso sacrificar a teologia e a metafísica e ensinar exclusivamente a ciência, em estabelecimentos para isso apropriados, seguindo a tendência geral das nações civilizadas. Que se criem verdadeiras casas de instrução superior científica e se abandonem os sonhos maléficos da universidade[7].

7. Citado por Ivan Lins, *História do Positivismo no Brasil*, São Paulo, CEN, Coleção Brasiliana, vol. 322, p. 77.

Embora com boas razões, a tese positivista contra a universidade se fundamentava numa atitude estrita sobre a ciência e a técnica. Pereira Barreto, por exemplo, aplica à engenharia uma fé que só pode ser comparada à que se oferece, hoje, à economia: "os engenheiros sabem, portanto prevêem. Saber para prever, a fim de prover, é a fórmula do pensamento que deve preponderar na educação do homem moderno". Este argumento retórico, exposto em 1901 no Clube de Engenharia, coloca na mão dos engenheiros a produção do Brasil enquanto "poderosa nacionalidade". O dogmatismo é explícito nos positivistas: os intelectuais, poder espiritual, acima do povo ignorante e preso às crendices teológicas ou metafísicas, devem planejar e manter o todo societário, porque os cientistas "pensam pela espécie inteira". Embora tenha trazido muitos conhecimentos e técnicas ao país, o positivismo, com esta atitude de elite, não contribuiu para *fixar socialmente* os saberes.

Se positivistas e católicos conservadores[8], inimigos fraternos, impediram o empréstimo e a invenção de novas técnicas e conceitos em massa, fixando-os na população, pelo menos eles eram contrários ao saber crítico, de modo aberto e definido. No caso dos liberais, o problema é mais grave. Seguindo o paradigma organicista da época, eles buscaram travestir sua atitude excludente com fórmulas "científicas" extraídas da medicina e da farmacologia[9].

Apesar dessas atitudes antidemocráticas, setores da universidade e dos governos desenvolveram entre nós a dialética do empréstimo e da invenção tecnológicas, buscando fixar tendências. Durante a ditadura Vargas e o governo JK, houve o esforço para incentivar as ciências e as técnicas no Brasil. O contrário ocorreu no governo Dutra, quando imperou a política consumista que destruiu nossas reservas monetárias na importação de instrumentos, sem integrá-los em sistema. Hou-

---

8. Não há espaço, aqui, para discorrer sobre a política da Igreja Católica diante das ciências e técnicas modernas. Remeto, para uma análise desta instituição, para o meu livro, *Brasil: Igreja Contra Estado*, São Paulo, Kayrós, 1979.

9. Maria Helena Capellato, *O Bravo Matutino*, São Paulo, Alfa Ômega, 1983. Cf. também, Roberto Romano, "A Fantasmagoria Romântica", in *Corpo e Cristal: Marx Romântico*, Rio de Janeiro, Guanabara Koogan, 1985.

ve o trabalho importante da indústria e do comércio: o Sesi, o Sesc e o Senac contribuíram para espalhar entre setores da população procedimentos técnicos, o que ajudou a formar classes operárias e trabalhadoras com bons conhecimentos e treino para assumir novos saberes. Mas o que resultou de nossa crônica, elitista e preconceituosa face ao coletivo maior, foi uma comunidade científica pequena para as necessidades do país. Mesmo assim conseguiu-se, através da pós-graduação, iniciação científica, pesquisa, formar um contingente de jovens estudiosos que ajudariam a fixar, com abrangência social, a capacidade de empréstimo e de invenção no Brasil.

O leitor percebe o porque de minha passagem pelos enunciados de Leroi-Gourhan, após esta rápida lembrança de nossa história. Produzimos um sistema de ciência e tecnologia, em termos humanos, pequeno para atender a todas as necessidades de adaptação do povo brasileiro ao meio tecnológico mundial. Com isto, a própria adaptação ao meio natural ficou ameaçada, de modo permanente.

Não é fruto do acaso se nossos sistemas de saúde pública, educacional, agrário, destinam-se na realidade a poucos entes humanos, deixando os demais, a grande maioria, sem meios para o empréstimo de técnicas e saberes, e sem possível invenção. O máximo conseguido é distribuir instrumentos, dos quais a massa ignora os princípios básicos de seu fabrico. As televisões se apresentam em todos os cantos do país, ignorando o povo as suas bases técnicas e científicas e modelos de produção. Isto para citar apenas um exemplo. As mortes permanentes em máquinas hospitalares, sem que estas possam ser trocadas por outras, ou pelo menos mantidas, é o lado mais patético deste desconhecimento, não apenas da massa, mas de boa parte dos operadores.

E quando se diz conhecimento, um pressuposto é o gasto que ele requer. Investir em saúde, educação, ciência e técnica não é algo que possa ser visto pelo ângulo financeiro: investimentos nesses setores definem, em termos econômicos e antropológicos, a sobrevivência e a expansão bioetnológica de um povo. Sem eles, o que se faz, na verdade, é condenar o coletivo inteiro à morte lenta. Os pobres fogem do país, rumo ao Japão, aos Estados Unidos, à Europa. A classe média, que ainda possui meios de vida aqui, renova suas ilusões de superioridade e de sobrevivência apartada do povo.

Os ricos, em todos os coletivos do mundo, só têm compromissos com sua própria vida. Desde tempos imemoriais eles já estão globalizados. Em artigo escrito em 1982, na revista *Educação e Sociedade*[10] alertei para o grande erro do populismo acadêmico, o qual olvidou que o Estado, sobretudo o governo, possui meios para se reproduzir, formando pessoas em instituições próprias. As igrejas, idem. Os setores ricos do povo brasileiro jamais dependeram *in totum* dos *campi* oficiais. Seus filhos são dirigidos, no Brasil, para setores de ponta das escolas públicas, confessionais e particulares. Nas públicas, eles vão para a Politécnica, as Faculdades de Economia, alguns cursos de medicina. Nas confessionais e particulares, idem, como no caso da Fundação Getúlio Vargas. Significativo é o número dos que se formam em Oxford, Harvard, MIT, na França etc. Embora diminutos, esses corpos servem perfeitamente para reproduzir a fortuna paterna ou grupal, e também esta abarca conjuntos pequenos de gente que açambarca o excedente econômico, as terras, os saberes, o domínio das línguas estrangeiras, as técnicas de ponta. Eles servem enquanto "filtro" na dialética do empréstimo e da invenção. Bloqueiam, assim, o acesso das grandes massas ao conhecimento.

Nos Estados Unidos e na Europa também existem essas elites. Como o diz Thomas R. Dye, autor não incendiário,

> um grande poder, na América do Norte, se concentra em poucas mãos. Alguns milhares de indivíduos, fora e acima dos 238 milhões de americanos, decidem sobre guerra e paz, salários e preços, consumo e investimento, emprego e produção, lei e justiça, taxas e lucros, educação e ensino, saúde e bem estar social, propaganda e comunicação, vida e lazer[11].

Apesar disto, o coletivo norte-americano, desde o século XIX até hoje, soube emprestar, e muito bem, de outros povos, técnicas e conhecimentos, fixando-os em tendências que, uni-

---

10. "Progressismo e Conservadorismo: Questões sobre a Universidade". Republicado em *Corpo e Cristal: Marx Romântico*.
11. *Who's Running America?*, Englewood Cliffs, Prentice Hall, 1986, p. 1.

das à força física brutal (das bombas de Hiroshima e Nagasaki à última e à próxima guerra do Golfo), e somadas a um protecionismo inédito na história do comércio mundial, tentou recuperar a economia americana, ameaçada pelo Japão tecnificado e seus filhotes, os tigres asiáticos. Se os americanos tivessem seguido, para si, os conselhos do Banco Mundial, do FMI, hoje eles estariam em nosso plano. Estamos naquela situação, com um óbice: não emprestamos nem inventamos o bastante para fixar tendências que nos permitissem emergir da crise estrutural.

Não analiso, uma a uma, as medidas do Executivo federal liderado por Fernando Henrique Cardoso, que deixou o Planalto em data recente. Elas prejudicaram a educação, a ciência e a tecnologia. O leitor conhece todos os números e todas as suas consequências imediatas. Quis ressaltar o fato: ao danificar a pós-graduação e as iniciações científicas, trazer obstáculos alfandegários para a importação de instrumentos e saberes para a pesquisa, impedir a vinda de cientistas estrangeiros, e a saída dos nacionais, o governo estreita ainda mais o filtro entre nosso povo e os outros, em termos tecnológicos. O pouco que emprestamos, o pouco que inventamos, foi atacado no seu prisma mais estratégico, a fixação em tendência. Esta perda não se recupera com o aumento do índice Bovespa. Anos de pós-graduação podem seguir para o nada. Mas eles resgatavam séculos de atraso. Os estudiosos futuros saberão o quanto um povo pode resistir, sem instrumentos próprios, num ambiente técnico e natural hostil.

Pesquisa ainda de ontem, coordenada pela professora Helena Nader, pró-reitora de graduação da Universidade Federal do Estado de São Paulo (Unifesp), mostra que pela primeira vez, após três décadas de crescimento contínuo, caiu a participação do Brasil na produção científica mundial, passando de 1,08%, em 2000 para 0,95% em 2001, o que representa uma queda de cerca de 12%[12]. A professora Nader indica, seguindo os índices ISI de 1973 a 2001, que "a produção brasileira cresce, que o Brasil e o mundo investem em ciência, mas o nosso país está investindo menos que os demais". Como

---

12. Cf. jornal *O Estado de São Paulo*, 18 de setembro de 2002.

salientam a imprensa e vários outros pesquisadores, como os ligados diretamente ao MCT, a estimativa da pró-reitora pode não ser absolutamente certa. A participação brasileira teria crescido de 1,33% em 2000 para 1,44% em 2001. Nas duas versões, entretanto, ressalta o problema grave da política nacional de Ciência e Tecnologia: a falta de recursos materiais. O reitor da Universidade Estadual de Campinas (Unicamp), Carlos Henrique Brito da Cruz, julga ser preciso verificar o número de citações feitas de trabalhos brasileiros que demonstram a aceitação e importância dada pelo meio acadêmico. "O ideal é fazer uma análise do conjunto. Número de publicações, de citações, impacto provocado por elas. Nesse aspecto, vemos que a produção científica brasileira ganhou prestígio nos últimos tempos". Ele admite entretanto, que o setor de ciência e tecnologia vive um momento delicado. "Agências de financiamento como o CNPq passam por um problema de verba que até hoje eu não havia presenciado". No seu entender, o contingenciamento de verbas num período em que a pesquisa brasileira demonstra respeito internacional revela uma necessidade urgente: "O Brasil ainda não conseguiu fazer uma conexão entre ciência, tecnologia e riqueza." Como exemplo, ele afirma que atualmente empresas no Brasil abrigam nove mil pessoas na área da pesquisa. Na Coréia do Sul, onde a população é menor, esse número chega a oitenta mil. "Precisamos criar um sistema integrado de pesquisa-produção tecnológica". Para que isso seja possível, completa, o ideal seria que o governo incentivasse medidas de pesquisa e desenvolvimento.

Já Fernando Galembeck, professor da Unicamp, pensa que:

> O quadro de hoje repete o que conhecemos dos últimos vinte anos, mas tem uma infeliz originalidade: é a perda de uma singular oportunidade, que não tem antecedente em toda a história brasileira. Pela primeira vez, temos no país uma população de pesquisadores realmente significativa, que incorpora a cada ano milhares de jovens muito bem formados, internacionalmente competitivos. Também pela primeira vez temos uma convergência de motivações e de ações entre os acadêmicos, os empreendedores e os executores de políticas. Empresários buscam ativamente nas universidades os temas e projetos que moldarão portfólios futuros de suas empresas, e também buscam o apoio da já rica (em conteúdo) ciência brasileira, para resolverem problemas e gargalos dos portfólios atuais.

Pesquisadores e empreendedores são recebidos e são ouvidos nas empresas e universidades, surgindo cada vez mais casos importantes de trabalho conjunto, em busca da inovação produtora de emprego, de riqueza e bem-estar. Nunca antes vivemos uma tal situação, talvez por isso mesmo muitas pessoas não consigam reconhecê-la diante dos seus olhos. Certamente os que controlam os recursos da República não a reconhecem.

Estas pessoas não percebem que, se hoje ainda existem importantes recursos, é porque o Brasil se tornou inovador em muitos setores econômicos, graças à sua vigorosa, embora recente, prática de ciência e tecnologia. Não fossem casos notáveis como os da soja, do açúcar e álcool, do petróleo de águas profundas, das siderúrgicas, petroquímica e mineração, da indústria aeronáutica, bem como a nossa capacidade de atrair empresas de tecnologias de informação e de outras tecnologias avançadas, os controladores de boca de cofre não teriam cofre para controlar.

Por outro lado, se temos hoje uma capacidade de produzir riquezas, é porque outros controladores de cofre, no passado, foram lúcidos o suficiente para fazerem recursos fluírem para as atividades de ciência e tecnologia. Eles sabiam que estes recursos eram sementes, que se multiplicariam. As sementes se multiplicaram, por isso ainda somos uma nação e ainda podemos aspirar a termos um futuro. Hoje, o campo está mais fértil que nunca, e mais do que nunca necessitamos da colheita dos resultados da ciência, tecnologia e inovação. Por isso, precisamos insistir no discurso e nas ações mobilizadoras, até que os donos do cofre adquiram um mínimo de senso de estratégia[13].

Todos os citados acima, apesar de suas diferentes posições e doutrinas, afirmam a carência de recursos para a produção científica e a desejável passagem da pesquisa acadêmica para a indústria. E neste ponto, retomam, talvez de modo não voluntário, as teses de Leroi-Gourhan sobre a passagem imanente do elemento técnico ao teórico e vice-versa. Não existe ruptura entre a produção científica e tecnológica quando se trata de pensar o processo de humanização e de socialização. Os dois lados precisam ser valorizados, de modo que um não seja obstáculo ao outro. Sob pretexto de incentivar a inovação tecnológica, não se pode diminuir os recursos para a pesquisa de ponta. Mas esta última não pode atrair para si todos os investimentos do Estado e da sociedade em prejuízo da produção. Sem a pesquisa de ponta não há empréstimo. Sem aplicações técnicas, não ocorre fixação de tendências.

---

13. F. Galembeck, "Controladores da Boca do Cofre Minam Desenvolvimento da Ciência e Tecnologia no Brasil," artigo para o para o *Jornal da Ciência* da SBPC, e-mail.

Que a nossa produtividade científica, apesar dos poucos investimentos estatais e privados, mantém às duras penas o ritmo e progresso, é algo inegável. No *Jornal da Ciência*, a Sra. Anelise Souza, Assessora de Comunicação do MCT, ao citar a revista *Nature*, em número recente (12.09.2002) afirmou que o Brasil com a Coréia do Sul se destacam pela publicação de artigos científicos em publicações indexadas. Segundo dados preliminares do novo relatório do ISI, a produção científica do Brasil cresceu 11% de 2000 para 2001, passando de 9.511 para 10.555 artigos. A produção mundial, no mesmo período, apresentou o crescimento de 2,8%, passando de 714.171 para 734.248 artigos. No período entre 1981 e 2000, pelos dados do ISI, o número de artigos brasileiros publicados em periódicos científicos internacionais passou de 1.889 para 9.511, um crescimento de 403,49%, que coloca o Brasil entre os dezessete países do mundo que mais produzem conhecimento.

Essa conclusão, demasiada otimista na verdade, recebe duro golpe quando é lido o artigo do Prof. Sergio Ferreira, "A Inadimplência da Fapesp" no mesmo número do *Jornal da Ciência*. Os termos do título e o conteúdo do artigo merecem atenção. Mas fica a pergunta: quais os limites dos recursos em inovação tecnológica? Nesse instante, considerando-se a crise global de nossa economia e finanças públicas, tanto a pesquisa de ponta quanto a aplicação técnica estão ameaçadas.

Tal é o cenário. O que podemos fazer? O primeiro passo é alertar contra o monopólio das políticas de ciência e tecnologia exercido pelo Executivo. Nossa história está centrada na ditadura do governo sobre os demais setores do Estado. Legislativo e Judiciário, não raro, aceitam tais condições, vendendo, em prol de sua corporação, o direito de representar os povos e de lhes fazer justiça. É preciso prevenir, dia e noite, de mil formas, parlamentares e magistrados, sobre o seu dever de controle sobre o Executivo, qualquer que seja o seu dirigente. E o setor de ciência e tecnologia é básico. É tempo de produzir, de estudar, com profundidade, todas as técnicas e saberes ao alcance do Brasil. É tempo de propor e lutar pela autonomia das agências de fomento à pesquisa e à pós-graduação, diante dos gabinetes da área econômica. O CNPq, a Capes, o próprio Ministério de Ciência e Tecnologia, não podem mais depender das decisões de uma equipe que domina a técnica dos cortes orçamentários, o manuseio do livro-caixa, sendo alheia à física, biologia, matemática, engenharia, educação, lógica, medicina, direito.

É tempo, enfim, de a universidade assumir seu nome, continuando a ser ao mesmo tempo universal e particular, servindo como instrumento eficaz de aquisição e invenção de saberes, transmitindo-os em larga escala ao povo. Isto supõe, inclusive e sobretudo, produzir instrumentos de conexão entre o saber acadêmico e a indústria. A universidade precisa entrar num plano nacional de ciência e tecnologia que a posicione como produtora de pesquisas, cujos nexos com laboratórios, fábricas etc., sejam os mais eficazes. Caso contrário, ela estará apenas colaborando para a morte coletiva, calada, como os doutores silentes e cúmplices nos regimes totalitários. Não temos força física, não ordenamos leis, não temos o controle do excedente econômico. Essas são as marcas do poder. Ainda possuímos autoridade científica e alguma elevação ética. Tenhamos dignidade, pois sem ela não existe conhecimento científico e moral. Lembremos a frase de Leroi-Gourhan: "somos inteligentes porque ficamos de pé".

2. SEGREDO E RAZÃO DE ESTADO

Um aspecto relevante de qualquer estudo político em nosso tempo encontra-se na razão de Estado. Toda a agenda do terrorismo estatal ou de grupos anônimos passa pelos temas tradicionais do segredo, da ação que se põe acima ou ao lado das leis comuns, dos alvos só definidos pelos governantes ou líderes políticos, e que permanecem ignoradas pelos governados. Para bem apreciarmos a profundidade do problema trazido pela razão de Estado, é de bom alvitre examinarmos a idéia oposta à ela, a noção democrática da transparência. Em *O Caldeirão de Medéia*[1] apresento um capítulo inteiro sobre aquela realidade, "A transparência democrática, esperanças e ilusões". Tal escrito serviu como conferência aos Procuradores da República, em seu Encontro Anual de Maceió, em 2001. Ele também foi discutido pelos Promotores do Estado do Paraná, em seu Encontro Estadual do mesmo ano. Mostro ali a dificuldade de se encontrar um regime político realmente

1. São Paulo, Perspectiva, 2001.

democrático no qual os atos e pensamentos dos governantes seriam visíveis para os cidadãos. A idéia do século XVIII sobre o poder transparente é uma esperança, sempre renovada e desmentida, dos movimentos que pretendem instaurar a justiça e o respeito aos indivíduos e grupos no mundo de hoje. À visibilidade do mando estatal sempre foi oposta a razão de Estado, cujos defensores elogiam o segredo dos mecanismos políticos como salvaguarda de qualquer comunhão política, democrática ou aristocrática, monárquica ou tirânica.

O segredo é o mais importante componente do controle político. Elias Canetti, em *Massa e Poder*, apresenta considerações lúcidas sobre este ponto. Jean-Pierre Chrétien Gony, em estudo sobre o assunto também o discute em minúcia[2]. É um paradoxo que a política, por excelência o campo do que deve ser público, aberto aos sentidos de todos, tenha se encaminhado, sobretudo após os séculos XVI e XVII, rumo ao secreto e ali se aninhe até os nossos dias. O segredo passa a ser algo que todo político deve usar e seu conhecimento vem da freqüentação dos poderosos somada à leitura dos grandes teóricos dos *Arcana Imperii*, sobretudo Tácito, Tibério, Maquiavel. Afiança Goni que o segredo une-se ao elogio da mentira e da duplicidade. A partir da caricatura de Maquiavel, o chamado "maquiavelismo"[3], tudo deixa de ser sagrado, inclusive a religião. Como diz um autor citado por Goni, "nada ajuda mais os negócios de um príncipe do que a crença de sua união com Deus"[4]. A verdade do Estado torna-se mentira para o cidadão, o que ajuda a separar de modo radical o soberano e os súditos. O segredo surge nesse intervalo. Goni cita um psicanalista contemporâneo que analisa a própria etimologia do termo "segredo", que viria do latim *secernere*, separar, di-

---

2. Cf. *"Institutio Arcanae*, Théorie de l'institution du secret et fondement de la politique". In Christian Lazzeri e D. Reynié, *Le pouvoir de la raison d'état*, Paris, PUF, 1992, pp. 135 e ss.

3. O termo e o plano político aberto por ele foi exaustiva e profundamente estudado por Claude Lefort, *Machiavel, le travail de l'oeuvre*, Paris, Gallimard, 1973.

4. René de Criziers, *Le Tacite français avec des réflexions chrétiennes et politiques sur la vie des rois de France*, Paris, 1648, citado por Goni, p. 139.

vidir, afastar[5]. A ruptura na sociedade moderna, com a instauração do Estado, abre o campo para o exercício separado do poder, longe dos olhos e demais sentidos comuns. A tese assumida a seguir por Goni, a da paranóia do governante, extraída de Theodor Adorno (tanto nas *Minima Moralia* quanto na *Dialética das Luzes*), merece um exame apurado. Ao discutir esse problema, também apresentei algumas reflexões que, penso, devem ser discutidas[6]. A idéia principal é a seguinte: tendo sido o poder, na era da razão de Estado, concentrado na pessoa do príncipe, as ameaças que o poder antigo resolvia, exorcizava, afastava, controlava, voltam-se contra o novo soberano. O segredo é o modo de proteger, simbólica ou realmente, o paranóico que assume o lugar central do mando. Todos tornam-se seus inimigos e são perigosos para o Estado. Este é um modo terrível de se entender o famoso *L'État c'est moi*, com a noção de lesa majestade. Tintas religiosas nessa experiência trazem a marca do Cristo, quando surge após a ressurreição: *Noli me tangere*. A pessoa real é intocável sobretudo quando se trata de revoltas e rebeliões, possíveis assassinatos do governante. Em "A Razão Terrorista", me extendo um pouco mais sobre o tema.

A moral do rei, a partir da ruptura trazida pelo segredo, não é uma antimoral, mas uma *outra* moral. Essa distinção feita por Goni é relevante. A atuação do príncipe não pode abolir a moral comum. Esta é estratégica até mesmo para que opere a "outra moral". Ocorre uma assimetria, ou uma oposição múltipla entre as duas morais. Mas nunca abolição da primeira, a do povo comum. A teoria do golpe de Estado é o grande exemplo. Nele, nem tudo é abolido na vida política habitual, mas invertido. Um indivíduo ou grupo que pensava dar o golpe o recebe, enquanto outro, que se julgava em segurança porque providenciara a insegurança de seus concorrentes, morre. Na frase de Naudé, "tudo no golpe de Estado se faz noite, no

---

5. Análise de A. Lévy, "Évaluation étymologique et sémantique du moto 'secret' ", in *Du secret: Nouvelle revue de psychanalise*. 14, 1876. Goni, p. 137.

6. Cf. "A Razão Terrorista", in *Mosaico*, Revista da Fundação João Pinheiro, fev. de 2002, incluído acima nesta coletânea.

obscuro, entre brumas e trevas". Goni aponta um lado especialmente grave nessas frases: no golpe, como nas missas satânicas, não é abolida a canônica religiosa ortodoxa. Ela é invertida. Entre a moral comum e a dos governantes há uma inversão diabólica, mas a primeira não some. A distância aberta entre ambas, no entanto, é incomensurável. E a distância marca a emergência do segredo. O governante deve saber e ouvir tudo. O governado deve ignorar quase tudo na vida estatal.

Num texto atribuído ao cardeal Mazarino, mas de autoria incerta, o grande assunto é o do segredo. Refiro-me ao livro *Breviarium Politicorum Secundum Rubricas Mazarinicas*, publicado em 1684[7]. Ali, o culto do segredo atinge uma altura que tende a se confirmar, ampliada mais fortemente, nos tempos modernos. Nas observações de Macchia, apresentador italiano do texto: "Se a razão de Estado significa razão de domínio, aquele termo pode também aludir [...] a uma profunda, íntima e secreta lei ou privilégio dado à contemplação da segurança naquela senhoria, à qual Tácito deu o nome de *Arcana Imperii*".

O segredo é a alma da razão de Estado. O estadista gostaria de ser o único a dele gozar. Se pode ler porque foi alfabetizado, o mais cômodo para o poderoso seria que todos os cidadãos fossem analfabetos. O ideal do rei erudito é simultâneo à idéia de razão de Estado. Vigora antes, em boa parcela dos governantes da Idade Média, a noção de que as letras são incompatíveis com o mando secular. No século XII, Salisbury defende a ilustração dos príncipes, mas o rei romano Conrado III lhe responde: *Rex litteratus est quasi asinus coronatus*. Mesmo assim, pode-se ler, numa obra prima da política medieval, a tese que só floresce após os tratados sobre o "espelho dos príncipes": *Rex illiteratus est quasi asinus coronatus* (*Policraticus*, Livro IV, Cap. VI). A passagem recolhida por E. Curtius[8] indica a mutação estratégica na imagem do príncipe, ocorrida com a Renascença. A partir daquele período, toda

---

7. Edição italiana de Giovanni Macchia, *Breviario dei Politici, secondo il Cardinale Mazzarino*, Milano, Rizzoli, 1981.

8. Cf. E. Curtius, *La littérature et le moyen âge latin*, Paris, PUF, 1956, p. 219.

uma arte de redigir e de ler documentos secretos, a qual utiliza desde símbolos até a linguagem cifrada em termos semiológicos, conduz a afastar dos olhos cidadãos o que se passa no íntimo dos palácios governamentais. Do mesmo modo, também se desenvolveu a técnica que permite decifrar documentos secretos, redigidos pelos cidadãos que podem se insurgir contra os poderosos ou de outros dirigentes de Estado, amigos ou inimigos. Hobbes utiliza uma imagem eloqüente para descrever esta situação: "os espiões são como os raios de luz para a alma humana, no discernimento dos objetos visíveis". Eles formam delicadas redes que unem pele e olhos e permitem aos reis inimigos dirigir-se rápida e certeiramente para seus limites extremos, na tarefa que consiste em devorar os assaltantes da teia republicana. Reis aranha têm o direito e a obrigação de digerir inimigos externos ou internos[9].

Nos artifícios utilizados para decifrar ou esconder os intentos governamentais, recebem destaque os trabalhos encomendados pelo Imperador Maximiliano de Absburgo a João de Trittenheim, sobretudo o livro *Polygraphia, cum clave seu enunclatorio* (1518). Nele se define um método e exemplos de escrita secreta para uso de reis e ministros. Interessante é a técnica de revelar escondendo ou de esconder revelando. A escrita secreta tem uma face que pode ser entendida por qualquer leitor. Mas apenas quem possui a chave de leitura pode atingir o seu enunciado real. A técnica se parece muito às utilizadas em pintura, sobretudo na anamorfose, algo muito importante a partir do século XVI. Edgar Allan Poe ainda a utiliza em *A Carta Roubada*. Mas as implicações da técnica são bem mais amplas do que as assumidas pelo romântico norte-americano do século XIX. O político, no entender dos estadistas, durante os séculos XVI e XVII, deve agir sempre nos limites do que pode ser visto e do que pode ser entendido. Mesmo autores que escreveram contra a tirania na época, como

---

9. Analiso extensamente este ponto num capítulo de meu livro *Lux in Tenebris*, intitulado "Massa, Poder e Morte", São Paulo, Unicamp, 1987, pp. 23 e ss. Quanto aos textos sobre a escrita secreta, é possível consultar alguns escrito na internet, como o *Steganographia* de João de Trittenheim. Cf. http://www.esotericarchives.com/tritheim/stegano.htm.

Torquato Aceto, operaram nas fronteiras do visível e do invisível. Se estamos num reino onde se perseguem as pessoas livres, estas devem saber simular e dissimular muito bem seus propósitos aos juízes e policiais mandados pelo governante, de modo a não serem vítimas do poder. Esta é a *dissimulazione onesta*, segundo Torquato Aceto.

Francis Bacon, no ensaio *Of Simulation and Dissimulation*, mostra que a segunda é uma forma política ou de sabedoria. Cabe ao coração forte, ou à mente forte,

conhecer quando deve ser dita a verdade, e fazê-lo. Pois se um homem tem esta penetração de juízo, através do qual ele pode discernir quais coisas devem permanecer abertas, e quais secretas, e o que deve ser mostrado em meia luz, e para quem e quando (estas são, de fato, a arte do Estado, e as artes da vida, como Tácito as chama), para ele, um hábito de dissimulação é uma pobreza. Existem três graus neste ato de esconder e velar o ser de um homem. O primeiro é a reserva e o segredo, quando uma pessoa mantém sem observação ou sem cuidados o que ele é. O segundo, a dissimulação, no negativo, quando ela deixa surgir sinais e argumentos que indicam que ela não é o que é. O terceiro, simulação no afirmativo, quando ela, industriosamente e de modo expresso, finge ser o que ela não é. Para o primeiro caso, temos o segredo. Esta é a virtude do confessor. E com certeza, o segredo tem muitas confissões. Para quem se abre, dizemos que é um falador ou um tagarela? Mas se uma pessoa é pensada como secreta, ela suscita a descoberta. Assim, mistérios são devidos ao segredo. Mas os gárrulos que falam sobre o que conhecem falarão sobre o que não conhecem. O segundo é dissimulação. Esta segue do segredo como por necessidade. Quem deve ser secreto deve dissimular em algum grau. Porque os homens são tão astutos, e não suportam que um homem permaneça sem decidir entre eles. Assim, nenhum homem pode permanecer secreto, sem dissimular pelo menos um pouco. Para o terceiro, a simulação, e profissão falsa, julgo-a mais culposa e menos política, exceto em grandes e raras matérias. Um costume geral de simulação sendo vício faz com que a simulação seja ampliada para outras coisas.

E continua Bacon:

As grandes vantagens da simulação e da dissimulação são três. Primeiro, fazer com que a oposição adormeça possibilitando surpreendê-la. Pois onde as intenções de um homem são publicadas ocorre um barulho para convocar as pessoas contra ele. A segunda é proporcionar a uma pessoa uma tranqüila privacidade no retiro de si mesmo. Pois se alguém dá uma declaração, ele deve ir adiante, ou comete uma falta. A terceira vantagem é descobrir melhor a mente alheia. Pois quem abre a si mesmo dificilmente verá aberto para si o campo do adversário. Existem também três desvantagens. Primeira: a simulação e a dissimulação trazem consigo uma exibição de medo, o que prejudica todos os negócios. Segunda: ela confunde pessoas que poderiam, de outro modo, cooperar com um indivíduo, e faz com que ele fique solitário, caminhe sozinho rumo aos seus fins. O terceiro e maior inconveniente é retirar da pessoa o principal instrumento de ação, a confiança e a fé.

A última frase de Bacon é vital quando se trata da governabilidade em regime não tirânico. Sem a fé pública, a razão de Estado torna-se pura propaganda ou força. Se as individualidades livres precisam dissimular nos governos tirânicos, estes últimos precisam ainda mais da dissimulação para apanhar seus inimigos ocultos. Assim, comenta Macchia, o político que serve à razão de Estado deve possuir o hábito de viver com o segredo, com o *"steganós*, aquilo que é escondido, oculto", chegando à esteganografia. Trata-se de toda uma concepção da própria natureza como grande guardiã de coisas ocultas que devem ser arrancadas com arte e técnica. Sendo a natureza uma astuta fonte de segredos, apenas chegando até eles poder-se-ia atingir a natureza humana, que a integra.

Bacon deu um exemplo fantástico da arte de arrancar sigilosas estruturas naturais. É preciso, dizia ele, "torturar a natureza, para que ela conte os seus segredos". Não é preciso dizer muito mais sobre esta tecnologia do poder que vai do gabinete do príncipe ao laboratório do cientista e passa pelas mãos do policial. É algo que pode nos inquietar sabermos que a idéia de verdade, que define boa parte do nosso ideário filosófico e jurídico, tem origem na palavra *basanos*, pedra de toque para atingir o veraz na tortura. Os antigos gregos usavam o termo para designar a pedra que servia para definir a pureza do ouro. Depois seu uso foi extendido para denotar um teste ou triagem, determinar se alguém era fidedigno. A tortura assim designada serve para extrair tudo o que é escondido, oculto. A tortura traz à luz os veios secretos da natureza. Num livro importante sobre todo esse aspecto, Page du Bois escreve coisas lancinantes sobre este lado pouco estudado da filosofia ocidental[10].

---

10. Cf. *Torture and Truth*, London, Routledge, 1991.

Tanto o cientista quanto o filósofo usam técnicas de desocultamento que eles partilham com os governantes. Estes últimos arrancam de seus inimigos internos ou externos, através da astúcia, das técnicas como a esteganografia ou de outros refinamentos e violências como a tortura, a "verdade", meio eficaz de mando. Uma técnica muito usada, desde o século XVI, foi a leitura das expressões dos rostos. Em um estudo sobre Descartes intitulado "A Razão Sonhadora", analiso este prisma[11]. Antoine Mizauld, em 1565, escreveu um livro para ajudar as pessoas a "julgar incontinenti o natural de cada um apenas pela inspeção da face e dos seus lineamentos". Como indica Macchia, Mazzarino (ou o pseudo-Mazzarino) ensinava, com base nesta técnica, a distinguir o indivíduo astucioso, pois este possuiria uma saliência na fronte, na altura pouco acima do nariz. O mentiroso teria, ao rir, duas saliências nas bochechas. Assim, o poderoso segue a tentativa de descobrir os intentos secretos de seus inimigos ou liderados nos menores gestos, nas mais tranqüilas situações. Não apenas os olhos eram movidos nesta descoberta: todos os sentidos entravam na economia do desvelamento. O padre jesuíta Athanasius Kircher ideou, para as paredes dos palácios, orelhas artificiais que levariam até o gabinete do príncipe as conversas de súditos, embaixadores etc. Trata-se de uma economia global do corpo a serviço da razão secreta do Estado. A situação perfeita, para os governantes, seria a de plena transparência dos inimigos e dirigidos, e a sua plena obscuridade própria.

O cuidado com o segredo atingiu o ápice no século XVII. Um exemplo pode ilustrar esta situação, quando a burguesia francesa pediu prestações de contas aos ministros das finanças reais, no instante em que estes últimos solicitavam mais recursos para as guerras. A declaração do voto do clero é sintomática. Segundo os sacerdotes, as finanças seriam como o Santíssimo Sacramento, escondido no altar. Apenas os padres e os iniciados poderiam deitar os olhos sobre elas. Caso oposto, sacrilégio e perigo rondariam o Estado. A temática do segredo, pois, define todo um aspecto da razão de Estado, incluindo a

---

11. Roberto Romano, *O Caldeirão de Medéia*, pp. 139 e ss. em especial pp. 140-141.

religião econômica, que hoje é a mais católica e abarca o mundo inteiro.

Afinal, o que é razão de Estado? Um analista diz que ela se assemelha ao jogo viciado. O governante que apela para a razão de Estado para validar atos e tratados opostos às leis comuns do país age como o jogador desonesto ou mau perdedor: quando as regras do jogo não lhe são favoráveis, ele usa a trapaça do segredo e quebra toda a seqüência da partida. Deste modo, ele arranca dos cidadãos a confiança, a fé pública, base mesma da instituição do Estado[12]. Esta metáfora do jogo e das regras é uma das mais antigas da filosofia política. No exato século em que a razão de Estado se firmou, um dos filósofos mais agudos da modernidade, Blaise Pascal, construiu toda uma moral, uma política, uma teologia com aquela base. A vida humana é jogo. E as regras supremas são de acesso difícil aos homens. Só Deus joga com absoluta certeza. E ganha sempre. No caso humano, tudo é incerto, sobretudo no campo das leis e da política. Esta antropologia, que hoje volta a ser um assunto de interesse filosófico e político, é nuclear na história do pensamento moderno[13]. Nesta vertente, é importante a idéia do cálculo como elemento básico da política, plataforma da razão de Estado. Um governante que sabe calcular as suas oportunidades e as de seus inimigos tem condições de, pelo menos, desrespeitar sem muitos prejuízos as regras "normais" do jogo diplomático, bélico, ou de política interna, como por exemplo nas escolhas para os dirigentes, nas eleições.

A razão de Estado, assevera Lazzeri, não se confunde de imediato com a tirania. Mesmo dirigentes de Estados democráticos podem seguir as suas sendas, ou serem tentados a segui-las. Constituições liberais modernas deixam brechas para

12. Cf. Lazzeri, Christian e Reynié, Dominique, "Introduction" ao livro *La raison d'Etat: politique et rationalité*, Paris, PUF, 1992, pp. 9 e ss.

13. Lembro apenas três textos fundamentais para se entender uma parte deste rico pensamento: o volume de Laurent Thirouin, *Le hasard et les règles: Le modèle du jeu dans la pensée de Pascal,* Paris, Vrin, 1991, e o pequeno grande livro de Gerard Lebrun, *Blaise Pascal*, Coleção Encanto Radical, São Paulo, Brasiliense, 1983, além do clássico de Sainte Beuve, *Port Royal*, Paris, Gallimard, 3 vols.

o seu uso, em capítulos sobre a segurança pública etc. Lazzeri vai mais fundo e indica, sem análise é certo, que a própria *Declaração dos Direitos do Homem* está "cheia de concessões por onde deslizam sem dificuldades desejos despóticos" da razão de Estado.

Outro aspecto importante: a razão de Estado, além dos conhecimentos e técnicas mais rudimentares, como as que indiquei acima, incorporou ao seu procedimento o saber quantitativo e qualitativo sobre a sociedade moderna. O programa desta atitude encontra-se no século XVI, sobretudo nas obras de Francis Bacon. É dele a noção de que *knowledge and power meet in one*, banalizada no Brasil como "saber é poder". Não se trata disto. O Estado, pensava Bacon, precisa instituir e organizar saberes sobre a natureza e os homens, de modo a agir com eficácia na sua expansão e domínio. Um Estado sem saberes é frágil, um Estado com saberes e com força física é poderoso. Esta receita, como temos consciência, serviu muito à Inglaterra, em toda a sua expansão colonial pelo mundo, das Américas à Ásia.

Como indica Lazzeri, a razão de Estado une-se à idéia de que

> nada presidirá mais eficazmente os destinos de um Estado do que o conhecimento de suas qualidades específicas: seu povo, sua geografia, seu tempo, seus recursos, sua organização econômica e o modo de aprimorá-la. O governo da razão de Estado se apoiará num saber pouco a pouco instituído numa teoria moderna do político e finalmente conduzido ao conteúdo firme de uma ciência da administração e de seus efeitos sobre a sociedade da qual o mercantilismo, o cameralismo, a estatística e as teorias da polícia constituem o núcleo duro. A razão de Estado remete para uma outra forma, então, de racionalidade governamental e de técnica de governo.

O conhecimento técnico e político ajuda a definir o "olhar soberano", com o qual os dirigentes inspecionam o corpo social, para manter o mando.

Haveria, pois, uma diferença essencial entre a razão do governante e a dos governados. O primeiro pode enxergar, graças aos informes e saberes de todas as ordens, trazidos pela máquina do poder, realidades inacessíveis aos segundos. É contra esta doutrina que se levantam todas as perspectivas democráticas modernas, a começar por Spinoza. Os pensadores democratas, como Diderot, Condorcet e outros, propõem que os cidadãos sejam educados ao máximo, e possam acompanhar mesmo os cálculos econômicos e políticos do Estado. Ao mesmo tempo, pregam a mais ampla liberdade de imprensa e de debate, para que as informações não fiquem restritas ao seleto número dos dirigentes. Este aspecto também foi tratado por mim no primeiro texto de *O Caldeirão de Medéia*, de mesmo nome, que resulta de um seminário feito na Câmara dos Deputados, em Brasília, na sua Comissão de Ciência e de Tecnologia.

A idéia de razão de Estado é vulgarmente atribuída a Maquiavel, mas é preciso moderar muito esta enunciação. O trecho mais célebre, neste sentido, é aquele onde o escritor florentino afirma ser "necessário a um príncipe, se deseja se conservar, aprender a não poder ser bom, e usar dele segundo a necessidade (*secondo la necessita*)" (*Príncipe*, capítulo 15). E mais:

> Estando o príncipe necessitado de usar a besta, deve escolher dentre elas a raposa e o leão, porque o leão não se defende dos laços e a raposa não se defende dos lobos. Necessita, pois, o príncipe, ser raposa para conhecer os laços e leão para espantar os lobos. Os que se apóiam apenas no leão não entendem [a arte de governar]. Não pode, nem deve, portanto, um senhor prudente observar a fé jurada quando tal observância se torna contrária e passou a ocasião que obrigou a fazer a promessa. Se os homens fossem bons, este preceito não o seria; mas como eles são perversos e não guardaram sua fé jurada contigo, não tens porque guardá-la em relação a eles. Nunca faltam a um príncipe ocasiões legítimas de coonestar a inobservância.

E finalmente, ainda no *Príncipe*:

> para manter o Estado o príncipe, sobretudo se for um príncipe novo, precisará operar contra a fé, contra a caridade, contra a humanidade, contra a religião. E se necessita que tenha um ânimo disposto a tornar-se segundo mandem os ventos e mudanças da fortuna e, não separar-se do bem se puder fazê-lo, mas saber entrar no mal se é necessário.

Estas sentenças ressoam nos *Discursos sobre a Primeira Década de Tito Livio*: "porque quando se delibera acerca da saúde da pátria, não deve-se deixar que prevaleçam considerações de justiça ou injustiça, piedade ou crueldade, honra ou ignomínia mas, deixando de lado qualquer consideração outra, seguir por inteiro o partido que lhe salve a vida e lhe conserve a liberdade". A corrupção dos homens é fato constante e universal, mesmo nos que foram educados para o bem. Há uma persistência das paixões:

> em todas as cidades e em todos os povos há e sempre houve sempre os mesmos desejos e humores, de tal modo que é fácil para quem examina com diligência as coisas passadas, prever em toda república o futuro e aplicar os remédios empregados pelos antigos ou, caso não encontre nenhum empregado por eles, imaginar outros novos segundo o parecido dos acontecimentos (*Discorsi*, livro I).

A desconfiança de Maquiavel na ética do povo tem fundamentos sólidos. Ética, como sabemos, é o conjunto de atitudes, hábitos, que se tornaram costumeiros e deixaram até mesmo de ser conscientes, sendo assumidos como "naturais" e inquestionáveis. Muito do que se disse no século XVII e XVIII, e até mesmo em nossos dias, sobre o "preconceito", tem esta base. O povo adere às práticas e valores antigos. Assim, escreve Maquiavel, para mudar hábitos arraigados e sólidos é preciso dissimular, fingir que a sua essência permanece quando medidas para a sua mudança são implementadas pelos governantes. Se o príncipe fosse contra os hábitos populares, dificilmente ele se manteria. Mas se pouco a pouco ele muda as formas e as instituições, então consegue mudar a ética do povo. Assim, diz Maquiavel:

> quem deseja reformar o estado de uma cidade, e quer ser aceito e manter a satisfação de todo mundo necessita conservar pelo menos a sombra dos modos antigos, de tal jeito que possa parecer ao povo que não houve mudança nas ordens, embora na realidade as novas sejam inteiramente distintas das velhas. Porque a grande maioria dos homens se contenta com as aparências como se fossem realidades e amiúde se deixa influenciar mais pelas coisas que parecem do que por aquelas que são (*Discorsi*, livro I).

Francis Bacon, para citá-lo novamente, mostra-se atento aos conselhos de Maquiavel. Nos *Ensaios*, o item *Of Innovations* afirma:

> Seguramente, todo remédio é uma inovação; e quem não aplica novos remédios, deve esperar novos males. Pois o tempo é o maior inovador, e se o

tempo certamente altera todas as coisas para pior, a sabedoria e o conselho não as alteram para melhor, qual será o fim? É verdade, o que é posto pelo costume, embora não seja bom, pelo menos se mantém. [...] A inovação é coisa turbulenta e quem reverencia muito o passado receia as coisas novas. As inovações dos homens deveriam seguir o próprio tempo, o qual inova muito, mas mansamente, por graus difíceis de serem percebidos. [...] É também muito bom não experimentar nos Estados, exceto quando a necessidade for urgente, ou a utilidade evidente. E deve-se estar atento, de que é reforma que traz a mudança, e não o desejo de mudança, que pretende tudo reformar. Finalmente, a novidade, embora não deva ser rejeitada, deve ser suspeita. Como diz a Escritura, que contemplemos a antiga estrada, e depois olhemos ao nosso redor, e descobriremos o caminho certo para nele seguir.

O povo deseja novidades mas rejeita as que o coloquem na incerteza de saber quem manda. De um modo ou de outro, a massa tem opiniões que não devem servir como paradigma do governante.

O problema da ética enquanto costume é dos mais graves dentre os que surgem no âmbito político. Não se muda uma forma de vida, por mais desastrosa que ela seja, quando é antiga e aceita como "natural", de um só golpe. Um povo acostumado a determinadas leis, ou a certas maneiras de comando nas instituições de Estado ou religiosas, encara com desconfiança as inovações, dado que se habituou às fórmulas arcaicas que integram, por assim dizer, a sua alma. Se este é um perigo eminente na recepção das ciências, das técnicas e da filosofia, se isto faz com que renovadores artísticos sejam mal vistos nos inícios de suas carreiras ou de suas propostas, o hábito pode derrubar regimes com inspiração democrática. Este problema pode explicar o paradoxo de Rousseau, o qual dizia ser preciso forçar os homens à vida livre. Examinemos esse ponto num avisado analista dos costumes, Michel de Montaigne. Trata-se do capítulo 22, Livro I dos *Ensaios*, "Sobre o Costume e de não Mudar Facilmente uma Lei Recebida".

Montaigne, com o estilo saboroso habitual, inicia o capítulo com um exemplo eloqüente. "O que seria o costume?" Alguém, diz o filósofo, o definiu muito bem com o símile de uma senhora camponesa que aprenda a acariciar um bezerrinho entre seus braços. Ela ficou acostumada a fazer isto, mesmo quando o bicho se transformou num grande boi. Esta é uma verdade, fala Montaigne, porque o costume é uma violenta e traiçoeira professora. O costume se abriga em nós pouco a pouco, escondido, e nos impõe sua autoridade. No início ele pode ser suave e doce, e isto nos tranqüiliza. Mas no fim mostra um rosto tirânico e furioso, contra o qual sequer temos a liberdade de erguer os olhos. E vemos, assustados, que ele destrói todas as regras da natureza. Vem a seguir uma série de costumes que se tornaram comuns, por mais atrozes que eles tenham sido no início. Antes, entretanto, Montaigne cita Platão e os médicos. Nesta matéria, muitos deixam a arte médica, ou política, em proveito da autoridade costumeira, ética.

Assim, entregues aos costumes e à opinião, muitos cometem desatinos, por hábito adquirido. Um rei que acostumou seu estômago a ingerir veneno, uma rapariga cujo hábito é comer aranhas, alguns povos que ingeriam gafanhotos, formigas, morcegos, lagartos, sapos. Para certos povos, as carnes européias eram mortais e venenosas. Qual a causa da citação desses costumes estranhos? É porque, afiança Montaigne, o costume torna os nossos sentidos abestalhados (*hebetés*). O filósofo refere-se aqui ao conceito de sensibilidade mental e corporal trazido dos gregos. Uma pessoa marcada pela ausência de sensibilidade, no termo grego, é *anaisthêtos*. Quanto mais alguém perde a sensibilidade para os matizes do real, mais está acostumado a ver em preto e branco, menos percebe o mundo como ele é ou pode ser. Mais se aferra ao costume e mais é dele vítima, antes de ser algoz dos outros. O costume faz com que os ouvidos, os olhos, não percebam a natureza e os homens na sua medida própria, mas segundo a régua dos preconceitos. Em certas situações, o costume muda até a percepção. Um soldado se acostuma ao barulho dos canhões enquanto para as demais pessoas ele é insuportável. Um sino que bate todo dia integra a rotina, apesar do seu incômodo para os não acostumados. Platão censurou um menino, porque ele jogava com nozes. Resposta da criança: "tu me censuras por pouca coisa". Réplica de Platão: "o costume não é pouca coisa" (anedota narrada por Diógenes Laércio).

Os piores costumes, os que definem as piores éticas, acrescenta Montaigne, nascem no berço. Aqui, Montaigne apenas amplia o que leu em Platão. Nosso primeiro governo está nas mãos das babás. Estas são complacentes com nossos mais agressivos instintos. Mas não apenas elas, pais e mães facilitam péssimos costumes, deixando que eles entrem em nossa alma e corpo. A mãe que assiste, tranqüila ou maravilhada, o pimpolho torcer o pescoço de um frango, ferir um cão ou gato, o pai que é tolo o bastante por tomar como futura prova de virilidade quando enxerga seu filho insultar um transeunte ou empregado que não podem se defender, ou quando nota que ele engana com trapaças os seus companheiros, todos esses comportamentos engendram tiranos. Aqueles pais regam as sementes da crueldade e da traição. Com o crescimento das sementes malditas vem a força dos costumes adquiridos. Pior é quando os pais desculpam violências dizendo que elas são feitas por crianças frágeis e inocentes. É preciso, diz Montaigne ainda seguindo Platão, ensinar as crianças a odiar os vícios de sua própria contextura, ensinar o quanto eles são disformes, para que elas deles fujam, não só do exterior, mas do fundo do coração. Platão dizia que ensinar era tingir almas com a tintura das leis. É preciso que as leis estejam marcadas de modo indelével nas almas. Caso contrário, o respeito da lei será apenas exterior. A lei deve ser gravada no coração dos homens.

A política que se baseia apenas nos costumes é insana. Nenhuma fantasia terrível, arrisca dizer Montaigne, deixa de encontrar exemplos anteriores que a torne possível. Os costumes são relativos e diferem de povo a povo. Mas eles imperam em todos eles. Mesmo as leis da consciência, que dizemos nascer da natureza, brotam dos costumes. Cada um venera internamente as opiniões e *mores* aprovados e recebidos ao seu redor, e deles não se separa sem remorsos. O principal efeito do costume é nos dominar de tal modo, que ele entra em nós e raciocina em nós as suas ordens. Alimentamos esse domínio desde a infância, quando foram infundidas as suas sementes em nós, por nossos pais. E, pensamos, tudo aquilo que está fora dos costumes é estranho à razão. Deus sabe, afiança Montaigne, o quanto isto é desarrazoadamente freqüente. Raros costumes trazem o bem coletivo. É verdade que povos nutridos de liberdade e autonomia consideram toda outra forma de governo contrária à natureza. Mas os que se acostumaram à monarquia fazem o mesmo. Montaigne chama a atenção para o problema da opinião pública. E cita o texto platônico das *Leis*. Neste, o grande inimigo da opinião pensa, num paradoxo, que ela pode ser usada para impedir atos contrários à natureza, como o parricídio, a homossexualidade etc. Yvon Brès, em trabalho sobre a psicologia de Platão, indica bem o quanto o filósofo ateniense foi realista no uso da retórica para persuadir massas. Desde o vinho, recomendado como preparador da persuasão, até o teatro, tudo o que pudesse causar horror ao crime deveria ser utilizado pelos governantes para determinar o rumo da consciência pública. No livro VIII (838c) das *Leis*, Platão discute o incesto. No comentário de Yvon Brès:

se cada homem pudesse experimentar diante de todo menino ou menina o mesmo sentimento de retenção que tem diante de um filho, um irmão, uma filha ou irmã, a lei moral se beneficiaria com a força desta "lei não escrita" que se opõe ao incesto. Ora, esta força vem de uma espécie de unanimidade: desde nossa idade mais tenra, vemos a comédia e a tragédia nos representar o comportamento de Tieste, de Édipo e de Macareu como abominável; nós os vemos dando-se a morte quando descobrem a grandeza de sua falta. E Megilos, [personagem das *Leis*] aprova: sim, a opinião pública tem verdadeiramente uma força extraordinária[14].

Explicita Montaigne, ao discutir o mesmo problema da eficácia da receita platônica, segundo a qual as mais belas filhas não atrairiam o amor dos pais, nem os irmãos mais excelentes em beleza, o amor das irmãs. As fábulas mesmas de Tieste, Édipo, Macareu, infundiriam, com o prazer de seu canto, esta crença útil no macio cérebro das crianças. Assim, mudanças dos costumes podem ser saudáveis, desde que introduzidas pelos magistrados, com o devido controle. Esta lição platônica é extraída, pois, pelo cético Montaigne. A religião cristã, diz ele, tem todas as marcas de extrema utilidade e justiça. Mas nenhuma delas é mais aparente do que a exata recomendação da obediência ao magistrado e a manutenção

---

14. Cf. Yvon Brès, *La psychologie de Platon*, Paris, PUF, 1973, sobretudo pp. 362 e ss. Brès compara a técnica platônica à dos "persuasores escondidos", que operam no mercado econômico e político de nossos tempos. Cf. Vance Packard, *The Hidden persuaders*, New York, David and Co., 1957. Tradução francesa: *La persuasion clandestine*, Paris, Calman Levy, 1958.

da ordem pública. Deus não destruiu, para nos salvar, a ordem política. Assim, as inovações devem ser feitas de modo controlado para evitar as opiniões antigas e apaixonadas das massas indiscretas.

Toda essa espécie de platonismo que define boa parte do pensamento de Maquiavel e de seus leitores, como Bacon, ou contemporâneos como Montaigne, é agudo na desconfiança da *doxa* que impera entre o povo. O que não o impede o Florentino, leitor de muitos outros antigos além de Platão, de romper o ideal de um Estado pequeno, com número restrito de cidadãos e cujo espaço é restrito. Assim, embora deseje um Estado sem rupturas internas, ele não aceita a tese platônica da cidade com apenas 5040 membros, ou a cidade aristotélica na qual todos os cidadãos se conhecem. Ele escreve:

> tendo organizado uma república capaz de manter-se sem ampliação, se a necessidade a conduz a ampliar-se, veremos que seus fundamentos cedem e a república se arruina a seguir. E, por outra parte, se o céu a favorecesse de tal modo que não tivesse ela de guerrear, nasceria disto um ócio que a tornaria efeminada ou dividida, coisas que, juntas ou separadamente, causariam sua ruína. Como não se pode, pois, encontrar um justo meio nisto, nem equilibrá-lo, é conveniente escolher, ao organizar uma república, o caminho mais honroso e ordená-la de tal modo que, mesmo que a necessidade a obrigue a ampliar-se, possa ser capaz de se conservar ocupada[15] (*Discorsi*).

A razão de Estado, nessa leitura, baseia-se no conhecimento das paixões humanas, por parte do príncipe, e no imperativo de não seguir a cabeça do povo, preso às formas éticas injustificadas e à opinião. Novamente, há bons elementos platônicos no diagnóstico feito por ele sobre a saúde da república e sobre o papel que nela desempenha o povo. Ainda nos *Discorsi* podemos ler:

> O quão erradas são muitas vezes as opiniões dos homens é coisa que viram e verão todos os que testemunharam as suas deliberações, as quais, a menos que estejam dirigidas por homens excelentes, são muitas vezes contrárias a toda verdade. Mas como nas repúblicas corrompidas, sobretudo em períodos de paz e tranqüilidade, os homens superiores são aborrecidos, seja

---

15. Cf. H. E. Barnes e H. Becker, *Historia del Pensamiento Social*, trad. Vicente Herreo, Mexico, FCE, 1945, vol. I, pp. 311 e ss.

por inveja ou por ambição dos outros, segue-se daí que se dá preferência ao que o erro comum julga como bom ou ao que sugerem homens que são mais desejosos de conseguir o favor geral do que o bem comum.

Como dominar a multidão indiscreta e crédula? O remédio situa-se no mesmo plano da doença, no princípio homeopático do semelhante para curar o semelhante. Se a massa só acredita no que parece e não busca o que é, para dominá-la é preciso encontrar "um homem grave e digno e com autoridade, que se oponha a ela [...] concluo, pois, que não existe meio mais seguro de acalmar a multidão excitada do que a presença de algum homem de aparência imponente e que será respeitado" (*Discorsi*). Os liderados obedecem porque enxergam seus iguais obedecendo. A imitação, a *mimesis* descrita por Platão e pelos antigos, é vital na ordem do governo. Como a massa é sempre semelhante aos seus governantes, adianta Maquiavel, "Lorenzo de Médicis confirma esta idéia dizendo: 'o que faz o senhor o fazem os muitos, pois todos os olhos estão fixados no que o senhor faz'". O senhor faz uma coisa diante dos liderados, mas precisa, tem necessidade, de fazer outra coisa longe de seus olhos. Aí estaria a base da razão de Estado.

A palavra mais utilizada por Maquiavel é "necessidade". Nela unem-se a perversão humana, a tolice da massa, as variações da fortuna e a urgência dos momentos particulares. Tudo isso para manter o Estado. Esta doutrina, afiança Lazzeri, foi combatida no século mesmo de Maquiavel por pensadores que defendiam os padrões morais antigos. Seria este o caso de Innocent Gentillet (1576). O texto de Gentillet, hoje publicado como *Anti-Maquiavel*, tem como título em 1576 o seguinte: "Discurso sobre os meios de bem governar e manter em boa paz um reino ou outro principado. Dividido em três partes, a saber, do Conselho, da Religião, e da Polícia que deve manter um príncipe. Contra Nicolau Maquiavel, Florentino"[16]. Gentillet coloca a arte de bem governar contra a *ragion di stato*. Esta expressão vem desde 1521, de Guicciardini, que a

---

16. Uso a edição de C. Edward Rathé, *Anti-Machiavel*, Genève, Droz, 1968.

emprega como *ragione degli Stati*. As críticas a Maquiavel são ampliadas até que em 1589 ele é atacado pelo jesuíta Giovanni Botero[17], secretário de Roberto Bellarmino, o idealizador da soberania indireta do poder religioso contra o Estado, muito criticado por Hobbes, Filmer e outros teóricos do pensamento absolutista sobre o Estado.

Assim, passam a existir duas formas de razão de Estado: a atribuída, com fundamentos ou não, a Maquiavel e a que se define nos programas dos jesuítas, eles mesmos acusados de maquiavelismo. É fascinante acompanhar, dos inícios da Companhia de Jesus aos nossos dias, a suspeita que ela desperta em católicos, protestantes, liberais, anarquistas, comunistas. Ainda nos séculos XIX e XX, os anarquistas enxergavam nas idéias do marxismo sobre o partido uma imitação da Companhia de Jesus, inclusive, segundo Alain Besançon, nas "tenebrosas manobras" jesuíticas praticadas pelos que formariam mais tarde o partido bolchevique. Bakunine acusou Netchaev, antes disto, de organizar a máquina revolucionária segundo "os sistema de Loyola e de Maquiavel". Leon Tróstky, em 1938, num estudo importante intitulado "A Nossa Moral e a Deles", compara o partido bolchevique e a Companhia, ambos, segundo o revolucionário, marcados pela degenerescência burocrática[18].

Existe uma tese, a dominante, sobre as bases da doutrina antimaquiavélica, sobretudo a católica. Ela seria uma tentativa de conservar, custasse o que custasse, a base política feudal, predominante na Idade Média. Creio que Lazzeri tem razão quando indica que este juízo deve ser corrigido. Autor eu mesmo de um estudo sobre a Igreja Católica[19] e analista do pensa-

---

17. *Della Ragion di Stato*, Veneza, 1589. Cf. a edição sob os cuidados de Chiara Continisio, Roma, Donzelli Editore, 1997. Cf. também M. Senellart, *Machiavélisme et raison d'Etat*, Paris, PUF, 1989.

18. Sobre a história dessas aproximações entre Maquiavel e a Companhia de Jesus, leia-se Michel Leroy, *Le Mythe Jésuite: De Béranger à Michelet*, Paris, PUF, 1992. Também, Alain Basançon, *Les origines intellectuelles du léninisme*, Paris, Calman Lévy, 1977.

19. Roberto Romano, *Brasil, Igreja contra Estado*, São Paulo, Kayrós, 1979.

mento conservador[20], percebi que a conservação proposta pelo catolicismo não se encontra sobretudo nas formas de Estado, mas na manutenção do religioso como poder. Assim, o compromisso da Igreja não se define, em termos absolutos, com esta ou aquela determinação social, política, jurídica. Os doutrinadores do seu mando colocam-se sempre no horizonte da prudente mudança segundo os tempos, mesmo que alguns deles se aferrem a formas e conteúdos ultrapassados. O conservadorismo religioso não rompe com novas maneiras de governar ou administrar o Estado. Pelo contrário, a própria Igreja realiza, em seu modo de governo interno, modificações modernizadoras relevantes. É possível que uma instituição seja conservadora no plano do seu pensamento, sem definir-se como oposta à modernização. Este prisma já foi analisado por Max Weber, de modo estratégico. Assim, quando na Contra-Reforma a Igreja adequou a sua visão de si mesma e de seu mando, com Roberto Bellarmino e a soberania indireta do Sumo Pontífice, ela na verdade inovou diante das suas doutrinas medievais, sobretudo das que, no máximo declínio do poder do Papa, num espasmo, exigia para este as chaves dos reinos mundano e espiritual[21]. Com o Concílio de Trento, a Igreja renovou profundamente suas doutrinas e práticas, não retroagiu para a Idade Média, mas encontrou um novo *modus vivendi* com os poderes terrestres.

É tal Igreja que assistiu a expansão das doutrinas de Spinoza sobre o Estado e a liberdade civil, contra as pretensões do mando teológico-político.

20. Roberto Romano, *Conservadorismo Romântico Origem do Totalitarismo*, São Paulo, Ed. Unesp 1997 (1ª ed., São Paulo, Brasiliense, 1981) e Roberto Romano, "O Pensamento Conservador", in *O Caldeirão de Medéia*, São Paulo, Perspectiva, 2001, pp. 247 e ss.

21. Cf. John A. Watt, *The Theory of Papal Monarchy in the Thirteenth Century: The Contribution of the Canonists*, New York, Fordham University Press, 1965. Também I. S. Robinson, *The Papacy, 1073-1198: Continuity and Innovation*, New York, Cambridge University Press, 1993. Também G. Tellenbach, *The Church in Western Europe from the Tenth to the Early Twelfth Century*, New York, Cambridge, 1996. Cf. Roberto Romano, "Igreja Domesticadora de Massas?" e "Lembra-te de que és Homem: Governantes e Juízes no *Policraticus* de Jean Salisbury", in *O Caldeirão de Medéia, op. cit.*

3. SOBERANIA POPULAR NA COMUNA DE PARIS

Em trabalho publicado no *Journal of Public Policy*, James March e J. Olsen tratam o nosso tema em plano atual. Refiro-me ao artigo "Popular Sovereignty and the Search for Appropriate Institutions" (vol. 6, part 4, 1989). Os autores afirmam: a política social democrática não perdeu sentido, mas a "confiança nas instituições públicas foi erodida". Eles apontam para duas direções, nas críticas ao Estado e à sua soberania:

um tema freqüente é a necessidade de descentralização, incluindo a transferência de tarefas e de autoridade aos governos locais ou regionais, agências administrativas frouxamente ligadas às instituições políticas centrais, instituições quase-governamentais, e o setor privado. Propósitos de privatização, desregulagem e desburocratização refletem, pelo menos em parte, desacordo com os estorvos à autonomia individual.

Isto de um lado. De outro, temos a crítica sobre a "falta de direção central (vis-à-vis os interesses de grupos públicos ou privados). O sistema político é pintado como tendo se rendido aos grupos maiores e bem organizados". Esta segunda crítica "exige a atenção à economia e à sociedade em sentido amplo, para fazer as instituições servirem a sociedade abrangente e não apenas a uma de suas partes". Essa aporia contemporânea, com as teses de um desmantelamento dos serviços públicos, e as respostas de fortalecimento do Estado, tem raízes velhas, carcomidas. Mas sem que semelhantes traços sejam pensados, as respostas em favor de uma via ou de outra mostram-se superficiais ou demagógicas.

Os autores do artigo mencionado seguem a trilha de distinguir dois modelos para pensar o problema da soberania e seus conexos. A integração e a agregação. Não irei comentar esse tipo de encaminhamento. Quero recordar, com a experiência da Comuna, um caminho abandonado com o seu "fracasso". Esse atalho é mais perceptível se tomarmos o problema do Governo e do Soberano tal como ele foi posto por Rousseau ou pelos revolucionários, e como ele foi equacionado pelos revolucionários parisienses. Vejamos.

No terceiro ano da Revolução Francesa, foi escrito um discurso cuja tônica era a desconfiança no governo representativo. "A soberania é una, indivisível e inalienável, e vós a dividis repartindo-a, e a perdeis transmitindo-a. Os ilustres homens a quem chamastes para fazer uma nova Constituição não têm outros direitos do que vos submeter às suas idéias. Numa palavra, o poder dos representantes é como um raio de sol refletido num espelho. Vós sois esta luz, a qual eu comparo ao astro diurno, e os deputados são o cristal que reflete o poder que nele depositastes e que só iluminarão a terra graças ao fogo que de vós emana". E, mais adiante, continua nosso orador:

> A autoridade do povo, reunida numa ou em várias mãos, eis o nascimento da aristocracia, eis os perigos da outorga de uma potência. Se os deputados podem prescindir de vós para fazer leis e a sua sanção lhes parece inútil, neste instante nascem os déspotas e vos tornais escravos [...]. Como um mandatário público pode imaginar que o mero título de representante da soberania pode possuir o próprio direito da soberania? Como eles podem acreditar que a opinião da soberania que a eles é confiada por vós pode conter em si o direito de decisão absoluta? As piores desgraças vos esperam se não for resolvido este problema. Estais perdidos se eles vos impõem leis que não aprovastes.

O autor das frases é o Marquês de Sade. O texto se intitula *Idéias sobre o Modo de Sanção das Leis*. Recordemos o contexto dessas palavras. Estamos em 1792. Fracassou a primeira Assembléia Legislativa. Surge a Convenção, supostamente eleita por sufrágio universal. Supostamente, porque dos votos estavam excluídos os monarquistas, de um lado, e a massa dos sem propriedade, de outro. Aos representantes, expressando certa minoria, foi concedido o papel de encarnar a Nação soberana, seguindo nisto as doutrinas de Sieyès. Seus poderes, teoricamente, não tinham limites. Nenhuma força interna adversa poderia persistir. A primeira potência sob ameaça era a Comuna de Paris. Essa última, nas palavras de Soboul, "municipalidade insurrecional, estava ameaçada de desaparecimento ante a representação nacional". Esta vontade de aniquilar a cidade mais importante no processo revolucionário, até aquele momento, foi expressa por Lasource, um representante do interior: "É preciso que Paris seja reduzida em oitenta e três por cento de sua influência, como cada um dos demais departamentos" (Cit. por Soboul).

Na Comuna de Paris brotavam, a cada instante, novas massas dos *sans cullottes*, reivindicando uma economia contra os dogmas da propriedade, guardados mesmo por jacobinos. Os Girondinos, para atenuar o poder de fogo da Comuna, apelavam para uma "federação", na qual o particularismo reinaria, através das administrações locais. Os Montanheses, deputados de Paris, seguiam relutantemente as forças populares da grande urbe. Entre os dois "partidos", havia o centro, reunindo oportunistas que "temiam o povo, no fundo; a violência arbitrária e sanguinária lhes repugnava e, para eles também, a liberdade econômica tinha o valor de um dogma" (G. Lefebvre).

Durante algum tempo, os girondinos pareceram senhores da Convenção, baseados na desconfiança dos interioranos contra a Comuna e os *sans culottes* parisienses, o medo de massacres, a raiva contra as palavras de ordem nocivas à propriedade. Roland, representando esta facção burguesa, tudo fez para destruir a Comuna a qual, ao ser dissolvida, em novembro, havia perdido seus poderes excepcionais e suprimido seu comitê de vigilância. Roland, economista e ministro de plantão, na época, denunciava a "prodigalidade da Comuna, que mantinha o pão a três soldos, à custa dos contribuintes". Mesmo Saint-Just, radical em outros prismas, "como economista ortodoxo" no debate sobre o comércio dos cereais, "mostrou que o único remédio para a carestia era reprimir a inflação" (Lefebvre).

Voltemos às advertências de Sade. Os atos políticos lembrados mostram que o discípulo de Rousseau soube, de modo certeiro, identificar a virada que se anunciava na Convenção, e que surgiria, com toda plenitude, no Termidor, após a derrota da Comuna e de outras políticas cuja premissa era a soberania popular direta. Notemos a torção realizada por Sieyès, na própria idéia de soberania: esta, de "popular", passou a ser "nacional". O deslizamento precisa ser acompanhado nos textos de Rousseau e de Sieyès. Permitam que eu recorde alguns traços conhecidos pelos senhores das duas teorias, tão próximas e tão distantes.

Para Rousseau, a soberania é inalienável. Se há "pacto" para existir uma "governabilidade" (*gouvernement*) o povo *perd sa qualité de peuple*. Só o povo é legislador, mesmo que ele precise ser instruído por um sábio, porque nem sempre ele pode ver o bem que ele sempre deseja. Mas o sábio só propõe leis: *le peuple même ne peut, quand il le voudrait, se dépouiller de ce droit incommunicable*. O que é o governo, sobretudo para os homens que o asseguram? "Um emprego no qual, enquanto simples funcionários (*officiers*) do Soberano, eles exercem em seu nome o poder de que são depositários, e que ele pode limitar, modificar ou retomar quando bem lhe aprouver, sendo a alienação de um tal direito incompatível com a natureza do corpo social e contrário ao fim da associação". Instituindo o Governo, o Soberano povo converte a Soberania em "Democracia". Cidadãos tornam-se magistrados, funcionários do Soberano. Reunido em Assembléia, o soberano é onipotente, e o poder executivo é suspenso. Toda constituição é provisória, e os "empregos" governamentais são revocáveis.

Sempre que o governante assume uma autoridade independente do soberano, ele viola o *traité social*, dissolvendo o próprio Estado, constituindo um "novo Estado" só composto pelos próprios governantes, excluindo os cidadãos. Estes, a partir desse momento, retornam à liberdade natural, e não são obrigados, embora sejam constrangidos, a obedecer. "O soberano só pode ser representado por ele mesmo". Desse modo, deputados eleitos não podem ser "representantes", mas "comissários", ou "delegados". O que o povo *en personne* não faz, não é lei; um povo "representado" não é povo, nem livre.

Sieyès, ao contrário, pensa os deputados como representantes, possuindo um mandato geral. Mesmo concedendo que esse mandato está "ao dispor" de quem o concedeu – o povo – sendo revocável e limitado, Sieyès elogia o regime representativo. Tudo, diz ele, no estado social, é matéria de representação, e os homens aumentam sua liberdade quando concordam em serem representados tantas vezes quantas seja possível. O argumento é que, embora tenhamos uma só autoridade política – o próprio corpo social – existem diferentes órgãos daquela autoridade, baseados em diferentes comissões dadas pela sociedade. Trata-se de um "concurso de poderes".

No *Contrato Social* se encontra a nota célebre de Rousseau sobre o direito de propriedade e a péssima administração: "Sob os maus governos", a "igualdade é somente aparente e ilusória; serve só para manter o pobre na miséria e o rico na usurpação. Na realidade as leis são sempre úteis aos que possuem e prejudiciais aos que nada têm, donde se segue que o estado social só é vantajoso aos homens quando todos eles têm alguma coisa e nenhum tem demais". A tese passou, na pena de muitos comentaristas, como um paradoxo de Rousseau. Mas o nexo entre apropriação legal e excludente, entre propriedade e tipo de governo, foi estratégico nas ações e doutrinas dos que escreveram sobre a vida política antes e durante a Revolução. Para ficar com o exemplo de Sieyès: nas suas *Observações Sumárias sobre os Bens Eclesiásticos* (1789), ele afirma que os corpos morais (clero, cidades etc.) têm direitos sagrados no que tange à propriedade, bem como os indivíduos.

Em Rousseau, importante é que a propriedade só pode ser uma concessão do soberano, constituído no pacto social. O soberano, caso os particulares ricos sejam infiéis ao público, tem o direito de lhes retirar o direito sobre bens. O corpo político decide que haverá propriedade. Em sua edição do *Contrato*, M. Halbwachs chega a dizer que, em plena lógica do sistema rousseauísta, o soberano "poderia admitir que todos os bens permanecerão comuns e que, tal como estado de natureza, 'os frutos da terra são para todos, mas a terra não é para ninguém', ou, ainda, que a terra só pertence ao soberano".

Rousseau indica o liame entre soberania popular, subordinação do governo à ela, limitações da propriedade e governos que a desviam, dando como resultado a desigualdade econômica e social. O pensador gerou a distinção, no pensamento jurídico e político, entre "soberano" e "governo". Robert Derathé registra o fato de que essa distinção, com fortes conseqüências na feitura das leis, não existe na maioria dos países que hoje se julgam democráticos. Neles, "é raro que uma lei possa ser votada sem o assentimento do governo". Mantendo-se a desconfiança de Rousseau diante dos maus governos, autônomos face ao povo, podemos ter uma noção das imensas dificuldades, para os seus seguidores, na Convenção, quando eles precisaram administrar, ao mesmo tempo, a sacrossanta propriedade e os *sans culottes* parisienses, na Comuna. Indecisos entre a burguesia e as massas, os jacobinos terminaram num ziguezague que os conduziu à guilhotina.

Tomemos Robespierre. Nos primeiros tempos da Revolução, ele sustentou a idéia, pouco ortodoxa em termos rousseauístas, da soberania dos deputados. Apenas depois de 1791, quando se convenceu de que a Assembléia Nacional não tinha força para vencer os inimigos da França, insistiu sobre a soberania popular. Mesmo assim, no discurso proferido em 24 de abril de 1793, sobre a *Declaração dos Direitos do Homem e do Cidadão*, Robespierre, falando sobre a propriedade, afirma: "Ao definir a liberdade como o primeiro dos bens humanos, o mais sagrado entre os direitos naturais, dissestes com razão que ela tinha como limite os direitos alheios. E por que não haveis aplicado tal princípio à propriedade, uma instituição social?". Entre as medidas avançadas por ele, abandonadas pelos convencionais, está "o princípio do imposto progressivo". Na "Declaração" escrita por Robespierre, lemos: "o direito de propriedade é limitado, como todos os demais, pela obrigação de respeitar os direitos dos outros". Para garantir este ponto, o artigo 16 do mesmo texto termina afirmando que "o povo, quando lhe agrada, pode mudar o seu governo e os seus mandatários".

No artigo 26 temos a doutrina sobre governo: "As funções públicas não podem ser consideradas como sinais de superioridade, nem como recompensa, mas como deveres públicos. Os delitos dos mandatários do povo devem ser severa e agilmente punidos. Ninguém possui o direito de se pretender mais 'inviolável' do que os outros cidadãos. O povo tem o direito de conhecer todos os atos dos seus mandatários; estes devem prestar contas fiéis da sua gestão e sujeitar-se ao seu juízo com respeito".

No discurso *Sobre a Constituição*, pronunciado em 10 de maio de 1793, Robespierre coloca a aporia ainda hoje irresolvida nos Estados republicanos que se julgam democráticos: "Dar ao governo a força necessária para que os cidadãos respeitem sempre os direitos dos cidadãos; e fazer isto de um modo tal que o governo nunca possa violar estes mesmos direitos". O governo, continua, "é instituído para fazer a vontade geral respeitada. Mas os governantes possuem uma vontade particular, e toda vontade particular tenta dominar a outra". Qualquer constituição deve, segundo Robespierre, "defender a liberdade pública e individual contra o próprio governo". De modo rousseauísta, ele ataca: "o povo é bom e seus delegados são corruptíveis; é na virtude e na soberania do povo que precisamos buscar uma barreira contra os vícios e o despotismo do governo [...] A corrupção dos governos tem sua fonte no excesso do seu poder e na sua independência nos confrontos com o povo soberano". Robespierre invectiva a "velha mania dos governos de querer muito governar".

Apesar dessas proclamações, o político termina afirmando que "no governo representativo não existem leis constitutivas tão importantes quanto as que garantem a regularidade das eleições". E a solidez de uma Constituição se baseia "na bondade dos costumes, no conhecimento e no sentido profundo dos sagrados direitos do homem". Empurrado pelas massas e cercado pelos contra-revolucionários de todos os matizes, dentro e fora da Convenção, o setor jacobino encara, finalmente, o problema do governo comum e suas diferenças com o governo revolucionário. O primeiro conserva a República, o segundo funda a mesma. O governo revolucionário extrai sua legitimidade da "mais santa dentre as leis, a salvação do povo" e da necessidade. Governo revolucionário não significa "anarquia nem desordem. O seu fim é, pelo contrário, reprimir as duas coisas, para conduzir ao domínio das leis [...] quanto maior o seu poder, quanto mais sua ação é livre e rápida, tanto mais é necessária a boa fé para dirigi-lo"[1].

A mudança de "soberania popular" para "ditadura" é clara. A última salva o povo. Mas e se os ditadores usufruírem o poder para si apenas? A resposta de Robespierre desalenta: o ditador deve ser virtuoso. Já Diderot advertira o perigo do tirano amável e querido pelo povo. No mínimo, seus sucessores, ou ajudantes, eternizariam a escravidão voluntária das massas. Através de muitos meandros, finalmente, deu-se, na Convenção jacobina, o que temia Rousseau: o governo, para "instituir" a boa República, tornou-se "superior" à população. Este ensaio de autonomia dos "funcionários do universal", frutificou de muitos modos. Madame de Staël ressalta, nas *Considerações sobre a Revolução Francesa*, que após o Termidor, com o advento do governo militar e burocrático de Napoleão, foram mantidos vários prismas formais das Constituições revolucionárias, sobretudo os que forneceram ao Corso instrumentos para eliminar do campo político os seus adversários.

Os *sans culotte*, nas Assembléias Populares, insistiam na idéia e na prática da soberania do povo, e na revocabilidade tanto dos deputados (chamados por eles "mandatários") quanto dos funcionários públicos. Em 1º de setembro de 1792, a seção *Poissonière* declara: "considerado que o povo soberano tem o direito de prescrever aos seus mandatários a via a ser seguida para agir conforme a sua vontade", os deputados deveriam ser discutidos, aprovados ou reprovados pelas Assembléias primárias. A Assembléia Geral do *Marché-des-Innocents* decidiu, em 25 de agosto de 1792, "que os deputados serão revocáveis por vontade de seu departamento", bem como "todos os funcionários públicos". Todas essas noções deixam de ser veiculadas e propostas, com a constituição do governo revolucionário e com a ditadura do Comitê de Salvação Pública, o qual "revocou" essas práticas de soberania popular. Os ditadores,

---

1. Relatório apresentado em 25 de dezembro de 1793 à Convenção, em nome do Comitê de Salvação Pública.

na empresa do Estado, "despediram o povo", como este podia despedi-los antes do governo "instituinte". Como disse, este ato de expulsar o povo da cena decisória serviu para os que derrubaram Robespierre, para os que derrubaram os que derrubaram Robespierre, e assim por diante, de golpe em golpe, passando pelo grande Napoleão, e pelo pequeno, até a época da Comuna de Paris, com o governo Thiers, fruto lídimo e máximo da contra-revolução termidoriana.

Alain Badiou, em texto grave de conseqüências, escreveu recentemente sobre o conceito de "termidoriano". Nesse estudo, o autor discute certas idéias recebidas na historiografia habitual, incluindo a marxista de Soboul e outros, para quem o 9 Thermidor consistiu no "fim do Terror". Isto, argumenta Badiou, não é verdade. "A Convenção Termidoriana foi, ela mesma, fundada num massacre terrorista. Robespierre, Saint-Just, Couthon, foram executados no 10 Termidor, com dezenove outros, sem nenhum julgamento. Em 11 Termidor, a quantia é de setenta e um condenados, a mais elevada de toda a revolução". Ou seja: o procedimento do Terror não se confinou nas mãos dos jacobinos. Ele foi usado pela contra-revolução durante os anos 1794 e 1795.

É preciso recordar a idéia de que a ditadura jacobina deveria estar em "boas mãos" virtuosas. Essa base subjetiva, comenta Badiou, expõe a precariedade dessa política. Os termidorianos, justamente, usaram o poder ditatorial à imagem da constituição do Ano 3. Nela, a Virtude foi substituída pelo "mecanismo estatal da autoridade dos proprietários, o que significou instalar a corrupção no coração do Estado". Não se faz nenhum segredo, naquele texto, da ruptura entre povo e dirigentes do Estado. No artigo 366, diz-se com clareza solar: "Toda tropa não armada deve ser dissolvida". As petições, segundo o artigo 364, devem ser estritamente individuais. "Nenhuma associação pode apresentar petições coletivas, a não ser as autoridades constituídas, e apenas para objetivos próprios às suas atribuições". E, finalmente, no artigo 361: "Nenhuma assembléia de cidadãos pode se qualificar como sociedade popular".

Com o Termidor, muda o alvo dos governantes terroristas. Ele, agora, são os que afirmam o caráter popular da soberania. A fonte do Terror é o Estado, com base no censo dos proprietários. Não tem razão, pois, a historiografia que fala no "fracasso" jacobino e na irrupção da "verdadeira" essência burguesa, com a totalidade do processo revolucionário. Não houve "fracasso", mas o "fim" de uma política, a jacobina. Citando Saint-Just: "o que desejam os que não querem nem virtude nem terror?". Os termidorianos, avança Badiou, não querem um Estado baseado na virtude, mas querem o terror estatal. A virtude foi substituída pelo interesse. Qual interesse? O dos proprietários e do mercado.

Citando o termidoriano Boyssi d'Anglas, em discurso de 5 Messidor, Ano 3: "Devemos ser governados pelos melhores [...] ora, com poucas exceções, só podemos encontrar semelhantes homens entre os que, possuindo uma propriedade, são apegados ao país que a contém, às leis que a protegem, à tranqüilidade que a conserva". Enquanto a "virtude" era uma determinação subjetiva, "os melhores", dos termidorianos são uma figura objetiva da propriedade "condicionada absolutamente". Para o termidoriano, o país não é, como para o jacobino, o lugar possível das virtudes. Ele é o receptáculo da propriedade. A lei, para o termidoriano, não é máxima derivada do nexo entre princípios e situação. Ela é apenas o que protege a propriedade. A insurreição, para o termidoriano, não é dever sagrado. A sua reivindicação principal é a tranqüilidade.

Badiou traz a noção de "termidoriano" para nossos dias. "Meditar sobre a corrupção", diz ele, "não é hoje uma tarefa inútil". Um termidoriano, por definição política, é um corrompido. Ele é um "aproveitador da precariedade das convicções políticas. Mas em política só existem convicções (e vontades)". Nós, que vivemos sob termidorianos que, após terem alardeado "ética na política", e dogmas de "esquerda", juntam-se com oligarquias endinheiradas ao longo da história brasileira às custas do erário público; nós, que atestamos a ternura governamental pelos bancos e o desprezo pela educação e saúde do povo, sabemos muito bem o que significa um termidoriano.

E mesmo historicamente, como indica corretamente Badiou, "os termidorianos são, o dossier é claro, corrompidos no sentido corrente. E não é por nada que eles vieram depois do Incorruptível. Citemos o dinheiro inglês, que eles receberam com abundância, o saque dos bens nacionais, o açambarcamento dos grãos. Citemos a pilhagem militar (Termidor também é a passagem da guerra republicana, defensiva e baseada em princípios, à guerra de conquista e rapina) e o mercado de fornecimento aos exércitos". Além, disto, Badiou lembra o conúbio termidoriano com os donos de escravos e das colônias.

Ou seja, para todo termidoriano, "histórico ou de hoje, a categoria da Virtude é declarada sem força política". Para ter eficácia, é preciso que a política seja movida pelo interesse do mercado. É isto o que Badiou chama o "fim" de uma política, com o velho oportunismo, incluindo pessoas "de esquerda" que vendem a alma por um cargo, no primeiro ou último escalão. "Um termidoriano é constitutivamente (como sujeito) alguém à procura de um lugar". O mais terrível, arremata Badiou, é que os "termidorianos históricos não foram aristocratas exteriores, restauradores, ou mesmo girondinos. Eles eram gente da maioria robespierrista da Convenção".

Retornando ao nosso tempo, Badiou compara os termidorianos que usaram as armas do governo em seu proveito, e dos proprietários, aos "novos filósofos" franceses dos anos 1970 e 1980, que se encastelaram no Estado monárquico de François Mitterand e assumiram "completa indiferença para situações não estatais", o que resultou, na França, no "rebaixamento dos intelectuais, que renunciam à toda prescrição política inventiva, à toda verdadeira função crítica e progressista, para conquistar um espaço na mídia e nas instituições". A coincidência com o caso dos nossos termidorianos, inclusive na mediocridade dos universitários, os "assessores", não espanta.

Os defensores da soberania popular são "irracionais", segundo os termidorianos. Boyssy d'Anglas, o mesmo que falava dos proprietários como os "melhores governantes", forneceu o exemplo em seu discurso:

> Se forem dados a homens sem propriedade os direitos políticos, sem reserva, e se eles sentarem nos bancos legislativos, eles excitarão ou deixarão excitar agitações sem temer os efeitos; eles estabelecerão ou deixarão estabelecer taxas funestas ao comércio e à agricultura, porque não terão sentido, nem temido, nem previsto, as terríveis conseqüências, e eles nos precipitarão enfim nas convulsões violentas das quais estamos apenas saindo.

Assim, ao manter a máquina estatal e afastar a soberania popular, os termidorianos, até e depois da Comuna, utilizaram a repressão, o terror, para garantir os proprietários e os "empregos governamentais" para os intelectos acadêmicos, ou suficientemente letrados para servir como escribas e racionalizadores do social. Esta tarefa foi efetuada, com eficácia, durante muito tempo, pelos sociólogos, dos quais herdamos um presidente da República. Após certo tempo, os "engenheiros da sociedade" foram submetidos aos "economistas", nova casta de infalíveis servidores do Estado e dos governos, grandes protetores da santíssima propriedade.

Na França, hoje, os encarregados da atitude termidoriana são os tecnocratas da Escola Nacional de Administração (ENA). No Brasil, eles saem de qualquer curso universitário ou parauniversitário e são ouvidos em Brasília, desde que falem o idioleto da economia e bajulem os poderosos nominais de plantão, mantendo silêncio sobre seus pactos "realistas" com oligarquias violentas e corrompidas.

Citando Hobsbawm, ainda no século XIX, os que considerassem a Revolução Francesa um desastre:

> "a tremenda catástrofe de 1789 seguida por cem anos de revolução", como a *Edinburgh Review* a chamou – assim pensavam por causa do elemento popular que nela foi identificado com o jacobinismo. Mas embora houvesse referências obrigatórias ao Terror, o inimigo real era "o princípio de que a vontade popular está sobre todas as pessoas e todas as instituições superiores", como disse Henry Reeve, um velho amigo de Guizot, de Thiers e de Tocqueville [...] pois, pensava Henry Reeve, se tal princípio fosse aceito 'haveria um fim não apenas daquilo que é chamado de limites constitucionais, mas também das próprias bases da sociedade civil e das leis fundamentais da moralidade.

Mais adiante, Hobsbawm cita outro articulista da mesma *Edinburgh Review*: o sufrágio universal "tinha gradualmente solapado a autoridade das classes esclarecidas", mas o que "a maioria de nós quer não é votar [...] mas sim um governo forte, estável, esclarecido e responsável". Temos aí o eco das pregações de Edmund Burke, o mesmo reacionário que, no dizer de Novalis, escreveu um "livro revolucionário contra a revolução".

Não desenvolvo os argumentos de Burke e dos teocratas, como J. De Maistre, De Bonald e outros, sobre as supostas falácias das doutrinas sobre a soberania popular. Em vários livros, entre eles *Conservadorismo Romântico*, insisto sobre o vagalhão romântico conservador que enxergou no povo apenas uma criança a ser dirigida. Como disse um dia De Bonald, o único direito que tem o povo é o de ser governado. Esse dogma oposto à Revolução Francesa foi partilhado por Auguste Comte e tantos outros intelectuais que, no desarrazoado imposto pelas tiranias carolas e reacionárias, propuseram uma estranha "disposição" de mando dos cientistas, e um não menos estranho desejo de submissão nos homens "intelectualmente inferiores".

Se as doutrinas contra-revolucionárias não conduzem imediatamente ao fascismo – e isto é objeto de debate – elas, pelo menos, ajudaram a forçar a guinada conservadora no sentido de se manter a república e se afastar a democracia. Recomendo, com particular ênfase, os considerandos sobre o assunto no texto do Prof. João Quartim de Moraes: "Joseph De Maistre, o Anti-Rousseauismo da Contra-Revolução"[2]. Dentre as constatações importantes do autor, temos a seguinte idéia:

> o maior paradoxo político de nosso tempo é o de que todos se consideram democratas, isto é, consideram a democracia como um valor universal e no entanto, em parte alguma se pode dizer, no sentido rigoroso do termo, que o povo governe (nem mesmo exerça a soberania, já que a exercem políticos profissionais), não seria o caso de concordar com Rousseau em que (a democracia) é uma forma de governo de deuses? De qualquer modo, os que hoje a exaltam como um valor universal reconhecem implicitamente que é apenas um valor [...] não uma realidade político-institucional.

Não irei, também, discutir pontos nucleares da Comuna, como o antagonismo "cidade-campo". Os demais expositores certamente o discutirão exaustivamente. Esse aspecto, todos os estudiosos do assunto ressaltam, foi importante nas revoluções de 1830, 1848, e na Comuna. Os representantes rurais tiveram maioria nas Assembléias Legislativas, isolando Paris e seus habitantes do país mais vasto. O plebiscito de 1870,

---

2. *Cadernos Primeira Versão*, n. 63, Unicamp, IFCH, março de 1996.

favorável a Napoleão III, o pequeno, foi perdido pelo governante apenas em Paris, Marselha, Lyon. A guerra franco-alemã, com a derrota de Napoleão e as imposições bismarckianas, também é conhecida. Depois de ceder alguma confiança ao governo provisório de Defesa Nacional, os parisienses, desiludidos, propõem a instalação de uma "comuna autônoma".

O tema da "salvação popular", enunciado por Robespierre para instalar a ditadura jacobina, afastando "provisoriamente" a soberania imediata do povo – com o resultado termidoriano e napoleônico, para falar o mínimo – é totalmente invertido pelos parisienses. "A Municipalidade ou Comuna [...] é a única salvação do povo, o único recurso contra o extermínio". Afirma a Declaração de 18 de março:

o reconhecimento e a consolidação da República, a autonomia absoluta da Comuna estendida a todas as localidades da França, e não tendo como limites senão o direito de intervenção igual para todas as demais comunas aderentes ao contrato, cuja associação deve assegurar a unidade francesa. É o fim do velho mundo governamental e liberal, do militarismo, do funcionalismo, da exploração, da escravidão, dos monopólios, dos privilégios aos quais o proletariado deve sua servidão, a pátria das infelicidades e dos desastres.

A esse ideal, onde ecoam os ruídos da soberania popular, do controle sobre o governo, da desconfiança contra a autonomia dos funcionários, enfim, todas as vozes das doutrinas de Rousseau sobre o tema, respondeu, como sabemos, Thiers com repressão bruta e subserviência a Bismarck, com um governo centralizado em Versailles. Essa cidade é o ícone do absolutismo burocrático e monárquico, o qual sempre esteve em constante guerrilha contra a cidade de Paris, no Antigo Regime.

Ao programa de autonomia da urbe, contra a máquina estatal burocratizante, cuja construção se iniciou com Richelieu – o domador da nobreza de espada, da burguesia, do clero – e se afirmou com Thiers, a Comuna acrescenta a idéia de que aos livres grupos autônomos deve competir a administração dos interesses econômicos coletivos. O Estado seria apenas o conjunto das comunas. O Manifesto dos revolucionários proclama: "Paris se reserva o direito de implantar segundo suas próprias idéias as reformas administrativas e econômicas exigidas por sua população, [...] universalizando a autoridade e a propriedade segundo as necessidades do momento". Embora o setor jacobino da Comuna, de modo anacrônico, a tenha ligado imediatamente a 1793, distorcendo a proposta autonomista e constituindo a nota dissonante nas noções algo confusas e atabalhoadas do movimento – certos historiadores políticos falam com desprezo da "confusão mental" dos revolucionários, como se estes fossem *scholars* pensando em gabinetes com ar condicionado – não é possível deixar de lado o peso da longa tradição, iniciada antes de Rousseau, e que sempre foi um obstáculo à centralização do poder nas mãos do Rei, suposto soberano.

A tese do povo soberano e do governo como seu empregado foi aprofundada durante a Comuna, radicalizando as doutrinas de Rousseau. Para este, como lembramos, instituindo o governo, o soberano povo converte a soberania em democracia. Reunido em assembléia, o soberano é onipotente e o Poder Executivo é suspenso. Toda Constituição e todos os empregos governamentais são revocáveis.

Os revolucionários parisienses levaram adiante, radicalizando-o, o programa de reconquista da soberania popular, contra o governo e sua burocracia centralista e parasita. Assim, o principal inimigo da "administração" Thiers foram eles, e não os exércitos alemães. A "governabilidade" napoleônica, bem como as suas antecedentes absolutistas, tinha – como todo Estado burocrático até hoje – seu ponto essencial na burocracia militar. O monopólio da força, nas mãos do Estado e do executivo, é meio eficaz de afirmar a soberania contra o povo. O primeiro decreto da Comuna suprimiu o Exército profissional, substituindo-o pelo popular. Diderot recomendara aos revolucionários americanos: "nunca deixem os seus fuzis nas mãos dos governantes. Sempre que vocês pedirem uma audiência aos administradores, levem-nos nas mãos". Os motivos são óbvios e desprezados apenas pelos partidários do soberano governo contra os cidadãos.

A Comuna não cindiu o poder em Executivo e Legislativo. Assim, ela rompeu o pressuposto da representação. A polícia, os funcionários, e todos os "empregos" públicos passaram a ser revocáveis a qualquer momento. Sumiu o qualificativo de "alto" dignatário do Estado, com todos os seus salários e "inviolabilidades". Como descreve o jornalista Karl Marx: "as funções públicas deixaram de ser uma propriedade privada de instrumentos do governo central". Os juízes, esta casta antiga e intocada pelos dominantes, tornaram-se eleitos, responsáveis, revocáveis. O fundamental, nesse processo, é que a cidadania tomou nas mãos o exercício dos encargos públicos, abolindo os burocratas "infalíveis", administradores cuja história remonta à instauração do Estado moderno.

Não desejei, neste pouco tempo, traçar uma "genealogia" das teses e práticas da Comuna. Não digo que os revolucionários "herdaram" as doutrinas de Rousseau e dos jusnaturalistas, nisto se resumindo sua riqueza social e histórica. Pelo contrário: penso que, nela, pela primeira vez na história, se tentou romper a tese da própria soberania. Um autor reacionário, Donoso Cortés, disse que "passado o poder real, não mais existe soberania, no sentido exato do termo". Os defensores irrestritos da República representativa, de "esquerda" ou "direita", guardaram a palavra e a noção, aplicando-a ao povo aparentemente mas visando apenas a si mesmos, sobretudo para reservar a sacralidade do seu mando. Se Donoso Cortés, em sentido conservador, aboliu a "soberania" sem rei, a Comuna atacou esse fantasma histórico da "maiestas" que vem do Império Romano, e da *Respublica Christiana*. Após a Comuna, ficou difícil manter o discurso sobre a "soberania" popular, sempre que o alvo real é impor o poder burocrático. Hegel, nas *Lições sobre a Filosofia do Direito*, já dissera que "soberania" é propriedade do Estado. "Soberania popular", continua o dialético, "integra o conjunto de pensamentos confusos que têm por base uma representação grosseira do povo. Sem o monarca e sem a organização (leia-se, a burocracia, RR) que a ele se une necessária e imediatamente, o povo é a massa informe", sem governo, tribunais, autoridade... (cf. § 279 nota).

No século XX, as repúblicas invocam a "soberania popular" e mantêm um aparato burocrático que assume, *sine ira et studio*, poderes transcendentes e soberanos. Suas ordens, como as do rei, não se discutem, pois *tel est son bon plaisir*.

bancos centrais possuem força maior do que a de Luis XIV e seus filhotes, como Napoleão e quejandos. Os fascistas, como Carl Schmitt, sem pudor algum, elogiam em nosso tempo o golpe de Estado e a força física, condenando os "românticos" palavrosos e os liberais não menos, que entoam loas à soberania do povo, mas que dela fogem quando seus bens periclitam.

Para Carl Schmitt, "soberano é quem decide sobre o caso de exceção". De outro lado, seus primos, os juristas neokantianos como Hans Kelsen, resolveram de vez o nosso problema: eles decretaram que tudo, incluindo a soberania popular, é "metafísica" superada, restando apenas a soberania do Estado como "idéia limite", hipótese que possibilita pensar as leis e a sua aplicação (*O Problema da Soberania*). Para se ter uma idéia dessas noções jurídicas, basta citar o juízo "científico" de Kelsen sobre as leis e a repressão. No regime nazista, diz Kelsen, "certos atos de coerção... ao mesmo tempo em que foram executados constituíam juridicamente homicídios, foram posteriormente legitimados retroativamente como sanções e as condutas que os determinaram foram posteriormente qualificadas como delitos" (*Teoria Pura do Direito*, citada por Marcio Sotelo Felippe, *Razão Jurídica e Dignidade Humana*).

Escapando da explícita violência fascista e da violência hipócrita do positivismo jurídico, o experimento da Comuna foi lido, em nosso tempo, como via poética, utópica, ou "coisa de anticlericais fanáticos". Na verdade, o que os bem pensantes de todas as repúblicas e social-democracias de ontem e de hoje não perdoam, é terem os parisienses, durante um curto período de tempo, demonstrado que a metafísica soberania pode e deve ser superada na prática, e não nos discursos, mesmo que respeitáveis, de Rousseau, Robespierre, ou da esquerda "que diz sim", de muitos modos. Como advertiu o divino marquês, é preciso desconfiar...

Notas

O livro de Iring Fetcher, *La Filosofia Politica di Rousseau: Per la Storia del Concetto, democrático di libertà*, Milano, Feltrinelli, 1972, é sempre útil para se analisar a política rousseauísta. Utilizei essa fonte bastante para escrever o texto acima. Também Alain Badiou serviu-me bastante na elaboração do texto, sobretudo no seu lúcido artigo "Qu'est-ce q'uun Thermidirich?", in *La République et la Terreur*, org. Catherine Kintzler e Hadi Rizk, Paris, Kimé, 1995.

Os contra-revolucionários e termidorianos não acabaram sua obra no século XIX. Mesmo hoje, políticos "de esquerda" como o socialista Michel Rocard, assim fala sobre o bicentenário da República Francesa: o fenômeno "convenceu muitas pessoas de que uma revolução é perigosa e que, caso seja possível, é melhor passar sem ela" (*Le Monde*, 11.01.1988, cit. por Eric Hobsbawm, *Ecos da Marselhesa, Dois Séculos Revêem a Revolução Francesa*, São Paulo, Cia. das Letras, 1966). Como diz Hobsbawm, na mesma obra (pp. 86-87): o fascismo foi a

quintessência dos que tinham rejeitado completamente [...] a Revolução Francesa. De fato, até meados do século XX, a extrema direita poderia praticamente ser definida por sua rejeição da Revolução, ou seja, não apenas dos jacobinos e de sua descendência política, mas também do liberalismo, de toda a ideologia do Iluminismo do século XVIII e do progresso do século XIX, para não falar da emancipação dos judeus, que foi uma das maiores e mais notáveis façanhas da Revolução Francesa.

4. CONTRA O FORO PRIVILEGIADO DOS POLÍTICOS*

Um problema grave da representação política é a distância que ela gera, no Estado, entre os dirigidos e os líderes. Os últimos se imaginam imunes aos deveres universais. Parece escárnio citar a Carta Magna: "Todos são iguais perante a lei, sem distinção de qualquer natureza". Os maiorais da República nunca aceitaram a autonomia do Ministério Público, pois ela assegura que todos os prevaricadores serão punidos. Muitos políticos tentaram calar a Promotoria e os juízes, com projetos como a Lei da Mordaça, a qual também visava censurar a imprensa. Os donos do Estado brasileiro situam-se acima da lei. Um ministro dos Transportes, pouco tempo atrás, estacionou seu veículo sobre a calçada. Multado, disse não ser "cidadão comum". Nos primeiros empenhos para dar foro privilegiado aos administradores, um parlamentar confessou que não sub-

* Publicado na *Folha de S. Paulo*, 16.07.2002.

meteria sua pessoa a um juiz de instância inferior. Ele se julga excelso o bastante para ser analisado apenas pelo Supremo.

As tentativas para estabelecer o dito foro, ou desaforo, fracassaram até o momento. Mas, na Câmara dos Deputados, a Comissão de Constituição e Justiça aprovou, aproveitando a morfina coletiva da copa mundial de futebol, o privilégio para autoridades no exercício de função, mandato ou para ex-ocupantes de cargos públicos, como presidente da República, ministros, governadores, senadores, deputados, prefeitos e magistrados. A benesse inclui os crimes comuns, de responsabilidade e improbidade administrativa. Esta é a essência do projeto de lei 6.295, de 2002, o qual muda o artigo 84 do Código de Processo Penal. Aprovado no dia 28, a liberalidade não necessita ser submetida ao plenário. Em 9 de agosto termina o prazo para recurso, o qual exige cinqüenta e duas assinaturas de parlamentares. Sem tal providência, o texto segue para o Senado e será remetido, para sanção, ao presidente da República. Em vésperas de eleições, uma providência semelhante fortalece a descrença na democracia. Nas pesquisas de opinião pública, o número dos que mostram saudades dos regimes ditatoriais, com fechamento do Congresso, irá aumentar. O favoritismo de candidatos conservadores, como no caso de São Paulo, testemunha tal insatisfação com a democracia. Os parlamentares querem recuperar a impunidade. Trata-se de uma inédita subversão dos valores no Estado. Mas essa tragédia não é inelutável. Até 9 de agosto, os parlamentares podem assinar o mencionado recurso. Caso não o façam, apoiarão um golpe que institui odioso privilégio para suas pessoas ou a de seus pares. A medida hoje proposta desmoraliza a igualdade cidadã. Defendo a imunidade parlamentar. Penso, com Elias Canetti (*Massa e Poder*), que o Parlamento é o espaço produzido para que a guerra social, com suas vinganças, assassinatos, chantagens, seja atenuada. Na tribuna ou em comissões, os representantes do povo precisam de garantias para manter o diálogo no mundo coletivo. Houve abuso dessa prerrogativa no Congresso. Muitos dela se valeram para delinqüir com arrogância ímpar.

5. RESPEITO, SENHORES DO PARLAMENTO!*

"As palavras são os rastros da razão". Este dito é de Francis Bacon, quando lutava pelo incremento do saber moderno. Ele também gerou o célebre aforismo *knowledge and power meet in one*, que entre nós se reduziu ao tolo "saber é poder". Não é isto o que pretende Bacon. Na sua idéia, os conhecimentos devem ser prestigiados pelos que mandam no Estado, para que a potência desta instituição se amplie ao máximo. O fim da política é assegurado pela ciência, independente dos embustes parlamentares ou demagógicos. Bacon iniciou, com esta premissa, a rigorosa tradição de análise lógica em falas ou escritos. Este procedimento seguiu do século XVI à nossa época, corrigindo a distorção das palavras, o seu emprego ambíguo na retórica. Hobbes, com o cauteloso exame dos termos que denotam a paixão na política, no início do *Leviatã*, seguiu a via baconiana, dando-lhe maior aprumo.

* *Folha de S. Paulo*, 22.05.2001.

Lembranças assim atingem a nossa alma quando ouvimos políticos brasileiros torturando vocábulos técnicos da filosofia política ("razão de estado", "ética da responsabilidade" e outros) dando à erística o dom de ludibriar os ignaros, envaidecendo quem julga possuir uso capião do poder e da verdade. No Parlamento federal, lugar onde seria preciso falar em nome dos povos, verbo e decoro são frágeis. Certa feita escrevi, nesta *Folha*, um artigo intitulado "O Prostíbulo Risonho". Nele, eu não me referia apenas aos atos sem pudor impostos à nação, mas também às palavras, monstros sonoros emitidos na tribuna. Se para Francis Bacon os vocábulos marcam a razão, os impropérios de nossos parlamentares indicam descontrole grave e falta de domínio emocional. Eles choram e insultam numa sincronia espantosa. Sua ira, para repetir o dito sábio, surge qual breve insânia. Em seus discursos "a frase é entrecortada, as palavras são emitidas sem distinção, como se fossem lamentos ou mugidos". Este diagnóstico vem de Sêneca (*De ira*).

Ouvindo-se muitas arengas no Congresso Nacional brasileiro tem-se a desagradável impressão, errônea talvez, de que o partido de Incitatus possui maioria parlamentar. Exemplo? Comentando a gravíssima denúncia, feita pelos mais reconhecidos juristas de nossa terra, apresentada do modo previsto na lei ao Parlamento, o líder Arthur Virgílio (PSDB-AM), criticou aquela ação e afirmou que o PT está envolvido na iniciativa. "Eu não posso dizer que seja um partido criativo", e conclui o "raciocínio": "De tanta ação na Justiça, eles vão acabar virando o partido *data venia*". (*Consultor Jurídico*, 20.05.2001). Peço *data venia* para a única apreciação devida desta e de outras falas: é pura grosseria mencionar assim algumas das pessoas a quem devemos boa parte das nossas conquistas democráticas, é desacato à dignidade popular. Os deputados apenas representam o cidadão e têm o dever de respeitá-lo. Nomes como Godolfredo da Silva Telles, impolutos, inteligentes, corajosos, sérios, recebem um mandato moral da sociedade civil, a base dos poderes políticos.

No Brasil de hoje, senadores e deputados zombam das leis, debocham dos cidadãos, aceitam calados os esbulhos de direitos constitucionais, sacralizam confiscos. Dos planos econômicos aos acréscimos de taxação, como a CPMF, cujos recursos deveriam ser para a saúde pública, e a violência das punições no uso da energia, covardemente aplicadas sobre os particulares, tudo é aceito pelos representantes que não representam, mas apenas barganham com o Executivo. E mais: violam painéis de votação, difamam uma colega senadora, jogam lama na República. E ainda exigem o título de "Excelência"! Esquecem que este é apenas um empréstimo temporário, "excelente" é o povo soberano, a base única de todo poder.

Norberto Bobbio, comentando a situação política de sua terra em 1984, dizia melancólico:

confesso que nunca imaginei a vida italiana inquinada até este ponto, onde não sabemos se o certo é nos indignar pela baixa qualidade da intriga ou do grande número de pessoas que a integram, pelo despudor de quem dirige o jogo ou insensibilidade dos que o aceitaram, dentre os quais muitos são chamados, na retórica oficial, "servidores do Estado" (*Il potere in maschera*).

Com Berlusconi, esta fala seria ainda mais negra. No Brasil, tenho certeza, ele se calaria, pois não existem frases eloqüentes o bastante para expressar a infâmia que reina no Parlamento e no Executivo. Só existe um Estado, terminava Bobbio, o da Constituição republicana. "Fora dela, só existe o anti-estado que deve ser destruído, começando do teto e chegando, se isto é possível, aos fundamentos". Nas próximas eleições, a cidadania brasileira lembrará a lição do grande jurista.

6. SOBRE O USO DO TERMO *LEVIANO* EM POLÍTICA*

A tradição brasileira define o Poder Executivo como o grande beneficiário da soberania. Longe estamos dos ideais democráticos que atribuíam aquela prerrogativa à coletividade cidadã. A Constituição indica o povo como seu titular, mas nossas práticas e nossos valores foram distorcidos por meio da propaganda e de várias formas autoritárias. O crime de lesa-majestade cometido contra a população se reiterou nas ditaduras Vargas e militar. É comum ouvir políticos e acadêmicos referindo-se ao governo como "o Estado". De fato, no Brasil, o Legislativo e o Judiciário dificilmente são partícipes plenos da soberania. Quando alguns membros do PSDB tudo faziam para integrar a administração Collor, uma deputada tucana afirmou, em "Tendências/Debates", que o presidente ocasional "não era tirano, mas soberano". Recordei ilustre

* Publicado na *Folha de S. Paulo*, 02.07.1999.

dama que o atributo era dos cidadãos, sendo exercido pelos Três Poderes em seu nome. Hoje, os senhores do PSDB estão no palácio e usurpam a prerrogativa soberana, governando por medidas provisórias que arrancam do Parlamento e da Justiça a sua majestade.

Os termos "soberania popular" e "majestade" incomodam os ouvidos "globalizados" Mas são índices para reconhecer a força das normas democráticas num país. Somos herdeiros do mundo grego e latino em práticas e valores. O direito e a política não fogem à regra. No Estado moderno, atualizando as formas romanas da vida pública, as idéias de soberania e majestade, contra o exercício ditatorial ou aristocrático do mando, aplicam-se especialmente à totalidade dos cidadãos[1].

A *maiestas* exige reverência. Faltar com o decoro diante dela ou no seu exercício é destruir as bases da fé pública. Um magistrado não tem o direito de ser leviano. Seu ofício e o respeito, nele essencial, pela *civitas*, exigem a ponderação, a *gravitas*. O demagogo usa o discurso levianamente. Para os romanos, "falar ao público dizendo o que ele gostaria de ouvir é apanágio do homem que se define ao redor da *levitas*. A *gravitas* comanda uma atitude adequada, que não se curva em proveito do sucesso político passageiro"[2].

Assim, para quem possui a *gravitas*, "a leviandade consiste em obter o favor do povo desconsiderando o bem geral" (Z. Yavetz, *op. cit.*, p. 138). O governante não pode tratar os cidadãos como tolos ou crianças. Isso é atentar contra a *maiestas* coletiva. Ele deve ser o portador de uma *gravitas dicendi*[3].

Essas preliminares sobre os termos "grave" e "leviano" em política são importantes para que o leitor medite sobre as palavras do presidente Fernando Henrique, que tenta fugir da clara responsabilidade, por ele assumida, na busca de proteger particulares em operações de compra e venda públicas, im-

1. Y. Thomas, "L'Institution de la Majesté", in *Révue de Synthèse*, 3-4, jul.-dez. de 1991, pp. 331 e ss.
2. Z. Yavetz, *La Plèbe et le Prince, Foule et Vie Politique sous le Haut-Empire Romain*, Paris, Maspero, 1984, pp. 84 e ss.
3. J. Hellegouarch'h, *Le Vocabulaire Latin des Relations et des Partis Politiques sous la République*, Paris, Les Belles Lettres, 1972, pp. 279 e ss.

plicando bens estatais. Para o presidente, são "levianos" o jornal, o político e o cidadão que procuram ouvir e ler o que foi realmente dito e não aceitam a palavra do governo sem crítica. Se a *gravitas* significa a recusa de endereçar à massa promessas ilusórias, o atual governo não é grave, mas ligeiro. O uso indecoroso do frango a preço baixo (em Roma, dizia-se "pão e circo"), as frases de mau gosto sobre as dentaduras populares, tudo isso é muito leve. Prodígio de *levitas* foi manter a "paridade" entre nossa moeda e o dólar, fornecendo ilusões à classe média, o grande eleitorado presidencial. Fiada no câmbio milagroso aquela gente comprou, rigorosamente com dinheiro público, bilhões em bugigangas eletrônicas no estrangeiro, engordando os empreendimentos Disney (leves diversões, à altura do intelecto médio) e as companhias de turismo. Com essas palavras, FHC retornou ao Planalto. Gravidade republicana? E o teor das falas gravadas? "Babaca" e quejandos são termos levianos. A boca suja pode ser aceita entre malandros, na sua vida íntima. Mas, na língua de quem decide a alienação de bens públicos, com repercussões vitais e espirituais sobre os trabalhadores e os empresários, semelhantes vocábulos indicam apenas... *levitas*! O magistrado FHC, dizendo-se "apenas" presidente, sofre em silêncio longe das salas de aula. "Se eu ainda fosse professor, daria zero para semelhantes pessoas." Estas teriam escutado as fitas dos loquazes poderosos e entendido tudo fora do contexto, numa exegese caolha. Se ele, que deveria ser o magistrado de todos os brasileiros e não de alguns apenas, entra nesse terreno, respondo como docente: o senhor se engana, a sua hermenêutica é distorcida. Ao oferecer um texto para leitura e análise dos alunos, digo-lhes que não se detenham em frases isoladas. E forneço a bibliografia mais completa sobre o assunto. Professor que esconde livros é péssimo exemplo profissional. O governo tudo fez para que as suas conversas fossem ignoradas pelo público. A *Folha*, sob ameaças policiais e de censura, publicou parte do material.

Os exegetas de plantão, como o sr. Pimenta da Veiga, isolaram as frases de seu plano lógico. Os áulicos ameaçam, como FHC, desclassificar quem não crê no presidente com fé de carvoeiro. Com o uso leve das palavras ("vagabundos", "neobobos", "caipiras" e outras pérolas), o presidente recebe nota baixa nas pesquisas de opinião pública. O professor que rege o Brasil já recebeu, só pelo seu método (esconder o material de leitura dos alunos e atacar quem analisa o seu conteúdo), nota zero de seus antigos colegas, que ainda recusam a demagogia e o servilismo, faces da leviandade científica e política.

7. EM DEFESA DO CINISMO

Nos últimos tempos da República brasileira, os eventos políticos atingiram um grau inédito de corrosão. De momentos assim, só me lembro os que antecederam o golpe de 1964. Mas hoje as coisas são mais graves. Não é o executivo ou os quartéis que ameaçam o Parlamento, mas a sua autocorrosão. Os analistas que procuram descrever os costumes de nossos representantes no Congresso sempre repetem uma palavra mágica. A atitude e a fala dos parlamentares e dos agentes do governo, para não falar nas togas, tem sido alcunhada como "cínica". Em defesa da verdade factual e histórica, é preciso dizer que isto é uma injustiça gritante.

Os cínicos receberam tal apelido (que vem do latim *cynicus*, de origem grega, para designar o cachorro) porque mordiam como cães ferozes os hipócritas e poderosos que surgiam na sua frente. O modo cínico de agir é o exato oposto do empregado pelos senhores do Parlamento. O bom padre Vieira, no atualíssimo *Sermão do Bom-ladrão*, elogia o cínico Diógenes "que tudo via com mais aguda vista que os outros homens", quando ele, apontando o dedo para os "ministros da justiça" que levavam à forca uns ladrões, "começou a bradar: 'Lá vão os ladrões grandes enforcar os pequenos'". Quem vive em tempos de Nicolau dos Santos Neto percebe a justeza dessas frases do jesuíta austero, inspiradas na conduta cínica.

Aqueles filósofos ensinavam que a alma humana é imortal, sendo preciso bem administrá-la, pois sua estrutura, embora mais elevada do que a do corpo, possui imensa fragilidade. Para isto, o autoconhecimento mostra-se estratégico bem como a vida em perfeita amizade ("um amigo é uma só alma em dois corpos"). Dentre os empecilhos à boa amizade, ensinam os cínicos, estão a lisonja, a inveja, a ignorância, as humilhações recíprocas. Contra elas, o treino ascético é fundamental. Quem se acostuma a bajular o próprio corpo, logo está apto, na alma, a ser bajulado pelo primeiro inimigo disfarçado. A felicidade só pode ser atingida se resultar da mais rigorosa justiça e liberdade. Não depender dos confortos ilusórios trazidos pela riqueza, pelo mando político, é o modo de ser livre e conquistar a plena autarquia, o domínio sobre si mesmo. Sem ela, a escravidão ronda as almas e os corpos. Assim falavam os cínicos.

Disso resulta a franqueza da língua. A palavra livre, segundo os cínicos, é a mais bela das conquistas humanas. Nem preso aos ricos e poderosos, nem sujeito à multidão, o verbo consciente recusa a lisonja pessoal e a demagogia. Do mesmo cínico Diógenes é a frase famosa: "quando sou aplaudido pelos muitos, certamente devo examinar-me, para saber se não disse uma bobagem". A liberdade assim percebida se baseia na ascese (leia-se o belo texto de M. O. Goulet-Cazé, *L'Ascèse Cynique*). A virtude ascética fez o filósofo jogar longe seu caneco, ao ver um menino bebendo da fonte com a palma da mão. Apenas o necessário à vida, sem luxos, sem pedantismos, sem lauréis. Esta é a doutrina cínica. Os cínicos ajudam-nos, até hoje, a romper com a hipocrisia da fala "politicamente correta". Tamanha potência da virtude fez o pensador gritar ao poderoso Alexandre: "sai daí, porque tua presença me retira a luz do sol". Ah, se os nossos políticos e "democratas" fossem de fato cínicos! Todos os ensinamentos desta escola resistiram ao tempo e aos regimes políticos. O prisma negativo que ela recebeu foi dado justamente pelos ardilosos donos do poder, político ou religioso, como o imperador Juliano e seus pares. A calúnia perdura até nossos dias, em proveito dos inimigos da disciplina, da liberdade de atos e de palavras, dos que amam a riqueza (sobretudo a pública) para seu conforto e ostentação.

O cachorro é símbolo, na cultura grega, da amizade política mais nobre. Platão afirma que os dirigentes da República devem ser como os cães, gentis e leais para com os de casa, ferozes contra os inimigos. E o tirano seria como o lobo que devora os bens dos cidadãos em proveito próprio. Daí a tese de Jean Bodin sobre a tirania: "tirano é o que usa os bens dos súditos como se fossem seus". Vivemos em contínua tirania neste país. Tudo entre nós está invertido e pervertido. A começar com o tom errado que damos à uma das mais rigorosas éticas filosóficas do ocidente, a cínica. Os políticos, lobos que dominam o picadeiro de Brasília, se distanciam dos cínicos. Eles são hipócritas e corruptos, amolecidos nos costumes e luzidios de riqueza roubada. Se não temos a coragem dos cínicos, pelo menos não aceitemos as calúnias contra eles, que apenas servem para absolver os seus alvos, os relaxados na moral que enodoam as instituições públicas brasileiras.

8. UNIVERSITÁRIOS E PODER*

"Rei letrado é como um asno coroado". A frase é do rei Conrado III, em resposta às exortações de João de Salisbury, grande pensador medieval do direito e da filosofia. Séculos decorreram após as sentenças reais. O ideal de um governante portador de saberes e de correta decisão se alicerçou na Renascença, a partir de Erasmo de Rotterdam e de Thomas Morus. O primeiro bajulou os soberanos que o patrocinaram. O segundo perdeu literalmente a cabeça, por conta de um senhor que sabia grego e latim, discorria com justeza sobre teologia, ciências e técnicas as mais diversas. Consola pouco saber que Morus foi elevado aos altares católicos. A República inglesa, dirigida por um filósofo, seguiu os rumos normais das comunidades humanas, cheia de corrupções, crueldade, perjúrios.

É difícil analisar os intelectuais e seus nexos com o poder. No final da Idade Média, os universitários começaram a vender a pena e a cabeça aos governos, igrejas e às pessoas

* Publicado na *Folha de S. Paulo*, 28.06.2001.

ricas. No século XVIII esta dependência se manteve, surgindo o "intelectual escritor", pesadelo dos governantes que os apoiavam. O século XIX trouxe "a sagração do escritor" (Paul Benichou). Os vínculos deixam de ocorrer entre escritores e reis, papas, duques, comerciantes, para se deslocarem rumo ao "povo".

Richard Sennett cita Lamartine, uns dos primeiros escritores "empenhados". Tudo na sua oratória era produzido de modo a elevar o intelectual. O povo, e Lamartine dizia isto abertamente às massas, sendo por elas aplaudido, era composto de imbecis. Mas o poeta recebeu dezessete mil votos na eleição presidencial de 1848, a mesma que deu cinco milhões e quinhetos mil a Napoleão o sobrinho. Povo ingrato que não merece ser dirigido pelos cérebros acadêmicos...

O intelectual empenhado, além de perder eleições, é viciado em denúncias. Elias Canetti nomeia tal hábito como exercício paranóico do desmascaramento alheio. Na oposição, os acadêmicos adoram desmascarar governantes. Postos nos gabinetes, usam a máscara, mais hedionda do que a exibida pelo antigo poderoso. Norberto Bobbio recorda, a este respeito, a dialética entre o palácio e a praça pública. Uma coisa é a arenga à massa. Outra, o panorama visto da janela governamental.

Essas achegas sobre os intelectuais surgem quando analisamos o fim do governo FHC e o programa, lançado nestes dias, de um possível mando do PT. Manter a coerência teórica e o desprezo das massas faz perder votos. E poder, no mundo moderno, passa pelas urnas e não pelas bancas de doutoramento. Os acadêmicos do PSDB idearam uma saída para a aporia, unindo o seu conhecimento às alianças com campeões de votos, no PFL e no PMDB. Abandonaram muitos traços que os distinguiam na vida política. Hoje pagam as contas do realismo e correm o risco de serem atacados, não raro com razões ponderáveis, como demagogos. As suas propagandas sobre dentaduras baratas e frangos idem reverberam em todos os ouvidos, ricos ou pobres. O PT adoça suas teses para torná-las palatáveis às classes médias, ignorando os setores que o apoiaram desde seus primeiros vagidos. Na sua idílica mostra de intentos estão ausentes, entre muitos, o MST e outros movimentos sociais. Os universitários do PT preferem a guinada à direita antes das eleições. É seu modo de preparar um reinado sem compromissos com os "do andar de baixo", na expressão de Elio Gaspari.

Uma seguidora do atual presidente disse que é melhor um Sartre no poder, em vez do pobre torneiro. O PT promete que o torneiro estará sentado na cadeira presidencial. Mas seu governo terá boa cepa universitária. Nem sempre virtudes acadêmicas são essenciais na política. A imprudência dos intelectuais começa com a sua tentativa de serem aceitos pelos verdadeiros donos do poder, aplicando velhos truques nos que apenas têm força de trabalho como título de grandeza. Bem dizia o rei medieval: "rei letrado...".

9. ÉTICA E FÉ PÚBLICA*

É preciso lembrar: sem a fé pública, nenhuma sociedade, instância política, religiosa, artística e acadêmica pode sobreviver ou se expandir. O Brasil atravessa uma das mais graves crises éticas e políticas de sua história recente. Desde a era Collor, as instituições públicas iniciaram, timidamente, sua recuperação junto à cidadania, com resultados importantes em termos de governabilidade. Os vários episódios ocorridos no Parlamento nacional, sobretudo a violação do painel do Senado, levaram a uma obediência maior ao decoro e aos ditames morais, resgatando parte da confiança no regime democrático e no Estado de Direito.

Por falta de modificações estratégicas na condução do jogo político e sem reformas que definam, para tomar um exemplo, a estrita obediência dos representantes do povo aos programas dos partidos pelos quais foram eleitos, a luta eleitoral exibe, novamente, aspectos negativos do organismo po-

* Publicado na *Folha de S. Paulo*, 15.03.2002.

lítico. As denúncias contra a candidatura de Roseana Sarney exibem uma gama de problemas que ameaçam diretamente a fé pública. Olhos e ouvidos da cidadania são agredidos por atos e falas imprudentes que ameaçam, na campanha presidencial, os padrões éticos comezinhos. É preciso lembrar: sem a fé pública, nenhuma sociedade, instância política, religiosa, artística e acadêmica pode sobreviver ou se expandir.

A fé pública possibilita investimentos econômicos, incentiva o bom desempenho da indústria e do comércio, garante a circulação de riquezas. A fé pública solidifica o regime democrático, permite que o país seja viável e respeitado. Sem ela, a incerteza e a desesperança marcam o coletivo, os valores são corroídos. A universidade brasileira tem uma palavra em todo o drama que envolve a corrosão da República. A competência científica de seus quadros e a disciplina ética são os grandes elementos a definir. Deve se recuperar, no Brasil, a confiança do povo nos dirigentes.

Qualquer que seja o partido dos governantes a serem eleitos nos tempos próximos, todos precisam da fé pública e da colaboração universitária. Nossa pátria possui um patrimônio científico e tecnológico, humanístico e artístico gerado em universidades e nos institutos de pesquisa. Os *campi* não podem permanecer alheios à decisão sobre o destino do país. Minha vida pública é de constante empenho no combate aos desmandos éticos na sociedade civil e no Estado. Na cátedra, em livros e artigos, em conferências, nos jornais, defendo os padrões de trato ético na política. Cheguei a ser processado (e absolvido por tribunais justos) por ter escrito, nesta *Folha*, contra políticos que defendiam o bordão que perverte a fé pública, o tristemente famoso "é dando que se recebe". Naqueles dias, tive apoio da Unicamp em todos os seus segmentos internos. Em duas décadas de atividade como publicista, sempre uni a busca da ética à defesa da universidade pública.

Apesar do bom nível dos programas expostos pelos colegas que disputam a reitoria da Unicamp, a minha candidatura se caracteriza pelo vínculo essencial entre ética e restauração da fé pública. Justo por isso, fui convidado a ampliar meu compromisso com a vida nacional, na reitoria da Unicamp, uma universidade respeitada pelos poderes do Estado e pela sociedade civil. Como sempre, não permaneço silente na crise ética enfrentada por todos nós. Dessa vez, entretanto, o meu compromisso é o de coordenar a Unicamp no sentido de conduzi-la a um compromisso efetivo com o povo brasileiro.

A opção da Unicamp, nos próximos dias, irá além da escolha do seu reitor. Trata-se de seguir novas sendas a serem trilhadas. A palavra *reitor* vem do termo latino *rector*, aquele que julga, corrige, indica os caminhos. Mas o termo também designa o ditador. Ainda hoje, existem setores que defendem que o reitor, com os seus auxiliares, deve ditar os rumos da pesquisa, do ensino e da extensão universitários. Diferentemente, penso que o mandato reitoral deve ser definido por uma pessoa que busca, com a comunidade, a estrada correta e, consciente das normas éticas, as aplica segundo a justiça.

Convencido pela mais íntima certeza da superioridade do regime democrático, afirmo que esta forma política é a mais eficaz para reger qualquer coletividade, inclusive a que se reúne nos *campi*. A democracia supera todas as outras formas que o gênio político ideou para reger os destinos humanos. Ela supera, sobretudo, as pretensões aristocráticas ou ditatoriais. Acho, portanto, que está na hora de a universidade refazer seu trato comunitário, isto é, de ela pensar sua inserção na sociedade e ampliar suas dimensões de Estado, diminuindo o peso do executivo em suas considerações. Que retome internamente a democracia plena.

Enquanto instituição de Estado, a universidade pública – o que inclui a Unicamp – ainda não aplicou o seu potencial pleno para ajudar os poderes políticos a resolver os problemas gerados pela exclusão social. Além disso, na sua própria essência de instituição estatal, a universidade deve servir a República, pondo ao seu dispor conhecimento científico, técnico e humanístico que permita produzir instrumentos para enfrentarmos as mais diversas crises.

Na atual campanha em prol da reitoria da Unicamp, retomo o apelo para que os meus pares, os funcionários, estudantes e técnicos, compartilhem o sentimento de indignação com o atual estado de coisas na República brasileira, ajudando-nos a solidificar, em nossa respeitada universidade, a competência acadêmica e o rigor ético, em proveito de um povo que sofre, luta e deposita muita esperança na instituição que nos acolhe e sustenta.

10. MÁSCARAS, ANJOS E INSTITUIÇÕES*

Ouvimos, em todas as bocas, a ladainha de que as nossas instituições estão à beira do cemitério. Mas é imprudência ética apressar a morte de organismos estatais. Vejamos o que diz a respeito um grande democrata moderno:

> É preciso que um povo seja livre ou que ele acredite ser livre. Quem destrói esse preconceito nacional é um celerado. Trata-se de uma grande teia de aranha, sobre a qual está pintada a imagem da liberdade. Essa imagem, que prende todos os olhos do povo, o eleva, o sustenta e o alegra; alguns olhos agudos enxergam, pelos buracos dessa tela, a cabeça nojenta do déspota. O que faz quem rasga a tela? Nada para o senhor, do qual é vil escravo, mas um mal incrível para a nação, que ele desengana e envilece ao lhe mostrar, num só golpe, a cabeça nojenta. O corpo depositário das leis fundamentais de um Estado é essa teia de aranha (Diderot).

Tais frases tem plena atualidade.

Note a delicadeza da metáfora: as instituições civis e políticas são tênues fios, mas devem apresentar muita resistên-

* Publicado na *Folha de S. Paulo*, 21.01.2002.

cia. Os laços podem ser quebrados, mas são eles as únicas salvaguardas dos mortais. Aí vem a fé pública, a ilusão fundamental de um Estado efetivo. Para que a existência humana não retroceda rumo à selva, é preciso que os indivíduos e os grupos creiam nas instituições. Mesmo que temporariamente o controle dos governos esteja nas mãos dos indecentes, a sociedade precisa ter fé no seu Estado.

Segundo Diderot, misturar o despotismo de um ocupante temporário do poder e a instituição política significa extrair das pessoas o desejo de liberdade. Os homens regridem, assim, ao estado de feras. Diderot não é o único democrata que adverte contra os que usam a denúncia como arma para desmoralizar um povo. Elias Canetti analisou a atitude, nomeando-a como um exercício paranóico do desmascaramento alheio. Essa técnica é a tática permanente da pior política. Quando na oposição, os candidatos à tirania adoram desmascarar governantes. Logo que se instalam nos gabinetes, colocam na face uma certa máscara, mais hedionda do que a exibida pelo antigo poderoso de plantão.

Norberto Bobbio recorda, a esse respeito, a dialética entre o palácio e a praça pública. Uma coisa é a arenga à massa. Outra coisa, o panorama visto da janela governamental. Todos os partidos têm os seus dias de praça e os de palácio. Raros indivíduos ou grupos conseguiram manter, a partir da praça, o controle do governo. Os nazistas foram eficientíssimos nessa via. A "pureza" de quem desmascara os concorrentes na corrida rumo ao mando também é uma boa máscara. E essa cai nos instantes de "negociação" entre as forças partidárias. Isso integra o jogo. Mas, se tal prática esgarça a fé pública, ela se torna letal para o universo político. Daí a advertência de Diderot: destruir a esperança na liberdade e nas instituições, confundindo-a com os tiranos, é uma atitude vil.

Prospera aqui a indústria do desmascaramento. Os seus agenciadores começam a ocupar lugares nos palácios. Insistamos: as instituições são mais importantes do que os jogos momentâneos de poder. Elas abarcam mais seres humanos do que partidos e precisam garantir os direitos universais. O Parlamento não se confunde com os seus integrantes corrompidos. O tribunal não se identifica com os juízes que o maculam.

O Ministério Público não se limita aos promotores que usam o poder que lhes foi dado para atemorizar pessoas e instituições respeitáveis. Os *campi* não se ajustam aos que neles agem em detrimento do país. Em todas essas instituições (acrescentemos a imprensa, as igrejas e os movimentos civis), a disputa pelo mando desgasta a teia em que são pintados os valores éticos e morais. Mas usar a denúncia como trampolim da luta política é pratica nauseante. Os resultados são a violência das ruas.

Um parlamentar deve saber que o Congresso é propriedade do povo soberano, e não do seu grêmio político. Um juiz deve saber que julga em nome do Estado, e nunca em função desse ou daquele poderoso. Um cientista deve saber que ensino e pesquisa não têm partido. Um sacerdote deve saber que representa o divino diante dos fiéis. Um membro do Ministério Público deve saber que, antes de se solidarizar com uma parte do contencioso, precisa acatar com igual respeito as posições em conflito. As instituições são teias que reúnem, num equilíbrio precário, o universo dos cidadãos. Elas equilibram as seitas e a sua guerra permanente. Fora delas, como ensina Hobbes, quem ostenta máscara de anjo é apenas lobo voraz, candidato a sair da praça para se aboletar nos palácios. Esse teatro é conhecido e começa a cansar os cidadãos que desejam ter o direito à liberdade.

11. ENTREVISTA A RENATO FERRAZ, II*

RENATO FERRAZ – *Nos últimos meses apareceram várias denúncias envolvendo juízes. O Judiciário é, enfim, a bola da vez nesse processo de depuração das instituições brasileiras?*

ROBERTO ROMANO – É preciso dar atenção a uma peculiaridade na história política brasileira. Até hoje cabe ao presidente da República nomear ministros do Supremo Tribunal Federal, peça-chave de todo o aparato judicial. Tudo o que ocorre no Executivo brasileiro, em termos positivos ou negativos, repercute de imediato nos outros poderes. Trata-se de uma engenharia política delicada. O presidente é guindado ao ápice da vida estatal, mas deve zelar pela boa ordem das outras duas faces políticas. Se ele não for um estadista que entenda esta peculiaridade, tenta ultrapassar os limites de um moderador e passa ao combate ou à cooptação dos outros

* Publicado no *Correio Braziliense*, 19.05.2001.

poderes. E semelhante costume produz leniência ética e aceitação de privilégios. A atribuição do foro privilegiado aos políticos, iniciativa do governo Fernando Henrique assumida pelo atual presidente e proclamada pelo Legislativo, entra nesta lógica, cujo resultado só pode ser a corrupção permanente, neste ou naquele setor do Estado.

E o fato de juízes e desembargadores da capital brasileira estarem supostamente favorecendo traficantes...

Se um juiz de pequena comarca prevarica, a repercussão sobre o país é limitada. Se um magistrado comete irregularidades no centro do poder, numa distância pequena dos prédios do Supremo Tribunal Federal, do Executivo, do Parlamento, ele desafia o decoro com mais potência. E isto indicaria insuspeitadas ramificações de corrupção no Estado federal, o que ameaça a fé pública de modo singular. Ética sempre se pratica com exemplos, dizem Platão e Spinoza, os grandes autores éticos do Ocidente. Se o exemplo é negativo, indecoroso, os valores são rompidos com mais eficácia, sem remédio.

A que o senhor atribui o surgimento de tantas denúncias?

O Judiciário é o que menos possui, no meu entender, problemas de monta em termos de corrupção. Mas note-se que há arrogância de muitos juízes, a pretensão de estar acima da cidadania – e isso produz ressentimentos contra toda a corporação. Juízes são pessoas humanas. Se jamais errassem, seriam anjos.

Mas por que estes agem assim?

Boa parte dessa atitude deve-se à falta de compromisso com a cidadania que impera nas universidades brasileiras. Pobre, rico, ou remediado, o indivíduo que penetra o espaço dos *campi* não é ensinado a respeitar o povo que paga seus estudos e mantém todo o aparelho estatal. Com a posse do diploma, o único compromisso dos nossos bacharéis, doutores, mestres, é com a sua ascensão social ou política, quase sempre idênticas. O diploma abre o espaço para a ambição sem peias. Quem se julga acima do povo soberano, e o despreza, cedo ou tarde imagina-se superior à lei.

Sempre que uma instituição entra em crise vem a questão: há ética funcional, ética específica para um poder ou outro? Como a sociedade pode controlar as ações desses juízes?

A ética tem sido vista como receituário de valores e de atitudes. Este é um erro grave. Cada setor social constrói uma ética própria, na maior ou menor temporalidade gasta para a sua gênese e reprodução. Cada uma destas éticas se aproxima dos valores universais perseguidos pela filosofia com auxílio das ciências, da religião etc. No caso da corrupção, a transparência democrática é o grande imperativo categórico. Se algo não pode ser exposto aos olhos da cidadania (salvo nos casos extremos de perigo coletivo) é preciso desconfiar.

Por falar nisso, o senhor é a favor ou contra o controle externo do Judiciário?

Sou favorável, desde que este controle não se transforme em arma e chantagem dos outros poderes contra o Judiciário. Ou mesmo em possível ingerência de poderes sociais (empresários, sindicatos etc.) na magistratura. Antes de se pensar em novas instituições de controle, penso que mais adequado seria democratizar a distribuição dos poderes na República, atenuando-se a força do Executivo. Por exemplo: caso os cargos do Supremo Tribunal Federal fossem providos por pessoas com progressão na carreira, e não por vontade política do presidente, com certeza a instituição da justiça seria mais relevante do que nos dias de hoje. E o controle recíproco dos poderes, sonho de Montesquieu, estaria mais próximo.

12. CONTROLE EXTERNO DO JUDICIÁRIO*

> Se um juiz examina certo caso, encontra uma decisão, e apresenta seu julgamento por escrito; se mais tarde surge um erro em sua sentença devido à sua falta, ele deverá pagar doze vezes a multa por ele imposta neste caso, e deverá também ser publicamente removido de sua cadeira de juiz, e nunca mais sentar-se-á ali para julgar (Código de Hammurabi, um dos mais antigos repositórios de normas jurídicas da Humanidade).

Notícias da imprensa indicam novas lutas na política brasileira entre o Poder Executivo e a justiça, sobre o controle externo do judiciário. O presidente da República fez, no caso, declarações enfáticas, com réplicas amargas. No mesmo tempo, fomos informados que alguns juízes, supostamente, vendem decisões sobre *habeas corpus*. Sem aderir às falas presidenciais, ou às assertivas dos que lideram o Judiciário, lembremos que existem, sim, caixas pretas em todos os setores do Estado brasileiro. As correções dos desmandos no executivo devem passar pela crítica do Congresso e pela Justiça. No

---

* Publicado no *Correio Braziliense*, 25.05.2003.

Legislativo, um remédio eficaz é a cassação do mandato. Na Justiça, o comércio denunciado pela imprensa exige a sabedoria de Hammurabi. O juiz ímprobo deve pagar multas e perder o cargo. O que é um *habeas corpus*? Na ditadura, aquele instrumento impediu que inocentes fossem destruídos. Sua defesa levou juízes austeros como Evandro Lins e Silva à cassação.

Habeas corpus é o direito dos indivíduos, quando presos ou detidos, de surgir no tribunal. O juiz decide, após ouvi-lo, se a prisão obedece a lei. Alguns autores situam a sua origem no britânico *Habeas Corpus Act* de 1679, proclamado para impedir prisões abusivas. A essência do Ato de 1679 foi incorporada à Constituição dos EUA. Os eventos de 11 de setembro serviram como pretexto para que o governo Bush tentasse atenuar a amplitude do *habeas corpus*. Quando uma garantia dessas perde universalidade, o direito sofre corrosões insanáveis.

Para aquilatar o peso da palavra "corpo", em *habeas corpus*, recordemos a loucura. Até o século XVII, a garantia dos ensandecidos encontrava-se no magistrado. Nos crimes devidos à demência, o juiz retirava do réu o poder sobre seu próprio corpo e lhe atribuía um curador. A ficção jurídica definia a pessoa como "ausente" e um curador geria os seus assuntos. Se recuperava o siso, o louco comparecia ao tribunal e o curador prestava contas quando devolvia ao juiz o corpo do tutelado com as suas propriedades, físicas e espirituais. Tudo mudou com os hospitais psiquiátricos. O poder sobre o corpo foi dado ao médico. Mas até a Idade Clássica " a condição jurídica do insensato, longe de ser lamentável, era particularmente notável pelas garantias concedidas. Só excepcionalmente ocorria a sua segregação face à sociedade" (Paul Foriers).

Percebe-se a relevância do juiz na guarda do corpo humano. Na República moderna, o Judiciário permite a comunhão dos corpos. Nela, os assuntos da alma pertencem às religiões, cujas doutrinas exigem trato com realidades invisíveis. A instituição jurídica garante os corpos imersos no visível. Se alguns deles são escondidos ou desaparecem, o Estado responde diante das famílias.

A teoria política situa o limite e o âmbito estatal na visibilidade dos corpos. O juiz que concede *habeas corpus* religa o indivíduo aos outros. Se alguém comete crimes, deve pagar por isto com o veto do uso civil do seu corpo. Esta penalidade deve valer para os cidadãos comuns, os que situam-se na praça pública, ou para os ocupantes de todos os palácios, sejam eles do Judiciário, do Executivo, do Parlamento. Situação de urgência: quando bandidos, como ocorre nos seqüestros, nas ordens para fechamento do comércio, no assassinato de magistrados, ameaçam os corpos dos cidadãos honestos, é gravíssimo favorecê-los em troca de pecúnia. O remédio é o de Hammurabi: que o juiz venal pague doze vezes o que ganhou de modo ilícito, e a toga imaculada deixe de cobrir o seu corpo. O Judiciário deve ser respeitado, apesar dos erros cometidos por alguns de seus integrantes. No Brasil, a presidência da República se arroga prerrogativas de poder acima dos demais. Nele, o executivo abusa de suas atribuições e nega direitos à cidadania, como o provam os "planos econômicos" que violaram os corpos e as suas propriedades. Urge diluir a permanente ditadura do Planalto, em prol do equilíbrio democrático. Que venha o controle da cidadania soberana sobre os três poderes, o que significa apenas: seja o Estado democrático de direito a tarefa comum de todos os brasileiros, na praça ou nos palácios.

13. TEMPOS E MULTIDÕES*

Multidões consagraram a posse de Luis Inácio da Silva. Bom sinal. Mas exige a prudência que os dirigentes não se iludam com o afeto das massas, pois ele muda com os ventos, sobretudo se promessas não forem honradas. É costumeira a dialética do palácio e da praça, exposta por N. Bobbio. No palácio, a praça surge como o lugar das exigências descabidas. Na praça, os eleitos são vistos como iminentes traidores. Ambos têm boas razões em seu favor. Na democracia, o mando é limitado em termos cronológicos. Faltará sempre tempo para satisfazer ministros e governados. Urge não desiludir nenhum deles. Se isto ocorre, a crise do Estado ocasiona golpes.

As ditaduras suspendem as transmissões de poder e as garantias das pessoas particulares e oficiais. Elas tentam congelar a temporalidade política e prometem eficácia às turbas. Quem chega ao controle por essa via busca manter a forma excepcional de mando, exigindo novos registros do tempo. O

* Publicado na *Folha de S. Paulo*, 08.01.2003.

Reich de mil anos é um exemplo. Além do calendário, os golpistas usam recursos teóricos da legítima defesa, invocados por J. Locke (símile de C. Kintzler). No roubo, com possível latrocínio contra mim, uso meios que suspendem os direitos do agressor.

Golpes políticos são louvados como defesa do Estado contra o governo fraco ou tirânico. Excepcionais, eles não se renovam indefinidamente, pois assim desapareceriam as ordens estatais e civis. O remédio golpista, rápido e fulminante, mata o suposto doente. A homeopatia democrática tem tempo mais lento. É árduo suportar um governo inadequado. Mas a via golpista gera abusos. Em 1964 a Constituição foi rasgada. O pretexto seria a luta contra subversivos e ladrões. Anos depois persistia a corrupção política. Os suspeitos de esquerdismo voltaram ao poder escolhidos em urnas livres.

Os governos na América do Sul patinam entre formas políticas, jurídicas, econômicas. Eles vão do populismo às doutrinas liberais e destas aos desmandos oligárquicos. Além dos canhões, temos no continente os rosários empunhados por sacerdotes golpistas; a buzinas de automóveis último tipo; as telas de televisão e as ondas de rádio que maldizem os direitos humanos e agravam desigualdades. Tudo conduz ao paradoxo: massas enormes nas ruas defendem as benesses do *happy few*.

A primeira onda de massas populares apoiou Vargas e seguiu seu enterro. A segunda levou Quadros ao Planalto e sumiu com a renúncia. A terceira conduziu Goulart à presidência e afastou o parlamentarismo num plebiscito. Ondas humanas seguiram os comícios do presidente país adentro. Elas evaporaram em 1964. Outras massas ajudaram a derrubar o governo. Movidas por interesses desencontrados – oligárquicos, norte-americanos, religiosos, políticos – as forças armadas destruíram o direito. Milhões, seguindo os canhões, gritaram contra as reformas, da agrária à financeira, desta à jurídica. A lista dos cassados inclui Hermes Lima, Mário Covas, Evandro Lins e Silva. A fúria dos delatores, da mordaça na imprensa, do estupro contra os *campi*, foi abafada pelo barulho das marchas com Deus e pela liberdade.

O governo Goulart era fraco, populista, imprudente, mas legítimo. Sua queda abriu um ciclo de golpes sangrentos. Sumiram as massas, que coadjuvaram as ordens ditatoriais. Elas não se reuniram para aplaudir o AI-5. Multidões só retornaram para denunciar tiranias. Mas no início elas eram um punhado de entes humanos que, tendo as mães da praça de maio como exemplo, dos Andes ao Atlântico, enfrentou na solidão os sarcamos e as baionetas. O assassinato de Herzog determinou o insustentável. E vieram, agregando poucos indivíduos no início, os atos pelas eleições diretas e anistia. Esta *Folha*, em páginas candentes, retratou a nova massa dos cidadãos. A volta ao campo democrático foi lenta. Massas lamentaram Tancredo, outras aplaudiram o aventureiro que sucedeu Sarney. Sob a Carta de 1988 existe muito tempo, esperança em demasia, sangue vertido.

O governo constitucional erra. A correção deve ser feita em hora certa, definida no mandato que pertence ao povo soberano. O pior engodo encontra-se na arrogância, em especial dos áulicos, que torna os governantes prisioneiros das multidões. Massas podem reunir todas as ideologias, interesses religiosos, econômicos. Elas exprimem contradições da sociedade e do Estado. O diálogo sereno, o rigor da lei, a defesa da soberania, tanto no plano interno quanto no externo, marcam o dirigente democrático. As massas, em si mesmas, podem ser inimigas ou arrimo pouco seguro. Elas exteriorizam os desejos e o imaginário dos vários setores sociais. Suas esperanças devem ser correspondidas. Mas respeito das multidões não alivia o governante democrático de sua carga mais pesada, o compromisso com a vida permanente da sociedade e do Estado de direito, mesmo que isto lhe traga copiosas vaias temporárias.

14. MÚSICA, ÉTICA, POLÍTICA

Música e medicina constituem fontes onde a filosofia busca imagens e temas. Quando lemos os teóricos da metafísica ou os analistas do conhecimento humano, perscrutamos os autores políticos ou religiosos, a música apresenta-se de modo quase maníaco. As antigas formas de convívio ético foram pensadas segundo parâmetros musicais. Santo Agostinho, num texto fragmentário lembrado pelos teóricos do poder, afirma que a unidade civil exige todos os integrantes do mundo estatal entoando um canto comum. A idéia de cantar em uníssono (*concanere*) teve graves conseqüências na história do Ocidente. Basta lembrar os nazistas que expulsaram toda e qualquer dissonância da Alemanha. Seis milhões de almas foram sacrificadas por exigência da sua maldita sinfonia.

No século XVIII, a *Enciclopédia* de D'Alembert e Diderot indica as bases da compreensão musical nos planos político e filosófico. Em primeiro lugar, o verbete sobre o tema ressalta o agrado que vem aos nossos ouvidos pela música. Este ponto, hoje diríamos estético, não é o único. No pretérito, a palavra "música" indicava a dança, o canto, a poesia. E mesmo a coleção de todas as ciências. Hermes e Pitágoras, mais tarde Platão, diziam que a música é a ciência da ordem. Por isto, todo o universo seria musical. No Estado, se a música de uma cidade é mudada, logo a sua política sofre, indo rumo ao pior. Alguns arranjos de sons podem gerar na alma, pensa Platão, sentimentos de baixeza, insolência, ou elevadas virtudes. A música, para ele e para seu discípulo Aristóteles, é um fundamento da ética, da pedagogia dos povos para a vida comum. Políbio, outro importante teórico, dizia que a música proporciona o grande meio para se amansar populações rudes. Se uma cidade se compõe de indivíduos tristes, ela melhora a sua alma, dando-lhe alegria de viver. Ateneu ensina que as leis antigas eram compostas em versos e cantadas publicamente por um coro, para gravar nos homens os princípios e valores éticos. Em Atenas, e isto é assumido positivamente em Platão, a lei deve ter um prelúdio musical (*Leis*, IV, 722d) para que os cidadãos disponham-se a bem ouvir os preceitos, e se dedicarem à obediência.

Nos tempos modernos, a música foi recomendada pelos filósofos autoritários como excelente recurso para domesticar gente rebelde. Aproveitando a ocasião, eles também se dedicaram à moldagem dos ouvidos na escolha da "boa" escrita musical. Hegel, um pensador ao seu modo da razão de Estado, afirma cheio de certezas: "Música é espírito, o imediato ressoar para si mesmo, sentir-se satisfeito com a própria percepção. Mas enquanto bela arte, do lado espiritual, a ela cumpre moderar os afetos e sua expressão, para que não se tornem uma fúria báquica e vórtice tumultuoso das paixões, ou se detenham na divisão do desespero" (*Lições sobre a Estética*). Música, para ele, é chicote anímico. O filósofo enumera seus compositores favoritos: Palestrina, Durante, Lotti, Pergolesi, Gluck, Haydn, Mozart. No mundo oficial da modernidade, as ortodoxias políticas se uniram para definir o "bom gosto" e as maneiras polidas, todas impostas pelo Estado educador. Domesticar almas, domesticar a música. Este tem sido o propósito ao mesmo tempo ascético e político dos senhores do Estado, da Igreja, da mídia, do mercado. Sejam quais forem os indivíduos que a compõem, a música ainda é considerada, pelos que não têm ouvido mas apenas mãos de ferro, instrumento de controle e de persuasão.

Foi esse ponto o que viu Nietzsche nos que seguiram Wagner: "os dirigentes wagnerianos de orquestra são dignos de uma idade em que os pósteros chamarão, um dia, com reverência temerosa, a idade clássica da guerra. Wagner soube comandar; foi o grande maestro mesmo nisso". Não por acaso Elias Canetti, no maior livro sobre a política do século XX, *Massa e Poder*, aponta o maestro como um dos mais duros exemplos do controle sobre corpos e almas. Jean-Jacques Rousseau, misantropo nuclear para a cultura moderna, tanto em política quanto no plano ético, percebeu a beligerância que se anunciava por intermédio da música. Na *Carta sobre a Música Francesa* (1753) diz ele, para ouvir razões seria preciso não participar da guerra musical estabelecida ao redor das musas italianas ou gálicas. O alvo, quando se ouve o estrepitar dos canhões, ou a gritaria dos adversários, é o descanso no silêncio. Mas Rousseau fracassou. A morte percutiu, dura, soando o fim da Revolução Francesa. E chegou Napoleão, o guerreiro que decepcionou Beethoven, cultor das Luzes e da Revolução. A 1812 – romântica e nacionalista produção de um russo, oposto às tropas do Corso –, com o seu mimetismo de sinos religiosos e estrondos de canhões, anuncia os novos tempos de violência, que os terroristas do World Trade Center e seu irmão siamês, Bush, impõem à humanidade. Depois dos românticos, brotam lágrimas contra a cacofonia da modernidade. Um destes lamentos foi o de Stanley Kubrick, em *2001: Uma Odisséia no Espaço*. Técnicas, poder, morte: sobre o túmulo cósmico dos homens, os sons de Strauss. Mas podemos conversar sobre isto outro dia.

ROBERTO ROMANO é professor de Filosofia na Universidade Estadual de Campinas e ensaísta com presença marcante no debate de idéias, no Brasil. Voltado sobretudo para os temas e problemas – contemporâneos ou clássicos – da ética, da política e da estética, seu pensamento crítico vem se traduzindo em larga colaboração na imprensa e em palestras e conferências, bem como em numerosos estudos e ensaios publicados em revistas especializadas ou em livros. É autor de *Brasil, Igreja contra Estado*; *Conservadorismo Romântico*; *Corpo e Cristal. Marx Romântico*; *Lux in Tenebris*; *Silêncio e Ruído* e *O Caldeirão de Medéia*.

FILOSOFIA NA PERSPECTIVA

O Socialismo Utópico
  Martin Buber (D031)
Filosofia em Nova Chave
  Susanne K. Langer (D033)
Sartre
  Gerd A. Bornheim (D036)
O Visível e o Invisível
  M. Merleau-Ponty (D040)
A Escritura e a Diferença
  Jacques Derrida (D049)
Linguagem e Mito
  Ernst Cassirer (D050)
Mito e Realidade
  Mircea Eliade (D052)
A Linguagem do Espaço e do Tempo
  Hugh M. Lacey (D059)
Estética e Filosofia
  Mikel Dufrenne (D069)
Fenomenologia e Estruturalismo
  Andrea Bonomi (D089)

A Cabala e seu Simbolismo
  Gershom Scholem (D128)
Do Diálogo e do Dialógico
  Martin Buber (D158)
Visão Filosófica do Mundo
  Max Scheler (D191)
Conhecimento, Linguagem, Ideologia
  Marcelo Dascal (org.) (D213)
Notas para uma Definição de Cultura
  T. S. Eliot (D215)
Dewey: Filosofia e Experiência Democrática
  Maria Nazaré de C. Pacheco Amaral (D229)
Romantismo e Messianismo
  Michel Löwy (D234)
Correspondência
  Walter Benjamin e Gershom Scholem (D249)

Isaiah Berlin: Com Toda a Liberdade
    Ramin Jahanbegloo (D263)
Existência em Decisão
    Ricardo Timm de Souza (D276)
Metafísica e Finitude
    Gerd A. Bornheim (D280)
O Caldeirão de Medéia
    Roberto Romano (D283)
George Steiner: À Luz de Si Mesmo
    Ramin Jahanbegloo (D291)
Um Ofício Perigoso
    Luciano Canfora (D292)
O Desafio do Islã e Outros Desafios
    Roberto Romano (D294)
Adeus a Emmanuel Lévinas
    Jacques Derrida (D296)
Homo Ludens
    Joan Huizinga (E004)
Gramatologia
    Jacques Derrida (E016)
Filosofia da Nova Música
    T. W. Adorno (E026)
Filosofia do Estilo
    Gilles Geston Granger (E029)
Lógica do Sentido
    Gilles Deleuze (E035)
O Lugar de Todos os Lugares
    Evaldo Coutinho (E055)
História da Loucura
    Michel Foucault (E061)
Teoria Crítica I
    Max Horkheimer (E077)
A Artisticidade do Ser
    Evaldo Coutinho (E097)
Dilthey: Um Conceito de Vida e uma Pedagogia
    Maria Nazaré de C. Pacheco Amaral (E102)
Tempo e Religião
    Walter I. Rehfeld (E106)
Kósmos Noetós
    Ivo Assad Ibri (E130)
História e Narração em Walter Benjamin
    Jeanne Marie Gagnebin (E142)
Cabala: Novas Perspectivas
    Moshe Idel (E154)
O Tempo Não-Reconciliado
    Peter Pál Pelbart (E160)
Avicena: A Viagem da Alma
    Rosalie Helena de S. Pereira (E179)
Cabala e Contra-História: Gershom Scholem
    David Biale (E202)
Ensaios sobre a Liberdade
    Celso Lafer (EL038)
O Schabat
    Abraham J. Heschel (EL049)
O Homem no Universo
    Frithjof Schuon (EL050)
Quatro Leituras Talmúdicas
    Emmanuel Levinas (EL051)
Yossel Rakover Dirige-se a Deus
    Zvi Kolitz (EL052)
Sobre a Construção do Sentido
    Ricardo Timm de Souza (EL053)
A Filosofia do Judaísmo
    Julius Guttmann (PERS)
O Brasil Filosófico
    Ricardo Timm de Souza (K022)
Diderot: Obras I e II
    J. Guinsburg (org.) (T013)